U0581364

普通高等教育"计算机系列"精品教材

文献信息检索与利用

孔 洁 主编

中国原子能出版社
China Atomic Energy Press

图书在版编目（CIP）数据

文献信息检索与利用／孔洁主编. -- 北京：中国
原子能出版社，2020. 10 （2021.9重印）
ISBN 978-7-5221-0938-1

Ⅰ.①文… Ⅱ.①孔… Ⅲ.①文献检索与利用 Ⅳ.
①G254. 97

中国版本图书馆 CIP 数据核字（2020）第 192111 号

文献信息检索与利用

出版发行	中国原子能出版社（北京市海淀区阜成路43号　100048）	
责任编辑	王青　刘佳	
责任印制	潘玉玲	
印　　刷	三河市南阳印刷有限公司	
发　　行	全国新华书店	
开　　本	787 mm×1092 mm　1/16	
印　　张	14.5	
字　　数	360 千字	
版　　次	2020 年 10 月第 1 版　2021 年 9 月第 2 次印刷	
书　　号	ISBN 978-7-5221-0938-1	
定　　价	78.00 元	

网址：http：//www. aep. com. cn　　　　E-mail：atomep123@126. com

PREFACE
前　言

在信息爆炸的时代，信息检索已成为人们在生活、学习、工作中的必备技能，信息素质已成为人才的能力结构和素质结构中不可或缺的构成要素。我国高校一向重视对大学生的文献信息检索能力的培养，"掌握资料查询、文献检索及运用现代信息技术获取相关信息的基本方法"已经成为大多数专业的人才培养要求，越来越多的高校开设了信息检索选修课或基础必修课，与之配套的教材也大量出版。从内容看，包括最新出版的教材在内，基本上以介绍传统的常用的商业数据库为主，极少涉及最新的检索工具、检索技术、新的资源类型，以及文献资源获取手段，很难满足当代文献信息检索课程的需求。

当今社会，移动互联网迅猛发展，新的信息检索技巧、信息检索渠道不断涌现，为适应大学生文献信息需求的变化，适应文献信息检索课程改革的需要，编写了本书。

本书内容新颖，不仅包含常用商业数据库的最新检索界面和检索技术，还收录了有关移动图书馆资源的检索与利用，体现了文献信息检索技术的最新发展，适应时代的发展。本书既是一本教材，也是一本信息资源大全。信息类型涉及图书、论文、特种文献、参考资源等。本书以学术性商业数据库为主，以满足大学生学术研究、学习、生活的信息需求。可适应不同类型高校文献检索课教学的要求，文献检索课老师可根据教学目的、学生的层次和专业、课时等，选择本书不同的内容组成教学模块。

本书的编写参阅了大量教材和其他文献，在此谨向作者致以衷心的谢意。限于编者水平，书中难免存在不妥之处，望读者批评指正。

编　者

CONTENTS

目　录

第一章　文献信息检索基础理论

我们生活在一个信息化社会中，信息无处不在。人们无法回避信息社会对个人生存环境的巨大影响。我们必须掌握信息技能，提高信息素养，才能充分汲取人类的优秀文化资源和文明成果，获取和应用信息资源的能力成为现代人发展的必备条件，掌握文献信息检索能力，是不断提高信息素养的基础。

第一节　信息与信息资源

信息与信息资源是经常会提到或用到的词汇，但是目前学术界尚无确切的权威定义。"信息"的英文是 information。根据相关学者在 20 世纪 80 年代的调研，当时已有 40 余门学科引入了"信息"这一概念。到 20 世纪 90 年代，"信息"几乎进入了所有领域。自 1948 年信息论问世至今，有文可考的定义不下百种，所以今天为信息下统一定义既不可能也没有必要了。当信息成为一种资源时就是"信息资源"，英文是 information resources。信息资源概念的出现，意味着人们已经认识到信息蕴藏的宝贵价值，并开始以信息资源能够带来多少经济效益来衡量它的价值了。在信息化、网络化的今天，人们可利用的信息资源异常丰富，如图书、报纸、期刊、广播、电视、计算机及网络等都是不可或缺的信息资源，如何开发和利用它们是关键，而提高我们的信息素养是有效开发和利用信息资源的基础。

一、信息的概念、特征和类型

1. 信息的概念

"信息"一词是一个古老而又常新的词汇，早在我国唐朝时，诗人许浑在《寄远》中喟叹"塞外音书无信息，道傍车马起尘埃"。这里的"信息"指消息和音信。不过，科学家将信息作为一门严密的科学来研究，已经是 20 世纪了。信息论的奠基人、美国数学家克劳德·香农（Claude E. Shannon）指出：信息是用来消除不确定性的东西。控制论的创始人、美国科学家维纳（N. Wiener）对信息的含义做了进一步的阐述。他在《控制论》一书中表明：信息是人们在适应外部世界并使这种适应反作用于外部世界的过程中，同外部世界互相交换的内容的名称。维纳的信息概念是以信息在发送、传输和接收的过程中，客体和接收（认识）主体之间的相互作用来定义的。显然，维纳把人与外部环境交换信息的过程看作一种广义的通信过程。

但是随着科技的发展和计算机的出现，信息的概念也在不断地拓展与丰富。信息的概念有广义和狭义之分。

广义的信息是无处不在的，它与物质、能量同时被称为构成世界的三大要素。控制论之父、信息论创始人之一维纳（N. Wiener）曾说过：信息就是信息，它不是物质，也不是能量。他没有给出信息的明确定义。我们理解，广义的信息实质是客观物质世界的运动状态及其反映，是物质的一种存在方式，是物质的普遍属性。

狭义的信息就是人们日常使用的"信息"。信息管理学者 F. W. 霍顿认为，信息是按照最终用户使用决策的需要，经过处理和格式化的数据。而我国《情报与文献工作词汇基本术语》（GB 48944—1985）中，信息的定义是：信息是物质存在的一种方式，一般指数据、消息中所包含的意义，可以使消息中所描述的事情的不确定性减少。这里定义的"信息"就接近于图书情报界了解使用的信息概念。

信息的概念一直处在不断地变化和更新之中。随着信息技术的迅猛发展，信息内容由文字信息扩展到数据、图形、图像和声音等数字信息。信息载体也由文本形式向多媒体形式发展，意味着对信息的研究和利用具有越来越重要的意义和价值。

2. 信息的特征

通过对信息含义的阐述与分析，不难总结出信息具有以下几个特征。

（1）客观性

客观、真实是信息最重要的本质特征。信息是确实存在的事物，它的存在可以被人们感知、获取、传递和利用。信息是现实世界中各种事物运动与状态的反映，其存在是不以人的意志为转移的。

（2）载体性

信息必须依附于一定的载体（如声波、电磁波、纸张、化学材料、磁性材料等）才能流通和传递，否则，信息的价值就不能体现。信息可以存储在不同的载体上，但其内容并不因记录手段或物质载体的改变而发生变化。例如关于中国文化的信息，不论是刊登在报刊上、发布在电视节目中还是存储在光盘数据库中，其信息内容和价值都是同样的。

（3）传递性

信息依附于一定的物质载体后，其传递和流通便成为可能。信息的传递性是指信息从信源出发，经过信息载体的传递被信息接收并进行处理和利用的特性。不同载体的信息可以通过不同的手段（比如计算机、人际交流、文献交流或大众传媒等）传递给信息用户，这种跨越时空的传递特性是实现信息资源共享的基础。

（4）时效性

在现代社会中，信息的使用周期越来越短，信息的价值实现取决于对其及时地把握和运用。由于事物是在不断变化着的，那么表征事物存在方式和运动状态的信息也必然会随之改变。如果不能及时地利用最新信息，信息就会贬值甚至失去价值。这就是信息的时效性，即时间与效能的统一性。它既表明了信息的时间价值，也表明了信息的经济价值。

（5）可塑性

信息在流通和使用的过程中，人们借助于先进的技术，可以对其进行综合、分析及加工处理。也就是把信息从一种形式变换成另一种形式，如可以将一本图书加工为题录或文摘等形式，从而方便用户的选择和利用。不过，在信息的加工过程中，信息量会减少或增加。用户可根据检索需要选择不同的信息形式。

（6）共享性

共享性是指同一信息同时或不同时被多个用户使用，而信息的提供者并不因此而失去信息内容和信息量。它可以提高信息的利用率。人们可以利用他人的研究成果进一步创造，避免重复研究，以节约资源。

（7）可重复利用性

信源发送的信息不论传送给多少个信宿，都不会因为信宿的多少而减少，一种信息是可以被多次反复利用的。

（8）特定范围的有效性

信息在特定的范围内是有效的，否则是无效的。

3. 信息类型

在信息爆炸的今天，信息搜集、整理和加工变得越来越重要，这就需要按照信息的类型进行信息采集工作。按出版形式和内容划分，信息可以分为以下几种类型。

（1）图书

按照联合国教科文组织的定义，图书是指50页以上的以印刷方式单本刊行的出版物。其内容比较成熟，资料比较系统，有完整定型的装帧形式。图书按用途可分为阅读用书、参考工具书、检索用书。图书的著录格式一般依次为作者、书名、出版地点、出版社、出版时间，以及版本号和国际标准书号等。

公开出版发行的图书都有唯一的国际标准书号（international standard book number, ISBN），它是出版物的"身份证"和出版物在国际上流通的"通行证"。2007年1月1日起实施13位新版的国际标准图书书号（简称13位ISBN）。

（2）期刊

期刊也称杂志，是一种以固定名称、定期或不定期连续刊行的出版物。每期载有不同著者、编者、译者所编写的文章，用连续的卷期和年月顺序编号出版，每期的内容不重复。期刊按性质和用途分为学术期刊、检索性期刊、其他期刊。学术期刊刊发的文献以学术论文为主，其刊载的科学事实、数据、理论、技术、构思和猜想，具有重要的参考价值。非学术期刊刊发的文献则以文件、报道、讲话、体会、知识等只能作为学术研究的资料，而不是论文的文章为主。通过期刊论文可以及时了解科技发展的最新动向，是重要的文献信息源。正式期刊的刊号是由国际标准刊号（international standard series number, ISSN, ISSN全长8位）和国内统一刊号（CN）两部分组成的。期刊的出版周期一般有周刊、月刊（半月刊、双月刊）、季刊、半年刊等，按其收录的文章质量分核心期刊和普通期刊；按收录的内容分专业期刊、文艺期刊和综合期刊。

电子期刊在目前的网络时代中迅猛崛起，其内容和形式有很多种，在内容上包括印刷期刊的数字化，印刷期刊的网络版，网络电子期刊等，在形式上兼具了平面与互联网二者的特点，融入了文字、图像、视频、音频、游戏、超链接等互动形式。人们不仅可以看到文字、图片，还可以听到各种声音、看到活动的图像，阅读起来更为方便轻松。

（3）报纸

报纸是以刊载新闻和时事评论为主的定期连续向公众发行的印刷出版物，通常散页印刷，不装订，没有封面，它传递的信息量大，传播面广，具有大众性和通俗性的特点，是人们日常生活中最常接触的信息源。阅读报纸是收集最新科技信息的有效途径。但报纸的篇幅有限，报道内容不具体、不系统，时效性极强、信息量大，造成了报纸查找的不方便。

在与电子媒介的竞争中，互联网上的新闻以及官方微博、微信都具有新闻传播的功效，报纸新闻的深度和广度得到更广泛的重视。

（4）科技报告

科技报告，又称研究报告或技术报告，是关于某项研究阶段性进展的总结报告或成果的正式报告，一般包含立项报告、中期阶段性报告、结题报告或鉴定报告等。其研究成果一般经过相关部门的审查和鉴定，所反映的技术内容较为成熟，数据较为详尽可靠，并且出版快，报道研究成果及时。因此，科技报告是一种重要的信息源。查询科技报告有专门的检索工具。科技报告分技术报告、技术备忘录、札记和通报等几种类型。报告因涉及尖端技术或国防问题等，分绝密、秘密、内部限制发行和公开发行几个等级。国际上著名的科技报告为美国的四大报告，即 OPB（Office of Publication Board）报告、军事系统的 AD（ASTIA Documents）报告、国家宇航局的 NASA（National Aeronautics and Space Administration）报告，能源部的 DOE（U. S. department of energy）报告。

（5）政府出版物

政府出版物是指政府部门及其所属机构所颁发和出版的文献信息，它内容比较广泛，大体可分为行政性文件（如法令、方针政策、统计资料等）和科技性文件（包括政府所属各部门的科技研究报告、科技成果公布、科普资料及技术政策文件等）两大类。其中科技文献约占 30% ~ 40%。其数量巨大，内容广泛，资料可靠，是科技工作者研究课题不可缺少的重要信息源。有专门用来检索政府出版物的工具书。

（6）会议文献

会议文献是指在各种学术会议上发表的论文、报告及其他相关资料。学术会议大多由各种专业学会、协会或主管部门召开，由于召集单位的学术性和权威性，一般只有较高学术水平的人员才能参加。因此，会议文献的学术性较强，水平较高，往往反映出一个国家或地区某一学科或专业领域的最新研究成果、发展水平、发展趋势等。如在中国重要会议论文全文数据库中可以查到会议论文。其特点是传播信息及时，论题集中、内容新、专业性强、质量较高，但有些内容与期刊相比可能不太成熟。会议文献按等级分为国际会议、全国性会议和基层会议。按会议的时间先后分为会前文献、会中文献和会后文献。

（7）专利文献

专利文献是专利制度的产物，广义上是指所有与专利相关的资料，包括专利申请书、专利说明书、专利分类表、专利公报、专利文摘和专利证书等。狭义上仅指专利说明书。专利文献具有编写格式统一、出版快、内容新颖、技术性强、实用性强，并具有法律效力等特点。它是集技术、法律和经济于一体的，带有启发性的一种重要文献信息，可以以此借鉴国际先进技术，避免重复劳动。目前全世界大约有150多个国家设立专利结构，70多个国家出版专利文献。

（8）学位论文

学位论文是高等院校或研究机构的学生为获取某种学位而撰写的学术论文。按学位的不同，可以分为学士论文、硕士论文和博士论文。学位论文的水平差异较大，但探讨的问题比较专一，硕士和博士的论文具有一定的学术性和独创性，内容比较系统和完整，有较大的参考价值。其特点是理论性、系统性较强，内容专一，阐述详细，具有一定的独创性，是一种重要的文献信息源。学位论文除少数以摘要或全文发表在期刊或其他出版物上以外，一般不公开发表，而是在网上开通了专门的学位论文数据库。

（9）标准文献

标准文献是按照规定程序制订。经公认的权威机构认定和批准，在特定范围内必须执行的规则、规定、技术要求等规范性文献，具有一定的法律约束力。它是从事科研、生产、设计、管理、产品检验、商品流通等活动的共同依据。标准按使用范围分为国际标准、区域标准、国家标准、地方标准、行业标准和专业标准。一个国家的标准在一定程度上反映出该国在某一方面的经济与技术政策、科研与生产水平和标准化水平。随着经济发展和科技水平的提高，标准也在不断地补充和修订，因此，查阅时应以最新标准为准。它能提供许多其他文献不可能包含的特殊技术信息。它们具有严肃性、法律性、时效性和滞后性等特点，是准确了解该国社会经济领域各方面技术信息的重要参考文献。国际上比较著名的权威技术标准是国际标准化组织的 ISO 标准、国际电工委员会的 IEC 标准等。

（10）技术档案文献

技术档案文献是指生产或者科研工作中形成的有具体工程和研究对象的技术文件的总称，包括任务书、协议书、技术经济指标、研究计划、方案、实验设计、实验记录、调查材料、总结报告等所有应入档的资料。它是生产和科研中用以积累经验、吸取教训和提高质量的重要依据，具有较高的参考价值，技术档案有一定的保密性，一般在内部控制使用。

（11）产品样本

产品样本是指厂商或贸易机构为宣传和推销其产品而印发的免费赠给消费者的资料，如产品目录、产品样本、产品说明书、产品总览、产品手册等。它们大多是对定型产品的性能、构造原理、用途和使用方法、操作规程、产品规格等所作的具体说明。产品样本资料图文并茂、形象直观，所反映的技术较为成熟，数据较为可靠，对技术革新、造型、设计、试制新产品以及引进设备等都有一定的参考价值。产品样本资料随着产品的更新换代而更新，而且有一部分产品是试销产品，因此在利用时应加以注意。此外，目前产品样本还涵盖了电子信息、网络信息等信息源。

二、信息资源

信息资源（information resources）就是经过人类加工处理，使之有序化并大量积累后的可供利用的信息集合。信息同能源、材料并列为当今世界三大资源。信息资源广泛存在于经济、社会的各个领域和部门，是各种事物形态、内在规律和其他事物联系等各种条件、关系的反映。随着社会的不断发展，信息资源对社会的发展，对人们的工作、生活至关重要，成为国民经济和社会发展的重要战略资源。它的开发和利用是整个信息化体系的核心内容。

1. 信息资源的特点

信息资源与自然资源、物质资源相比，具有以下几个特点：

（1）能够重复使用，其价值在使用中得到体现。

（2）信息资源的利用具有很强的目标导向。不同的信息在不同的用户中体现不同的价值。

（3）具有整合性，人们对其检索和利用不受时间、空间、语言、地域和行业的制约。

（4）是社会财富。任何人无权全部或永久买下信息的使用权。

（5）具有流动性，它是商品，可以被销售、贸易和交换。

2. 信息资源发展的三个阶段

（1）传统管理阶段

20 世纪 50 年代至 70 年代，以图书馆、情报所为代表的文字信息资源管理。

（2）信息管理阶段

20 世纪 70 年代末至 20 世纪末，以计算机应用和数据处理为典型代表。

（3）信息资源管理阶段

21 世纪初至未来 20 年，以网络平台、海量数据库、信息处理技术为代表，信息交换、信息共享、信息应用为内容，视信息资源为主要经济资源的信息资源管理。

信息资源是可共享、可再生的；其开发利用会大大减少材料和能源的消耗，减少污染。人类和地球所在的宇宙在其存在的无限时间和无限空间内，生成了海量的物质、能量和信息。人类在其存在的有限时间和有限空间内，消耗了大量的物资和能源，同时也生成了大量的信息。我们人类赖以生存的地球终究是要毁灭的。但是，在地球毁灭以后，信息资源作为人类的遗产，是可以在宇宙中长久存在的。

3. 文献信息源

文献信息源是指用一定的记录手段将系统化的信息内容存储在纸张、胶片、磁带、磁盘和光盘等物质载体上而形成的一类信息源。文献是记录知识的一切载体。按照文献的物质载体形式，可以把文献划分为印刷型文献、缩微型文献、音像型文献和机读型文献。

（1）信息源的构成

按文献载体形式分为印刷型、缩微型、机读型、音像型。

按文献内容和加工程度分为一次信息、二次信息、三次信息。

按出版形式分为图书、报刊、研究报告、会议信息、专利信息、统计数据、政府出版物、档案、学位论文、标准信息，它们被认为是十大信息源，其中后八种被称为特种文献。教育信息资源主要分布在教育类图书、专业期刊、学位论文等不同类型的出版物中。

（2）信息源的特点

作为现代社会最常用、最重要的信息源，它具有以下特点：

1）系统性。

文献所记载的信息内容往往是经过人脑加工的知识型信息，是人类在认识世界、改造世界的过程中所形成的认知成果，经过了选择、比较、评价、分析、归纳、概括等一系列思维的信息加工活动，并以人类特有的符号系统表述出来，因此大多比较系统深入，易于表达抽象的概念和理论，更能反映事物的本质和规律。

2）稳定性。

文献信息是通过文字、图形、音像或其他代码符号固化在纸张、化学材料或磁性材料等物质载体上的，在传播使用过程中具有较强的稳定性，不易变形，从而为人们的认识与决策活动提供了准确可靠的依据。

3）易用性。

用户可根据个人需要随意选择自己感兴趣的内容，决定自己利用文献的时间、地点和方式，遇到问题可以有充分的时间反复思考，并可对照其他文献进行补充印证。

4）可控性。

文献信息的管理和控制比较方便。信息内容一旦被编辑出版成各种文献，就很容易对其进行加工整理，控制其数量和质量、流速和流向，达到文献信息有序流动的目的。

5）时滞性。

由于文献生产需要花费一定的时间，因而出现了文献时滞问题。文献时滞过长将导致文献内容老化过时，丧失或削弱其作为信息源的使用价值。

（3）文献信息源的获取

1）文献阅读。

阅读法是了解文献信息源基本信息的一条主要途径。通过阅读的方式，我们可以从各种类型的图书、报纸、杂志、简报及其他文献资料中搜集文献信息源的相关信息。如杂志中的推荐书目或书评通常会提供一些图书的出版信息及内容摘要；某些文章会推荐和介绍一些学科的信息资源，这些资源可能是一本工具书、一个数据库或者一些网站；各种综合和专业的文献检索教材中，也有大篇幅的信息资源及检索工具的介绍。

2）浏览图书馆等信息服务机构的网站。

图书馆等信息服务机构一般都会在自己的网站上通过各种方式向读者揭示本机构所拥有的各种信息源。例如印刷型的书刊信息可通过馆藏书目系统检索获取，也可通过新书通报等方式了解；数据库则一般会按语种、字顺或学科分类列出，并附上简单的资源介绍，方便读者选用。此外，许多信息服务机构还精选了互联网上优秀的免费资源，加以组织之后推荐给读者使用。因此，浏览这些信息服务机构的网站将能快速地获得众多文献信息源的相关信息。

3）参加会议、展览或培训。

还可以通过参加会议、展览和培训的方式来了解文献信息源的基本信息，如参加学术会议，掌握本学科的最新研究成果及出版情况；参加图书展销会，了解相关图书的基本信息；

参加图书馆举办的培训活动，了解某些数据库资源的基本情况及使用方法。

4）咨询专业人员。

通过阅读和参加会议的方式获取的文献信息源信息毕竟有限，有的时候，咨询专业的检索人员，全面了解某个领域的文献信息源的基本情况，有针对性地搜集资料，也是一条比较快捷的途径。咨询专业人员，可以通过三种途径：一是咨询本学科的专业人员、老师、同行或朋友；二是咨询图书馆的专业检索人员；三是参加图书馆或数据库供应商针对学科举办的专业资源介绍讲座。

5）文献检索。

通过各种手工检索和网络检索工具，获取信息源的基本信息。如通过《全国总书目》，可以查找国内出版的各类图书的基本情况；通过《全国期刊联合目录》，可以了解期刊的出版信息及馆藏信息；通过网上搜索引擎，可以搜索各学科信息源的基本情况。

另外，还可以采取动态的方式获取文献信息源，以及通过调查、参观等多种形式，搜集文献信息源的基本信息。

信息时代的信息瞬息万变，在搜集文献信息源基本信息的同时，也需要关注信息源的更新及变化情况。

（4）获取文献信息源的动态信息

对于大多数的纸本文献来说，其更新一般比较缓慢或者不更新，因此搜集文献的动态信息主要是针对电子资源。但也有例外，如对于纸版图书而言，要注意其再版修订信息和电子版状态；对于期刊来说，由于其连续出版的特点，要关注其出版状况的变化（如是否停刊、转刊、改名、并刊，或者是否改变出版周期）及办刊宗旨的转变，同时注意搜集其最新的卷期信息。

获取文献信息源的动态信息，除利用先前介绍的获取文献信息源基本信息的方法外·还可以通过信息定制的方式，定期获取信息源变化的最新信息。

信息定制作为现代信息服务的新模式，很多时候被称为信息个性化定制，即用户根据自身的信息需求，定制特定内容、特定检索方式、特定界面的信息服务，信息的传输不再是用户找信息，而是采用信息推送的方式，由计算机系统将信息主动推送给用户。信息个性化定制的内容很多。包括内容方面的定制、检索的定制以及界面的定制等。

采用信息定制的方式获取文献信息源动态信息，属于信息个性化定制中内容定制的范畴。通过定制网站、数据库、电子出版物、搜索引擎等，可以及时了解信息源的最新动态信息。具体来说，可采用以下两种定制方式。

1）RSS 方式。

RSS 方式也称频道方式，是目前网上最为新颖的一种推送模式。采用 RSS 方式来定制信息必须具备两个条件：一是要有一个 RSS Feed（RSS 源文件），二是在客户端必须装有 RSS 阅读器。RSS Feed 是一个结构化的 XML 文件，进行信息定制时应将该文件配置到相应的 RSS 阅读器中去。RSS 阅读器可在网上免费下载。可通过两种方式获取 RSS Feed 文件。一种是可从提供的 RSS 服务的网站下载由服务商已经创建好的 RSS Feed，多数提供 RSS 服务的网站采用这一方式；另一种是通过系统提供的 RSS Feed 创建功能由用户自己创建一个

Feed，大型数据库服务商常采用此种方式，如 PubMed 系统可以将检索式作为 RSS Feed 文件定制。很多网站在其醒目的位置会有 XML 或 RSS 这样的标志，这就意味着这些网站支持利用 RSS 来发布最新信息，提供信息定制服务。除了较为常见的新闻网站之外，许多科技网站也采用这种做法来发布最新消息。例如，P_bMed 数据库系统从 2005 年 5 月起，提供 RSS 信息定制服务，系统可以将用户检索 PubMed 的检索式作为信息推送源，定期推送满足其需求的最新信息。加拿大 LJBC 生物信息学中心（UBC Bioinformatics Centre）、开放出版机构生物医学中心（BioMed Centre）等也通过 RSS 来发布和推送最新信息。

2）E-mail 方式。

E-mail 方式是由服务站点通过电子邮件主动地将有关信息推送给已注册的用户，是获取定制信息最主要的方式。目前大多数数据库都提供 E-mail 的信息定制方式，这些定制内容包括期刊目次信息、主题内容、检索策略、引文信息等。

三、文献与文献信息

1. 文献的概念

"文献"一词，在我国最早见于《论语·八佾》，那时对文献的认识包括历代的历史文件和当时的贤者。南宋朱熹对"文献"的解释是：文，典籍也；献，贤也。但他又补充说："'文'，即古代书籍或标准典范的书籍；'献'，即熟悉轶闻旧事、有德有才、能创造物质财富的人。"这里的"文献"定义更加具体化、明确化。事隔数千年，我们现在的理解与古代不一样，我国国家标准《文献著录总则》下的定义是：记录有知识的一切载体（供记录信息符号的物质材料，称之为载体材料）。这就是说，所谓文献，是指以文字、图像、符号、声频、视频等作为记录手段，将信息记录或描述在一定的物质载体上，并能起到存储和传播信息情报和知识作用的一切载体。这种载体，除了常见的纸张外，还包括甲骨、金石、竹帛以及胶片、磁带、光盘等。

文献自产生之日起，一直处于动态的演进过程之中，文献记录方式和载体材料的每一次演变、创新，都会带来信息传播方式的重大变革，从而推动社会的发展。文献是信息的物质存在形式，是积累和保存知识的工具。以文献方式记录下来的信息资源最主要的特征是拥有不依赖于人的物质载体，只要这些载体没有损坏或消失，所记录的信息就可以跨越时空无限往复地为人类服务。文献具有存储和传递知识信息的重要功能，是人类认识世界、获取信息的重要途径。文献信息对于人类文化的传承与发展具有不可替代的作用。

根据文献信息资源内容的加工层次，可将文献分为四级。

（1）零次文献

零次文献指未经正式出版发行或公开交流的最原始的记录。主要指处于保密状态或不愿公开其内容的文献，如未解密的政府文件、内容档案、个人书信、手稿、笔记、试验记录等。这类文献除作者和特定人员外，一般社会成员极难获得和利用，其主要特点是内容新。

（2）一次文献

一次文献是人们直接从生产、科研、社会活动中产生出来的原始文献，是获取文献信息的主要来源。如期刊论文、专利文献、科技报告、会议录、学位论文、档案资料等，具有新颖性、创新性、实用性和学术性等特点，参考和使用价值较高。

（3）二次文献

二次文献是将分散的、无序的一次信息资源进行加工整理，使之成为系统、有序的文献信息资源，是查找一次文献信息的工具。二次文献具有浓缩性、汇集性、有序性等特点，它的作用不仅在于报道文献信息的内容，更重要的是可以提供原一次信息资源的线索。其主要类型有目录、索引、文摘等，如《中文科技资料目录》《中国科技期刊数据库》等，是查新工作中检索文献所利用的主要工具。

（4）三次文献

三次文献是围绕某个专题，利用二次文献并在此基础上。对大量相关的一次文献进行综合分析、研究和评述而形成的具有较高实用价值的评述性或综合性文献，也叫参考工具书。如手册、百科全书、年鉴、专题评论等。三次文献源于一次、二次文献，又高于一次、二次文献，是一种再创性文献。三次文献具有综合性、浓缩性和参考性的特点，它既是文献信息检索和利用的对象，又可作为检索文献。

从零次文献、一次文献、二次文献到三次文献，是一个由分散到集中、由无序到有序、由博而精地对知识进行不同层次加工的过程。零次文献和一次文献是最基本的信息源。是文献信息检索和利用的主要对象；二次文献是一次文献的集中提炼和有序化，它是文献信息检索的工具；三次文献是专门化高度浓缩的文献信息。因此，二次文献是最重要的检索手段和工具，一次文献是最终的检索对象。

按文献获取方式的明朗程度，西方情报学者将文献分类如下。

"白色文献"：通过书店、邮局等正常渠道直接可获得的，它是已知信息的载体。

"黑色文献"：根本得不到的绝密性资料，它是未知信息的载体。

"灰色文献"：很难得到的文献，又称为"难得文献""非常规文献"和"非正式出版文献"。灰色文献的主要特点是出版形式简单、内容专一具体、分散琐碎，具有半封闭性。

高等学校常用的灰色文献类型主要有内部刊物、会议内部资料、内部技术报告、未出版的学位论文、产品说明书、产品目次等有关资料。

除上述分类外，还可按文献的时间、地域、文种、民族、用途、读者对象、学科内容、流通范围与保密要求等标准进行划分。不同类型的文献有不同的特点，利用时要区别对待。

2. 文献信息

文献信息就是以文献形式记录人类知识的信息。文献信息资源是人类信息资源的主体。文献信息以其独特的结构特征和社会特征区别于其他信息形式。在结构特征方面，文献信息必须由载体、编码和内容构成。任何文献信息都必须至少依附于一种物质载体，文献信息是以物质形态出现的，它的载体可供人们存储、收藏或传递。文献信息的内涵是知识和情报，人们利用文献信息发展生产，获得经济效益。

因此，文献信息是一种对人类社会具有特殊意义的资源，文献信息可以通过文字、符号、音频和图像等形式表示出来，而且文献信息可以用复制的办法进行传递、交流和转移，而原来的文献信息还存在着。这些都表明文献信息本身不是物质。另外，文献信息必须经过人类头脑的信息加工，转变成语言，再用文字、符号和图像等方式记录在一定的载体上，才成为文献信息。文献信息是在人脑中形成的对客观事物的反映，属于意识范畴，但又不是纯意识的。

从信息科学的角度来说，信息也有高级和低级之分。凡是社会的人参与对信息的存储、传播、交流、处理、研究和利用的，都属于高级信息，这种高级信息与人的意识、人的反应能力紧密联系在一起。文献信息正是这样一种高级信息。文献信息作为"人类的精神信息"既有物质属性，又是意识的存在形式。

四、电子文献信息和网络信息资源

当前传统的书本型（印刷型）出版物仍将继续存在，然而数字化的电子出版物以其容量大、体积小、存储方便、快捷的检索方式将逐渐成为主要的信息源。网络信息资源更是取之不尽、用之不竭的资源宝库。网络信息检索有免费数据库和收费数据库之分。前者通常在网上可以随意浏览到，信息分布零散、重复率高，需要用户再进行整理、加工，文献信息可利用率低，其中一些检索网站只提供部分题录文摘型文献信息；后者指专业的信息检索机构编辑制作的专业检索系统，具有较好的文献信息专业性和权威可信度，例如常用的 OCLC，网址为 http：//www.oclc.org 的信息检索系统，如图 1-1 所示。

图 1-1　http：//www.oclc.org 主页

21 世纪的文献信息资源正发生着翻天覆地的变化，随着计算机技术、通信技术、信息数字化技术和多媒体技术的迅猛发展，信息的传播速度突破了时空的限制，出现了一种新的文献信息类型即电子文献信息，并很快凭借其信息容量大、存储空间小以及方便快捷的检索方式得到了广大信息用户的认可和青睐。

电子文献信息的出现改变了人们对图书的固有认识，它是以互联网为传播渠道，以数字内容为流通介质、以网上支付为主要交换方式的一种崭新的信息传播方式，是网络时代的新生产物，是数字化出版的主流方式。

网络信息资源（network information resources）是指将文字、图像、声音、动画等多种形式的信息数字化后存放在光盘等非印刷纸质的载体中，并通过计算机网络通信等方式进行传递的信息内容的集合。

与印刷型文献相比，网络信息资源在出版组织等方面的特点有：载体形式虚拟。存储方式多样，传播方式交互，存在状态无序、不稳定，信息价值差异大等。

五、信息素养

1. 信息素养的含义

文献信息、电子信息和网络信息资源浩如烟海，如何获取这些信息资源服务于自己的生产和生活，已经成为信息用户和信息咨询人员亟待解决的问题。信息用户必须依靠专业的信息咨询服务人员，不断提高自己的信息获取能力。

信息社会中，信息的获取、分析、处理、发布和应用能力将作为现代人最基本的能力和文化水平的标志，以计算机和网络技术为主的信息技术，已在社会各个领域中得到广泛的应用，并逐步改变着人们的工作、学习和生活方式。当今时代，信息资源异常丰富，如何开发和利用这些信息资源，是提高国民经济水平的关键之一。而信息素养是人们开发、利用信息资源的重要因素。

信息素养（information literacy）一词最早是由美国信息产业协会（AIIL）主席保罗·泽考斯基（Paul Zurkowski）在 1974 年给美国政府的报告中提出来的，他认为：信息素养是人们在工作中运用信息、学习信息技术、利用信息解决问题的能力。信息素养是一个不断发展的概念。1989 年，美国图书馆协会在一份报告中，将信息素养定义为：一个具有较高信息素养的人，是一个有能力察觉信息需求的人，是一个知道如何学习的人。信息素养包括图书馆素质、计算机素质、媒体素质和技术素质等。总之，信息素养是人认识、创造和利用信息的品质和技能。

2. 信息素养的内容

所谓信息意识，是人们利用信息系统获取所需信息的内在动因，具体表现为对信息的敏感度、选择能力和消化吸收能力，从而判断该信息是否能为自己或某一团体所利用，是否能解决现实生活实践中某一特定问题等一系列的思维过程。信息意识含有信息认知、信息情感和信息行为倾向三个层面。同时，信息价值的判断力和洞察力在某个时刻也是事业成功的关键。一个具有强烈信息意识的人，对信息的敏感度，除了对信息的心理倾向外，更重要的是对信息价值的判断力和洞察力，面对浩繁、无序的信息，要能够去粗取精，去伪存真，进行识别，并做出正确的判断和选择。信息素养的核心内容包括信息意识和信息能力。

所谓信息能力即获取信息、处理信息、利用信息和创造信息的能力，是一种了解和获取信息的过程。信息能力是当今社会人类生存最基本的能力，深深地影响着人们的生活、工作和学习的方方面面，是个人寻找职业、融入社会的一个决定性因素。

信息素养的主要能力表现在：运用信息工具；获取信息；处理信息；生成信息、创造信息；信息表达与展示；发挥信息的效益；信息协作和信息免疫等。

信息素养包含了技术和人文两个层面的意义。从技术层面来讲，信息素养反映的是人们利用信息的意识和能力；从人文层面来讲，信息素养也反映了人们面对信息的心理状态。或者说面对信息的修养。具体而言，信息素养应包含以下五个方面的内容。

（1）热爱生活，有获取新信息的意愿，能够主动从生活实践中不断地查找、探究新信息。

（2）具有基本的科学和文化常识，能够较为自如地对获得的信息进行辨别和分析，正确地加以评估。

（3）可灵活地支配信息，较好地掌握选择信息、拒绝信息的技能。

（4）有效地利用信息，表达个人的思想和观念，并乐意与他人分享不同的见解或资讯。

（5）无论面对何种情境，都能够充满自信地运用各类信息解决问题，有较强的创新意识和进取精神。

3. 信息素养的特征

在《信息素养全美论坛的终结报告》中，再次对信息素养的概念作了详尽表述：一个有信息素养的人，他能够认识到精确和完整的信息是做出合理决策的基础；能够确定信息需求，形成基于信息需求的问题，确定潜在的信息源，制订成功的检索方案，通过基于计算机的和其他的信息源获取信息，评价信息、组织信息用于实际的应用，将新信息与原有的知识体系进行融合并在批判思考和问题解决的过程中使用信息。总之，美国提出的"信息素养"概念包括三个层面：文化层面（知识方面）；信息意识（意识方面）；信息技能（技术方面）。

信息技术的发展已使经济非物质化，世界经济正转向信息化而非物质化时代，正加速向信息化迈进，人类已进入信息时代。21世纪是高科技时代、航天时代、基因生物工程时代、纳米时代、经济全球化时代等，但不管怎么称呼它，21世纪的一切事业、工程都离不开信息，从这个意义来说，称21世纪是信息时代更为确切。

在信息社会中，物质世界正在隐退到信息世界的背后，各类信息组成人类的基本生存环境，影响着芸芸众生的日常生活方式，因而构成了人们日常经验的重要组成部分。虽然信息素养在不同层次的人们身上体现的侧重面不一样，但概括起来，它主要具有五大特征。

（1）捕捉信息的敏锐性；

（2）筛选信息的果断性；

（3）评估信息的准确性；

（4）交流信息的自如性；

（5）应用信息的独创性。

4. 信息素养的标准

1998年，美国图书馆协会和教育传播协会制定了学生学习的九大信息素养标准，概括了信息素养的具体内容。

标准一：具有信息素养的学生能够有效和高效地获取信息。

标准二：具有信息素养的学生能够熟练和批判地评价信息。

标准三：具有信息素养的学生能够精确、创造性地使用信息。

标准四：一个独立学习着的学生具有信息素养，并能探求与个人兴趣相关的信息。

标准五：一个独立学习着的学生具有信息素养，并能欣赏作品和其他对信息进行创造性表达的内容。

标准六：一个独立学习着的学生具有信息素养，并能力争在信息查询和知识创新中做到最好。

标准七：对学习社区和社会有积极贡献的学生具有信息素养，并能认识信息对民主化社会的重要性。

标准八：对学习社区和社会有积极贡献的学生具有信息素养，并能实行与信息和信息技术相关的符合伦理道德的行为。

标准九：对学习社区和社会有积极贡献的学生具有信息素养，并能积极参与小组的活动、探求和创建信息。

5. 信息素养的培养

信息技术教育包括两个层面，一是信息技术教育课程，二是信息技术课程与其他课程的整合。

21世纪提高青少年的信息素养已经成为渗透素质教育的核心要素。这就要对教师提出新的要求，即在开设信息技术课程的同时，要积极努力地探索信息技术与其他课程整合的思路与方法，在课堂上应用现代信息技术，把信息技术教育课程真正融入其他课程中去，通过学校教育渠道培养学生的信息素养。为此，教师应做到以下几点。

努力将信息素养的培养融入有机联系着的教材、认知工具、网络以及各种学习与教学资源的开发之中。通过信息的多样化呈现形式以形成学生对信息的需求，培养学生查找、评估、有效利用、传达和创造具有各种表征形式信息的能力，并由此扩展学生对信息本质的认识。

坚持以学生的发展为本。不要过分注重学科知识的学习，而应关心如何引导学生应用信息技术工具来解决问题，特别是通过将信息技术的学习与学科教学相结合，让学生把技术作为获取知识和加工信息、为解决问题服务的工具。同时，教师还要关心学生的情感发展，不能因为信息技术的介入而忽略了与学生的直接对话和沟通。

在培养学生信息素养的同时，还要注意发展与学生的信息素养密切相关的"媒体素养""计算机素养""视觉素养""艺术素养"和"数字素养"。全面提高学生适应信息时代需要的综合素质。

信息素养教育要以培养学生的创新精神和实践能力为核心。因此，在信息技术课程中，必须是在基于自主学习和协作学习的环境中，学生自主探究、主动学习，教师成为课程的设计者和学生学习的指导者，让学生真正成为学习的主体。教师可以利用网络和多媒体技术，构建信息丰富的、反思性的，有利于学生自主学习、协作学习和研究性学习的学习环境与工具，开发学生自主学习的策略，允许学生进行自由探索，极大地促进他们的批判性、创造性思维的养成和发展。

通过培养学生的信息素养，用户可以获得以下益处。

首先，是获取知识的捷径。

【例1-1】　美国普林斯顿大学物理系一个年轻的大学生名叫约翰·菲利普，在图书馆里借阅相关的公开资料，仅用四个月时间，就画出了一张制造原子弹的设计图。他设计的原子弹，体积小（棒球大小）、重量轻（7.5kg）、威力大（相当于广岛原子弹3/4的威力），造价低（当时仅需两千美元），致使一些国家（法国、巴基斯坦等）纷纷致函美国大使馆。争相购买他的设计拷贝。

20世纪70年代，美国核专家泰勒收到一份题为《制造核弹的方法》的报告，他被报告中精湛的技术设计所吸引，惊叹地说："至今我看到的报告中，它是最详细、最全面的一份。"使他更为惊异的是，这份报告竟出于哈佛大学经济专业的青年学生之手，而这个四百多页的技术报告的全部信息又都是从图书馆那些极为平常、完全公开的图书资料中获得的。

其次，作为科学研究的向导。

【例1-2】　美国在实施"阿波罗登月计划"中，对阿波罗飞船的燃料箱进行压力实验时，发现甲醇会引起钛应力腐蚀。为此美国付出了数百万美元来研究解决这一问题，事后查明，早在十多年前，就有人研究出来了，方法非常简单，只需在甲醇中加入2%的水即可，而检索这篇文献的时间仅需要十多分钟。在科研开发领域里，重复劳动在世界各国都不同程度地存在。据统计，美国每年由于重复研究所造成的损失，约占全年研究经费的38%，达20亿美元之巨。日本有关化学化工方面的研究课题与国外重复的，大学占40%、民间占47%、国家研究机构占40%，平均重复率在40%以上，我国的重复率则更高。

最后，成为终身教育的基础。

学校的培养目标不仅仅是培养学生的智力和能力，还应包括培养自学能力、研究能力、思维能力、表达能力和组织管理能力。

UNESCO提出，教育已扩大到一个人的一生，认为唯有全面的终身教育才能够培养完善的人，可以防止知识老化，使人们不断更新知识，适应当代信息社会发展的需求。

第二节　信息检索的含义及类型

检索（retrieval）有狭义和广义之分。狭义的检索是指依据一定的方法，从已经组织好的大量有关文献信息集合中，查找并获取特定的相关文献信息的过程。

广义的检索包括信息的存储（storage）和检索（retrieval）两个过程。信息存储是指工作人员将大量无序的信息集中起来，根据信息源的外表特征和内容特征，经过整理、分类、浓缩、标引等处理，使其系统化、有序化，并按一定的技术要求建成一个具有检索功能的工具或检索系统，供人们检索和使用；而本书常用的检索概念是指运用编制好的检索工具或检索系统，查找出满足用户要求的特定信息。

一、信息检索的含义

1. 信息检索

信息检索（information retrieval）是指信息按一定的方式组织起来，并根据信息用户的需要找出有关的信息的过程和技术。狭义的信息检索就是信息检索过程的后半部分，即从信息集合中找出所需要的信息的过程，也就是我们常说的信息查寻（information search 或 information seek）。

"检索"（retrieval）即"查找"之意。广义的"信息检索"（information retrieval）包括信息的存储过程和查找过程，而狭义的信息检索仅指信息的查找。

信息检索正是以信息的存储与检索之间的相符性为基础的，如图 1-2 所示。如果两个过程不相符，那么信息检索就失去了基础。检索不到所需的信息，存储也就失去了意义。

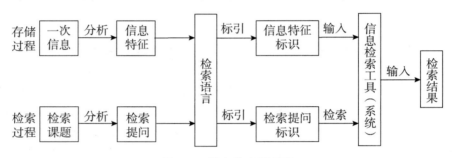

图 1-2 信息检索原理图

2. 信息检索的类型

（1）依据检索内容划分

1）文献信息检索。

凡是利用目录、文摘或索引等二次信息查找某一课题、某一著者、某一地域、某一机构、某一事物的有关信息以及这些信息的出处和收藏单位等的，都属于文献信息检索（document retrieval）范畴，其检索的结果是文献信息。例如，"设计过街天桥的参考文献有哪些?"便属于该类命题。

2）数据信息检索。

凡是利用参考工具书、数据库等检索工具检索包含在文献中的某一数据、参数、公式或化学分子式等的，都称为数据信息检索（data retrieval），其检索结果为数据信息。例如，"某一新型货车的载重量是多少? 百公里油耗是多少?"就属于数据检索。

3）事实信息检索。

凡是利用百科全书等检索工具从存储事实的信息系统中查找出特定事实的过程都称为事实信息检索（fact retrievai），其检索结果是基本事实。例如，"世界上最长的斜拉桥是哪座? 该桥位于什么地方? 何时建成?"等。

文献信息检索是一种相关性检索，检索的结果是文献线索，还必须进一步查找才能检索到有关的一次信息；数据与事实信息检索是一种确定性检索，检索的结果是可供用户直接利用的信息。一般情况下，文献信息检索通过二次信息来实现，而数据与事实信息检索则通过三次信息来完成。

（2）依据信息存储和检索的方式和技术划分

1）手工检索。

手工检索（manual retrieval）简称"手检"，是指人们通过手工的方式来存储和检索信息。其使用的检索工具主要是书本型、卡片式的信息系统，即目录、索引、文摘和各类工具书。检索过程是以手工方式完成的。

2）机械化检索。

机械化检索（mechanical retrieval）是指利用探针或检索器件等机械装置来处理和查找文献信息的检索方式，是介于手工检索和计算机检索的一种半自动检索。按机械化检索使用的设备和信息载体，机械化检索又可以分为穿孔卡片检索和缩微品检索。相对于手工检索而言，机械化检索大大提高了检索效率，但随着计算机检索的普及盛行，机械化检索已不再流行。

3）计算机检索。

计算机检索（computer-based retrieval）简称"机检"，是指人们利用数据库、计算机软件技术、计算机网络以及通信系统进行的信息存储和检索，其检索过程是在人机的协同作用下完成的。计算机会从其存储的大量数据中自动分拣出与用户提问相匹配的信息，而用户则是整个检索方案的设计者和操纵者。其检索的本质没有发生变化，发生变化的只是信息的载体形式、检索手段、存储方式和匹配方法。

计算机的产生使信息检索发生了革命性的变化，大大提高了信息的处理和检索能力。不过计算机检索有很强的技巧性，用户需要具备一定的"机检"知识。目前，广泛利用的计算机检索系统包括互联网检索系统、联机检索系统和光盘检索系统。

二、信息检索工具

1. 信息检索工具

信息检索工具是指用以报道、存储和查找文献信息线索的工具。它有广义和狭义之分。广义的信息检索工具是指用来报道、存储和查找文献信息的一切工具和设备，可分为手工检索工具、机械检索工具和计算机检索工具。狭义的信息检索工具主要指手工检索工具，也称印刷型检索工具或书本式检索工具。这里指的是广义的信息检索工具，任何具有信息存储和检索功能的工具和设施均可称为检索系统或检索工具。在手工检索时常用检索工具一词，计算机检索时多使用检索系统一词，检索工具能够指明资料的存在，提供查找的线索；能够提示信息资料的内容，帮助人们比较选择和鉴别。因此，信息资料检索的关键是检索工具。检索工具中信息的学科内容有综合性、专科及专题之分。综合性工具一般具有较长的历史，往往提供多种检索途径，检索功能较强。专题和专科检索工具比较简单，但内容的标引却比综合性工具详细，其优秀者对本学科的信息收录比综合性工具更全。

一般来说，信息检索工具应具备以下五个条件。

一是有明确的收录范围。

二是有完整明了的文献特征标识。

三是每条文献条目中必须包含多个有检索意义的文献特征标识，并标明供检索用的标识。

四是全部条目科学地、按照一定规则组织成为一个有机整体。

五是提供多种必要的检索途径。

2. 信息检索工具的类型

信息检索工具的类型有多种。

（1）按著录内容可分为书目、题录、索引、文摘、信息资料指南等。

（2）按出版形式可分为期刊式检索工具、书本式检索工具、附录式检索工具、卡片式检索工具等。

（3）按收录范围可分为综合性检索工具、专题性检索工具；按检索手段可分为手工检索工具、机械检索和计算机检索系统。

（4）按语种可分为中文检索工具、外文检索工具。

（5）按载体形态可分为印刷型检索工具和机读型检索工具。

检索工具主要类型介绍如下。

（1）按著录内容划分

按著录内容划分反映了信息检索工具揭示文献信息的深度、信息量的大小和检索途径。

1）书目。

书目也称目录。是对一批相关文献按分类或字顺编排而成的一种揭示、报道的工具。书目是有序的文献信息清单，通常以整本图书、期刊等作为著录单元，它所提供的信息主要包括两方面的内容：一是有关文献信息的外部特征，如题名、著者、译者、出版者、出版时间、版本等；二是有关文献的内容特征，如内容梗概、中心思想等。

书目按不同标准可以划分为许多不同的类型。按编制的目的和用途可分为出版发行书目、国家书目、馆藏书目、联合书目、版本书目、地方文献书目、个人著书书目、导读书目、推荐书目、参考书目等；按文种可分为中文书目和外文书目；按学科范围可分为综合性书目和专题书目；按收录文献类型可分为图书书目、报刊书目、特种文献书目等；按载体形态可分为印刷型书目和机读书目；按出版形式可分为卡片式书目和书本式书目等。

对于文献信息检索来说，国家书目、馆藏书目、联合书目等尤为重要。

①国家书目。

国家书目是有关一个国家出版物的现状和历史的记录，它记载的是一个国家出版的全部图书的书目，为用户提供了一个国家最全面最权威的图书出版情况。它是进行图书采购、整理、利用及开展信息查询等服务的重要工具。我国的国家书目有《全国总书目》《全国新书目》和《中国国家书目数据库》等。国家书目建立在呈缴本制度上，收录齐全，著录规范。

②馆藏书目。

馆藏书目通常是指用来揭示和报道一个图书馆文献收藏状况的书目。主要报道馆藏各种文献的书目信息和存储地址。现在普遍使用的是联机公共检索书目（OPAC），卡片式书目和书本式书目已很少使用，将逐渐退出历史舞台。

OPAC（online public access catalogue）是一种通过网络查询馆藏信息资源的联机检索系统，用户可在任何地方查询各图书馆的 OPAC 资源。大部分 OPAC 系统都有较强的检索功能。系统界面友好，简单方便，易于使用。各 OPAC 系统的检索途径和检索方式都不尽相同，但大体上分为简单检索、高级检索和限制检索三种方式，提供题名、责任者、主题、关键词，分类号、索书号、出版年、出版者等多种检索途径。

③联合书目。

联合书目汇总了若干个图书馆或其他文献收藏单位所藏的文献，是一种广义上的馆藏书目。它反映了全国或某一地区某一系统若干图书馆所藏文献的情况，如"CALIS 联合目录数据库"。联合书目的主要特点是书目编制的合作性、标准的规范性，揭示文献馆藏地址。由于联合书目揭示了文献的馆藏分布，所以能弥补馆藏文献的不足，有利于文献资源共享，提高文献的利用率。

2）题录。

题录是以单篇内容独立的文章为基本著录单元，并只揭示、报道文献外部特征的检索工具。书目著录的是一个完整的出版单元，而题录著录的只是一个完整出版物中的某一部分，如期刊中的论文、图书中的章节等。内容包括文献号、文献篇名、作者及工作单位、原文出处等，它不涉及文献内容，也没有内容摘要。与书目相比，题录的检索功能和及时性都比较强。实质上它是一种不含文摘正文的文摘款目，在揭示文献信息内容深度方面，比书目做得深，但比文摘款目浅。特点是报道速度快，覆盖面较大，多用于查找最新文献信息，常作为文摘性检索工具的先导和补充。

3）文摘。

文摘也是一种揭示、报道文献信息外部特征和内容特征的检索工具。文摘的著录项目除了著者、篇名、出处等外部特征外，还有描述文献信息内容特征的摘要。可以通过文摘内容了解文献的基本内容，从而决定文献的取舍，起到筛选文献的作用。因此其检索功能强于题录。是检索工具的主体类型。文摘是科学研究的重要辅助工具、在全文数据库出现以前，文摘被研究者广泛使用。文摘的主要作用有：通报最新的科学文献；深入揭示文献内容。引导读者阅读原文；节约阅读时间，避免阅读那些无关紧要的原文；帮助读者确定原文内容与查找课题的相关程度。快速而准确地选择文献，提高查全率和查准率；帮助读者克服语言上的障碍；便于计算机进行全文检索。此外，文摘还是撰写述评文章的重要素材。

文摘根据其报道的内容可分为报道性文摘、指示性文摘和评论性文摘三种。

①报道性文摘。

报道性文摘是原文内容的浓缩，基本上能反映原文的内容，信息含量大，参考价值高，对帮助读者了解某些难以得到的文献和克服语言障碍有更为突出的作用。一般适用于那些主题比较集中、单一，学术内容较丰富新颖的文献，如学术论文、技术报告、专利说明书等。

②指示性文摘。

指示性文摘是原文的简介。旨在把原文的主题范围、目的和方法概略地指示给读者，一般不包含具体的数据、方法、设备、结论等内容。长度一般在 200 字以内，有的甚至仅有一句话，只起解题作用，适用于那些篇幅过长、内容较散的文章，如泛论性或评论性的文章，以及其他不适合做报道性文摘的文献。

③评论性文摘。

评论性文摘融入了文摘员的分析与见解。它的价值主要取决于文摘员的专业水平。

4）索引。

索引一词来源于英文单词 index，含有指出或指示的意义，通过一定的线索引导出需要查找的文献信息。索引是将文献中某些主要的、具有检索意义的内容特征标识或外部特征标识按某种顺序排列，并注明文献条目线索的检索工具。它是对一组信息集合中相关信息的系统指引，一般只指引特定信息内容及其存储地址，通常不提供信息或知识内容本身，只提供一种指示系统，使用户能准确地找出文献或信息集合中的特定信息。也就是说，索引的主要功能是"检索"。索引的组成主要有索引款目和参照系统两部分。索引款目是索引的主要部分。每条索引款目通常由文献特征标识（标目）、说明语、地址三项组成。

常用的索引有主题索引、分类索引、著者索引、专门索引、引文索引等。

①主题索引。

主题索引是将能表达文献主题的名词术语加以标引编制的索引，它可直接提供文献中某专题全面、系统、具体的资料。主题索引的另一种形式是关键词索引，它选择那些对于文献内容有实际意义的重要关键词加以标识编排，据此可查到有关专题的具体资料。使用主题索引检索文献时，关键在于选准所需主题内容的主题词。所以，对检索者来说，熟悉主题词表是很重要的。

②分类索引。

分类索引是以表示文献内容特征的分类号作为检索标识，按照特定分类法的类目体系进行编排的一种索引。不同的检索工具可能采用不同的分类法来组织分类索引。使用分类索引检索文献时，关键在于掌握分类法，正确地从分类表中查出所需的分类号。

③著者索引。

著者索引是以文献中著者的姓名作为检索标识，并按字顺编排的一种索引，主要包括个人著者索引、团体著者索引、专利发明人索引和专利权人索引等。

④专门索引。

为了适应一些特殊需要或某些文献的特点而编制的一些用于专门事物检索的索引，如分子式索引、生物系统索引、生物属名索引、专利号索引、标准号索引、报告号索引、合同号索引等。

⑤引文索引。

引文索引是以被引文献为检索起点，进而查找引用文献的一种索引，是建立在文献引证关系之上的一种新型检索工具。

引文索引以曾经发表的特定主题的文献为标引对象，摘录来源文献引用或参考过的资料，按被引论文著者姓名的字顺排列，在被引论文之下，按年代列举引用过这篇文章的全部论文。引文索引借助引文将相关文献联系在一起，检索者从引文索引中查出一批所需的文献后，再利用这些文献的引文查找一批新的文献，如此反复检索。南于引文索引能够把绝大多数文献紧密地联系起来，从客观上体现出学科之间的交叉渗透、论著之间的继承与发展的内在联系，所以能为评价某一论文、某一期刊和某一著者的学术和产生的社会影响提供客观依据，在科学成果、科学家、相关地区、机构、学科结构及其发展前景等多方面也存在着评估功能。

美国从 20 世纪 60 年代开始研究引文索引，并产生了三大著名的引文数据库，即"科学引文索引"（SCI）、"社会科学引文索引"（SSCI）、"艺术与人文科学引文索引"（A&HCI）。三大引文数据库包括从自然科学、社会科学到文学艺术的全部知识领域，已得到全世界的高度重视和广泛运用。我国于 20 世纪 90 年代开始研制引文索引，著名的有"中国科学引文索引"（CSCI）、"中国社会科学引文索引"（CSSCI）、"中国引文数据库"（CNKI）。

5）信息资料指南。

信息资料指南是一种新的检索工具，目前正陆续出现。如"旅游行业指南"等类型的小册子，其中有历史资料，也有近期信息。人们只要翻阅它，就可以对相关信息的历史与现状有所了解。它是经过高度加工的信息资料检索工具，实用价值很大。

（2）按出版形式划分

1）期刊式。

具有期刊的出版特点，有统一、固定的刊名，以年、卷、期为出版单位，定期连续出版的检索刊物，如我国的《全国报刊索引》《中国社会科学文摘》等，具有迅速、及时、系统、完整等特点，是进行文献检索最主要的工具。

2）单卷式。

是以一定的专题为内容，将累积一段时期的有关文献的目录、题录、摘要或索引以图书的形式出版的检索工具，如《中外法学名著指要》《历代名诗索引》《中国环境保护图书要览》等，具有专业性强、内容专一而集中、所涉及的文献类型较全、累积刊载的年代较长等特点。对于掌握专题文献线索是一种不可忽视的检索工具，但需注意其新颖性。

3）卡片式。

是指把有关文献信息的特征记录在一张张卡片上，并按一定的方法排列起来的检索工具，如图书馆传统管理时代的分类目录、书名目录、著者目录、主题目录等卡片式检索工具。它具有编制、增删灵活等优点，但体积大、不方便管理和携带。随着计算机技术在信息管理方面的广泛应用，卡片式检索工具已逐渐退出历史舞台。

4）附录式。

不独立出版，而是分别附于图书、期刊或文章之后，以"参考文献""引用目录"等形式刊出，是经过编著者筛选、收录的文献线索。虽然引用的篇幅不大，但具有较大的参考价值，特别适合于回溯性检索。

（3）按收录范围划分

1）综合性检索工具。

指综合收录多种学科和多种专业内容的文献信息，文献类型和语种都比较广的一类检索工具，如"全国报刊索引""全国新书目"等。

2）专业性检索工具。

指以某一学科或专业领域的文献信息为对象编辑而成的检索工具，其收录范围比较窄，但所涉及的内容比较全面，如《经济管理文摘》《管理科学文摘》《百年百种优秀中国文学图书：1900—1999》等。

三、信息检索的途径和方法

1. 信息检索途径

信息检索途径就是信息检索的路线和出发点。信息检索的途径取决于信息存储过程中各种检索系统或检索工具对文献信息的处理方式和内容。检索途径大多来源于文献信息的外部特征（如题名、著者）和内部特征（如所属学科）。传统的手工检索工具所能提供的检索途径是有限的，而计算机检索系统则能提供更多更完备的检索途径和人口。如果不加说明，检索途径就是指手工文献检索采用的途径，它主要提供以下检索途径。

（1）分类检索途径

分类检索途径（classification）用分类法组织管理文献信息，是比较传统的方法。对信息检索而言，分类途径就是根据文献的内容特征、利用分类目录或分类索引查找文献的检索途径。利用这一途径检索文献，首先要明确检索课题的学科属性、分类等级，并利用一定的工具书获得相应的分类号，然后逐类查找。它要求检索者对所用的分类体系有一定的了解，能够熟悉分类语言的特点，熟悉学科分类的方法，并注意多学科课题的分类特征。

（2）主题检索途径

主题检索途径（subject）是以表达文献内容的词、词组或短语为检索点查找文献的途径，是信息检索中最重要的检索途径之一。主题目录和主题索引就是将文献按表征其内容特征的主题词组织起来的索引系统。利用主题途径检索时，只要根据所选用主题词的字母顺序、音序或笔画顺序找到所查的主题词，就能查到相关文献。

（3）作者检索途径

作者检索途径（author）指对文献信息内容负责或做出贡献的个人或团体进行检索。广义上，"作者"还应包括汇编者、编者、主办者、译者等。此外，还有代表机构、单位的团体作者，包括作者所在单位。它是根据文献的外部特征，利用著者目录和著者索引进行检索的途径，实际上是按著者的姓名字顺，将有关文献排序而成的。以著者为线索可以系统、连续地掌握著者的研究水平和研究方向。

（4）名称检索途径

名称检索途径（title）是从各种事物的名称出发来检索文献信息的，这些名称包括书名、刊名、资料名、出版物名、出版社名、会议名、物质名称等，也包括人名和机构名。检索的对象既包括对应的文献，也包括有关的信息、事项等，比如个人电话簿或公司电话簿。它查找的是号码信息，是最直接、最方便的检索途径。图书馆的联机公共目录（OPAC）也可以通过名称途径进行检索。

（5）号码检索途径

号码检索途径（number、code）包括文献的编号、代码等，它们是文献信息的一些特有的外部标识，号码检索点以号码特征来检索文献信息。号码多种多样，通常用数字、字母或它们的结合形式或以分段的方式来表示其各部分的含义。比如，科技报告有报告号，还有其合同号、拨款号等，专利文献有专利号、人藏号、公司代码等；分类号也是号码（特殊的号码检索），等等。

除了以上所讲的几种途径外，还有引文途径、分子式途径、地名人名途径等。此外，以上检索途径也可用于计算机信息检索，并且计算机检索还可以通过更多的检索途径进行文献信息检索，获取相关文献的信息。尤其是通过计算机的快速处理进行全文检索，不但简单易用，而且大大提高了检索效率。

2. 信息检索方法

（1）常规法

常规法是利用检索工具来查找文献信息的方法，也是最常用的一种检索方法。这种方法可分为顺查法、倒查法和抽查法三种。

1）顺查法是按课题的起始年代，由远及近逐年查找的检索方法。由于逐年查找，故查全率较高，而且在检索过程中可以不断筛选，剔出参考价值较小的文献，因而误检的可能性较小。利用这种方法检索文献比较全面、系统，但费时费力，工作量大，适合于内容较复杂、时间较长、范围较广的研究课题。

2）倒查法与顺查法相反，是由近及远逐年查找文献的检索方法。这种方法适合于课题查新、掌握研究动态以及制订研究规划时使用。采取这种检索方法可以及时把握学科的最新发展动态，且检索的时间跨度可以灵活掌握。其检索效率高，但与顺查法相比查全率相对较低。

3）抽查法是根据课题所属学科研究发展的某一高峰时期，抽出一个时间段，进行集中查找。此方法花费的时间较少，检索效率较高。但检索者必须熟悉该学科的发展特点，了解该学科文献发展较为集中的时间范围，只有这样才能取得较好的效果。

（2）综合法

综合法又叫循环法或分段法，是常用法和追溯法相互结合的一种检索方法，这种方法是先利用检索工具查出一批有用的文献，然后利用这些文献所附的参考文献进行追溯查找，扩大文献线索。如此分段交替循环进行，从而可得到大量相关文献。

（3）追溯法

追溯法又称引文法，是利用文献后所附的参考文献、相关书目、推荐文章和引文注释查找相关文献。科学研究的连续性和继承性决定了要不断地参考和借鉴以前的科研成果。一篇学术论文的形成往往要参考或引用多篇其他论文的内容，并在文末将其作为参考文献列出。利用文末的参考文献线索查找相关的文献信息，在某种程度上可以扩大文献来源。由于原文作者所引用的参考文献数量有限，而且不够全面，因此容易产生漏检和误检，且查全率极低。所以该方法是在缺少检索工具的情况下，作为查找文献的一种辅助方法来使用的。

 信息检索技术与策略

检索技术是指利用现代信息检索系统，如联机数据库、光盘数据库和网络数据库，检索文献时所采用的方法、策略和检索手段等相关因素的总称。

文献信息检索的整个过程。大体可以分为三个阶段：检索准备、实际检索和检索结果整理评价。具体步骤的繁简由信息检索技术与策略决定，以达成实际的检索目标和效果为限。

 一、信息检索技术

常用的检索技术包括布尔逻辑检索、截词检索、临近检索和字段检索。

1. 布尔逻辑检索

布尔逻辑检索是当今检索理论中最成熟的理论之一，也是构造检索表达式最基本、最简单的匹配模式。它是通过布尔逻辑算符来实现的，这些算符把一些具有简单概念的检索词或检索项组配成为一个具有复杂概念的检索式，用以表达用户的检索需求。布尔逻辑算符有逻辑与（AND）、逻辑或（OR）、逻辑非（NOT）三种。

（1）逻辑与

用 AND 或 * 表示，是一种用于交叉概念和限定关系的组配，它可以缩小检索范围，有利于提高查准率。凡是用 AND 的检索式，AND 两侧的检索词必须同时出现在同一条记录中，该记录才算命中。

比如，要检索有关"环境污染治理"方面的资料，其检索式为 environment pollution and govern。

（2）逻辑或

用 OR 或+表示，是一种用于并列关系的组配，它可以扩大检索范围，防止漏检，有利于提高查全率。凡是用 OR 的检索式，OR 两侧的检索词只要有一个在一条记录中出现，该记录就算命中。

这个算符在检索时多用于以下情况：

①缩写与全称，如检索有关"聚氯乙烯"方面的资料，检索式为 pvc or polyvinyl chloride。

②同义词。如检索有关"自行车"方面的资料。检索式为 bicycle or bike。

③化学中化合物的分子式与全称、物质的俗名与学名、元素符号与元素全称等。如检索"石灰石"方面的资料，检索式为"碳酸钙+石灰石"。

（3）逻辑非

用 NOT 或−表示，是一种排斥关系的组配，它用来从原来的检索范围中排除不需要的概念或影响检索结果的概念。

如检索"不包括核能的能源"方面的资料，检索式为 Energy not Nuclear。

布尔逻辑运算符可以组合使用，三者的优先顺序在无括号的情况下为 NOT>AND>OR，有括号时括号内的先执行。

例如：检索"明清小说"的有关信息。

关键词：明、清、小说。

检索表达式：

（明 OR 清）AND 小说

明 AND 小说 OR 清 AND 小说

错误表达式：

明 OR 清 AND 小说

明 AND 清 AND 小说

明 OR 清 OR 小说

明 AND 清 OR 小说

在不同的数据库中，所使用的逻辑符号可能是不同的，有的用 AND、OR、NOT，有的用 *、+、−。一些检索工具会完全省略任何符号的关系，直接把布尔逻辑关系隐含在菜单中。一些网络检索工具，如搜索引擎，甚至用空格、逗号、减号来表示。

2. 截词检索

截词检索也是常用的检索技术。在西方文献检索中广泛使用。允许检索词有一定范围的变化，这种功能可减少输入步骤，简化检索程序，扩大检索范围，从而节省时间，降低费用，提高查全率。

（1）截词符

不同的数据库有不同的截词符，DIALOG 系统用?，ORBIT 系统用+，还有的系统用 $ 或 *。通常情况下 * 代表无限截词符，? 代表有限截词符。

1）无限截词符 *。在检索词的词干后加一个截词符 *。以此表示该词词尾部分可变化的字符位数不受限制。一个无限截词符可以代表 0~N 个字符，一般用在检索词末。用 * 号作为截词符，可将一个单词的不同拼写形式检索出来。如 smok * 将对 smoke、smoky、smoked、smoker 等进行检索。

2）有限截词符?。一个有限截词符只代表一个字符，一般用在检索词中间，如 smok? 只能检索到 smoke、smoky，检索不到 smoked、smoker；又如 m? n 可以检出 man、men。

（2）截词类型

截词类型有多种，按截词符的位置来分，截词有后截断、前截断、中截断三种形式；按截断的字符数量来分，截词可分为有限截断和无限截断两种形式。截词是计算机检索中常用的方法，尤其是英语单词词尾变化较多，为避免漏检，经常要用前方一致的截词检索。

1）右截词，又称后截词、前方一致。允许检索词词尾有若干变化，例如 comput * 将检索出 computer、computing、computerised、computerized、computerization 等结果。

2）中间截词，又称前后方一致。允许检索词中间有若干变化。例如 wom * n，检索到 woman、women 的结果。英美的不同拼法，defen * 可同时检索出 defence 和 defense 的结果。

3）左截词。又称前截词、后方一致，允许检索词前有若干变化，例如 * physics 就可检索到 physics、astrophysics、biophysics、chemophysics、geophysics 等词的结果；* computer 可检索 computer、minicomputer、microcomputer 等结果。

另外，还存在一种截词形式，就是在词干的前后各有一个截词符，允许检索词的前端和尾部各有若干变化形式。通常叫作前后截词。如 * computer * 可检索 computer、computers、computerize、computerized、computerization、minicomputer、minicomputers、microcomputer、microcomputers 等结果。

截词检索注意事项如下。

在使用截词检索技术时应注意以下几点：一是在不同的数据库和联机检索系统中，所使用的截词符号没有统一的标准，有的用 7. 有的用#，有的用 $ 等；二是即便常用的？和#，在不同的数据库中其用法也不一定是相同的；三是在允许截词的检索工具中，一般指右截词，部分支持中间截词，左截词比较少见；四是常用的一些数据库，一般用 * 代表一个字符串，用？代表任意一个字符。

3. 邻近检索

邻近检索又称位置检索，主要是通过检索式中的专门符号来规定检索词在结果中的相对位置。例如，检索"生物防治"的文献，若用检索式 biological * control 检索，则会将"抑制生物"（control biological）的文献也查出来，这显然不是所需的文献。这时就可以采用位置算符来规定检索词的相对位置，主要有相邻位置算符（W）、（nW）、（N）、（nN），句子位置算符（S），字段（F）、（L）。

（1）（W）、（nW）、（N）、（nN）算符

1）（W）、（nW）算符。

（W）表示此算符两侧的检索词必须按此前后顺序相邻排列，词序不可变。且两词之间不许有其他的词或字母。但允许有一个空格或标点符号。如 biological（W）control 相当于检索 biological control，CD（W）ROM 相当于检索 CD ROM 或 CD-ROM。

（nW）表示此算符两侧的检索词之间允许插入最多 n 个词，且词序不可变。如 wear（1W）material 相当于检索 wear materials，wear of materials 等词。

2）（N）和（nN）算符。

（N）是 near 的缩写，表示此算符两侧的检索词必须紧密相连，词序可变，词间不允许插入其他词或字母，但允许有一个空格或标点符号。

（nN）表示两词之间最多可插入 n 个词，词序可变，如检索式 environment（2N）pollution 就可检索出包含 environment pollution、environment of the pollution、environment of water pollution、pollution of forest environment 等内容的结果；检索式 information（1N）retrieval，可检索出 information retrieval，retrieval of information 等结果。

（2）S、F、L 算符

1）S 算符（subfield），表示两个检索词必须同时出现在文献记录的同一子字段中。两词的词序不限，两词间捕入词的数量不限，可表示为 A（S）B。

2）F 算符（field），表示此算符两侧的检索词必须同时出现在文献记录的同一个字段内，两词的词序不限，两词间插入词的数量不限。用此算符时须指定所要查找的字段，如题

名字段、文摘字段、叙词字段等，可表示为 A（F）B。例如 digital（F）computer TI 表示在题名字段（TI）中同时出现这两个检索词，才算命中信息。

3）L 算符（link），表示两个检索词同在叙词字段中出现并且具有词表规定的等级关系。因此。该算符只适用于有正式词衷，且词表中的词具有从属关系的数据库或文档，可表示为 A（L）B。

邻近检索对提高检索的查准率有重要的作用，但网络检索中基本上只支持（W）、（nW）、（N）、（nN）检索式。

4. 字段检索

字段检索是限定检索词在记录中出现的字段范围的检索方式，检索时，计算机只对限定字段进行查找。现代检索中常用的字段代码有 TI（题名）、AB（摘要）、DE（主题词）、ID（标识词）、SU（主题词）、KW（关键词）、AU（著者）、BN（国际标准书号）、SN（国际标准刊号）、CC（分类类目）、CS（绵构）、DT（文献类型）、PT（出版物类型）、JN（刊名）、JA（刊号）、LA（语种）、PY（出版年）和 SO（来源出版物）等。这些字段代码在不同的数据库中可能不同，在检索时立参阅系统及有关数据库的使用说明，避免产生检索误差。

5. 检索准备与过程

进行任何一项信息检索必须进行课题分析和检索准备。信息检索前，首先要分析研究课题，明确当前准备检索的课题要求与范围，确定课题检索标志、确定所需文献的作者和文献类号、表达主题内容的词语和所属类目，然后选定检索工具，确定检索途径，由于这是新型检索的准备阶段，因此一定要做好相关分析和准备工作，这样才能有备无患。

在信息检索前，首先要对检索的课题进行周密的分析，弄清课题的关键所在，确定检索的范围、时间和语种，分析文献的类型和检索线索，逐步扩大检索的方向。这样才能有的放矢，避免做无用功。其次要制定检索策略。正确地选择检索工具，传统的手工检索工具如索引、目录、文摘、辞典、年鉴等具有很大的参考价值。随着计算机和网络技术的迅猛发展，现已成为广泛使用的信息检索手段。如数据库检索、光盘检索、Internet 检索等。信息检索时，要根据检索工具、检索系统以及数据库性质选择一种或多种检索工具进行检索。同时要依据检索课题的性质、属性确定合适的检索方法。选择检索途径和检索标识。

在确定检索策略，做好必要的检索准备后，就可以实施相关的信息检索。在具体检索过程中，要注意以下几点：

（1）各种检索系统和检索工具要相互配合使用，尽量提高检索效率和检索成果的可靠性。

（2）在检索中，应灵活运用各种检索工具、检索方法和检索途径，充分利用积累索引，并对各种参照款目进行认真审核与利用，还应利用各种文献信息源进行查找，通过浏览最新的核心期刊来补充检索工具或数据库中尚未报道的最新文献。

（3）按照预先制定的检索策略进行检索，在检索系统中将检索标识与系统中存储的文献标识进行匹配，查出相关文献后，应对所得的结果进行分析，看其是否符合需要，并加以筛选，如果不满意，要及时对检索策略进行修改或调整，再进行检索，直至满意。

检索完成后，得到了一系列检索结果，这时要对搜集到的大量文献信息资料进行去粗取精，去伪存真、由表及里的加工处理。也就是对检索结果进行整理的过程，通过对检索结果的整理有序化，使大量检索结果活化，便于检索者和用户随时利用。

6. 检索效果评价

信息检索要进行检索效果评价。评价检索效果最常用的指标是查全率和查准率。查全率反映的是所需文献被检出的程度；查准率是反映系统拒绝非相关文献的能力。两者结合起来反映检索系统的检索效果。需要指出的是，用两者评价检索效果也存在着难以克服的模糊性和局限性。因此，查全率和查准率是相对的，它们只能近似地描述检索效果。

判断检索效果的两个指标：

查全率＝被检出的相关信息量/相关信息总量（%）

查准率＝被检出的相关信息量/被检出信息总量（%）

二、信息检索策略

信息检索策略是指实现检索目标的途径与方法，包括检索途径与检索项的选择、检索方式的拟定、检索结果的判别、反馈及调节方法等。

1. 检索策略的内容

（1）确定检索系统

根据课题选择合适的检索系统，它必须包括检索者检索需求的学科范围和熟悉的检索途径。在计算机检索中还需要确定检索所需要的文档名称或代码。

（2）确定检索途径

各检索系统一般都具有许多索引体系（即检索途径），应根据课题需要选择自己熟悉的检索途径，可多途径配合使用。

（3）选定检索词

各种检索途径均须有相应的检索词（亦称人口词）方可进行检索。如分类途径以分类号作为检索词，主题途径以主题词、关键词等作为检索词等。计算机检索还须选定检索词编制布尔逻辑检索提问式。

（4）调整检索方案

根据检索过程中出现的各种问题及时调整方案，扩大或缩小检索范围。

2. 检索策略的制定

检索策略的制定主要有两点：一是确定检索工具或数据库；二是确定检索途径（检索字段）及检索方法（检索方式），形成检索目标（构造检索提问式）。

（1）明确检索的内容和目的。

在检索之前，须弄清检索主题，对所给出的检索课题进行分析，根据它的主题结构、类型、专业范围、性质等加以分析，使之形成若干能代表信息需求而且有检索意义的主题概念，包括所需信息的主题概念有几个，概念的专指度是否合适，哪些是主要的，哪些是次要的。力求分析的主题概念能准确地反映检索的需要，明确所需文献信息的文献数量、语种、年代范围、类型及其他外表特征，明确检索内容涉及的主要学科范围等。明确检索的内容和目的是选择检索工具、数据库以及其他检索行为的第一步。

（2）尽可能使用专题检索工具及专业数据库，并收集一些专题信息网址。

专题检索工具是专为查询某一学科或某一主题的信息而产生的查询工具。相对于综合性的检索工具来说，专题检索工具对解决实际查询问题十分有效，它具有更高的查准率和查全率。而选择数据库的原则是以专业数据库为主，综合数据库为辅。

（3）了解何种信息由哪些机构提供服务，并注意收集一些机构的 URL。

了解何种检索工具，何种参考工具能回答何种问题是信息查询的关键。有时从信息提供机构搜索信息源能取得意想不到的效果，即了解从网上可以获取哪些信息、何种信息主要由哪些机构提供服务仍是十分重要的。这就需要我们平时多注意一些机构地址的收集，以便检索时能"随手拈来"，达到快速查询信息的目的。

（4）了解常用的搜索引擎以及检索系统的特性与功能。

搜索引擎在查询范围、检索功能等方面各具特色，不同的检索应选用不同的搜索引擎。了解常用搜索引擎的性质、功能、检索方法等，有利于更好地使用搜索引擎。

（5）掌握实用的检索技巧。

掌握一些实用的检索技巧能让你操作自如，得心应手，从而做到快速、准确、全面地查找信息。

①提高查全率的方法。

降低检索词的专指度，将上位词或相关词补充到检索式中；尽可能多地罗列同义词；使用多个检索途径；取消某些过严的限制，尽可能在所有检索的字段中检索；使用截词检索方法；使用 OR 进行检索；使用多元搜索引擎。

②提高查准率的方法。

提高检索式的专指度，增加或换用下位词和专指度较高的词；增加概念进行限制；限制检索词出现的可检字段；利用 NOT 限制一些不相关的概念；使用 AND 检索；利用进阶检索功能（即利用前一次检索的结果作为后一次检索的范围，逐步缩小检索范围）。

③加快检索速度的技巧。

利用检索站点的特色服务快速检索；掌握不同搜索引擎的搜索策略，充分利用不同搜索引擎的优点，可以获得最佳最快的检索结果。

④一般的搜索技术。

逻辑操作符的使用，包括 AND，NOT，OR；+、-和通配符的使用；不要滥用空格，在输入汉字作关键词时，不要在汉字后追加不必要的空格；注意大小写的敏感性；避免使用一个词查询，输入的主题词应尽可能多而且是精确词或词组，有利于缩小检索范围。

⑤机检和手检有机结合，节约检索费用。

机检即计算机检索，包括光盘检索、联机检索、网络检索。手检即手工检索，主要是利用工具书和期刊查找资料。计算机检索的出现为情报检索的发展开创了崭新的局面，它改变传统手工检索的方式，能迅速为检索者查找信息资料。不过，即使机检有再多的优点，有时也需要手检与之配合，才能达到更好的效果。

⑥注意检索策略的信息动向，培养信息检索能力。

3. 检索策略的调整

制定好检索策略后，检索任务只能算完成了一半，因在实际检索过程中，并非一次检索就能获得满意的检索效果。此时就需要及时采取补救措施，调整检索策略。检索策略的修改和调整，在实际操作中主要指数据库的选择和检索表达式的编制。前者取决于现有的数据库资源，后者则直接反映检索目标。一般情况下，若检出结果过多，就应在提高查准率上下工夫，主要从缩小检索（简称"缩检"）入手；如果检出篇幅过少，就应在提高查全率上下工夫，主要从扩大检索（简称"扩检"）入手。

（1）扩检时，调整检索式的主要方法

1）选全同义词、相关词和近义词，并多用 OR 算符。

2）多选一些同位词或相关词，降低检索词的专指性。

3）采用分类号进行检索。从揭示文献的广度和深度来看，依据分类体系检索恰到好处，它既能按文献的内容查找，又能把这一类文献搜集齐全。

4）删除没有实际意义的概念组面。

5）减少或去除某些过严的限制符。

6）少使用位置算符，或调整位置算符，由严变松。

7）使用截词技术。

（2）缩检时，调整检索式的主要方法

1）提高检索词的专指性，增加或换用下位词和专指性较强的自由词。

2）增加 AND 算符，以进一步限定主题概念的相关检索项，提高查准率。

3）用检索字段限制检索，如常限定在篇名字段和叙词字段中进行检索。

4）利用文献的外表特征限制，如文献类型、出版年代、语种、作者等。

5）用逻辑非（NOT）来排除一些无关的检索项。

6）适当地使用位置算符，或调整位置算符由松变严。采取上述调整方法时，要针对所检课题的具体情况和所用检索系统的客观实际综合分析和灵活应用。

第四节 信息检索语言

信息检索语言是信息检索系统的重要组成部分，是信息存储人员和检索人员都要使用的语言工具。世界上有数千种信息检索语言，有上万种文献信息机构利用信息检索语言组织并检索文献信息。信息检索语言对于信息检索有不言而喻的重要性，是信息检索者必须掌握的基本工具。

一、信息检索语言的概念

1. 信息检索语言

信息检索语言（information retrieval language）是信息存储与检索过程中用于描述信息特征和表达用户信息提问的一种专门语言，是表达一系列概括文献信息内容和检索课题内容的概念及其相互关系的一种概念标识系统。所谓检索的运算匹配就是通过检索语言的匹配来实现的。检索语言是人与检索系统对话的基础，它可分为规范化语言（人工语言）和非规范化语言（自然语言）两类。

信息标引人员在进行信息存储的过程中，会对原始信息进行分析，找出其能代表信息的特征与检索语言（检索标识系统）进行对照标引，然后纳入检索系统；而信息检索人员在进行信息检索的过程中，则先对待查课题进行分析，归纳出各种信息特征，使之形成能代表需要的检索提问，然后把这些提问与检索语言（检索标识系统）进行核对，标引成检索提问标识。

如果没有检索语言作为标引人员和检索人员的共同语言，就很难使得标引人员对文献信息内容的表达和检索人员对相同文献信息内容需求的表达取得一致，信息检索也就不可能顺利实现。

2. 信息检索语言的功能

检索语言在信息检索中起着极其重要的作用，它是沟通信息存储与信息检索两个过程的桥梁。在信息存储过程中，用它来描述信息的内容和外部特征，从而形成检索标识；在检索过程中，用它来描述检索提问，从而形成提问标识；当提问标识与检索标识完全匹配或部分匹配时，即命中文献。

信息检索语言的主要功能如下所述。

（1）特征

标引文献信息内容及其外表特征，保证不同标引人员表征文献的一致性。

（2）相关性

将对内容相同及相关的文献信息集中或揭示其相关性。

（3）有序化检索

使文献信息的存储集中化、系统化、组织化，便于检索者按照一定的排列次序进行有序化检索。

（4）一致性

便于将标引用语和检索用语进行相符性比较，保证不同检索人员表述相同文献内容的一致性，以及检索人员与标引人员对相同文献内容表述的一致性。

（5）最高查全率和查准率

保证检索者按不同的需要检索文献时，都能获得最高查全率和查准率。

3. 检索语言的类型

目前，世界上的信息检索语言有几千种，依其划分方法的不同，其类型也不一样。

（1）按照标识的性质与原理划分检索语言

1）分类语言。

分类语言是指以数字、字母或字母与数字组合作为基本字符，采用字符直接连接并以圆点（或其他符号）作为分隔符的书写法，以基本类目作为基本词汇，以类目的从属关系来表达复杂概念的一类检索语言。

以知识属性来描述和表达信息内容的信息处理方法称为分类法。目前世界上有代表性的分类法有"杜威十进制分类法""国际十进制分类法""美国国会图书馆图书分类法""国际专利分类表"等，国内通用的体系分类法是"中国图书馆图书分类法"。此外，还有"中国科学院图书分类法"（简称"科图法"）、"中国人民大学图书馆图书分类法"（简称"人大法"）。

2）主题语言。

主题语言是指以自然语言的字符为字符，以名词术语为基本词汇，用一组名词术语作为检索标识的一类检索语言。以主题语言来描述和表达信息内容的信息处理方法称为主题法。主题语言又可分为标题词、元词、叙词、关键词。

①标题词是指从自然语言中选取并经过规范化处理，表示事物概念的词、词组或短语。标题词是主题语言系统中最早的一种类型，它通过主标题词和副标题词固定组配来构成检索标识，只能选用"定型"标题词进行标引和检索，反映文献主题概念必然受到限制，不适应时代发展的需要，目前已较少使用。

②元词又称单元词，是指能够用以描述信息所论及主题的最小、最基本的词汇单位。经过规范化的能表达信息主题的元词集合构成元词语言。元词法是通过若干单元词的组配来表达复杂的主题概念的方法。元词语言多用于机械检索，适合用简单的标识和检索手段（如穿孔卡片等）来标识信息。

③叙词是指以概念为基础、经过规范化和优选处理的、具有组配功能并能显示词间语义关系的动态性的词或词组。一般来讲，选作叙词的词具有概念性、描述性、组配性。经过规范化处理后，还具有语义的关联性、动态性、直观性。叙词法综合了多种信息检索语言的原理和方法，具有多种优越性，适用于计算机和手工检索系统，是目前应用较广的一种语言。CA、EI等著名检索工具都采用了叙词法进行编排。

④关键词是指出现在文献标题、文摘、正文中，对表征文献主题内容具有实质意义的词语，对揭示和描述文献主题内容是重要的、关键性的词语。关键词法主要用于计算机信息加工抽词编制索引，因而称这种索引为关键词索引。在检索中文医学文献中使用频率较高的CMCC数据库就是采用关键词索引法建立的。

3）代码语言。

代码语言是指将事物的某一特征，用某种代码系统来表示和排列事物概念。从而提供检索的检索语言。例如，根据化合物的分子式这种代码语言，可以构成分子式索引系统，允许用户从分子式出发，检索相应的化合物及相关的文献信息。

（2）按照表达文献的特征划分检索语言

表达文献外部特征的检索语言主要是指文献的篇名（题目）、作者姓名、出版者、报告号、专利号等。将不同的文献按照篇名、作者名称的字序进行排列，或者按照报告号、专利号的数字进行排列，所形成的以篇名、作者及号码的检索途径来满足用户需求的检索语言。描述文献外表特征的检索语言可简要概述为

题名：题名索引
著者：著者索引、团体著者索引
文献编号 报告号索引
合同号索引
存取号索引
其他：人名索引、引用文献目录等

（3）按照表达文献内容特征的检索语言

表达文献内容特征的检索语言主要是指所论述的主题、观点、见解和结论等。描述文献内容特征的检索语言可简要概述为

体系分类语言：分类索引
标题词语言：著者索引、团体著者索引
叙词语言 专题索引
关键词语言
其他：分子式、结构式索引、专利索引等

二、网络信息资源检索工具

正如手工检索离不开目录、索引、文摘等各种工具，电子网络信息检索也需要专门的信息检索工具，实现对分散、无序的网络信息资源进行有效的控制。电子网络信息检索充分利用了计算机对信息和数据的高速处理能力来实现信息的存储与检索。与传统的信息检索相比，在信息载体、信息存储方式以及实现信息匹配的过程等方面都发生了重要变化。随着计算机技术的发展，电子网络信息资源的检索方式也会越来越多。

1. 按照计算机用户界面的不同分类

按照计算机用户界面的不同，目前电子网络信息的检索方式大致可以分为以下三种。

（1）菜单检索

菜单检索是一种简单易行的检索方式。用户不需要特别的训练和学习，只要根据菜单的指引，通过自己的判断，选择适当的选项，并结合功能键，就能一步一步地完成检索。如果检索结果不满足需求，还可以及时退回，修改检索策略，也可以进行多次试验，试验检索策略的有效性。光盘版的工具书一般都需要提供菜单检索方式。菜单检索的缺点是操作步骤较多，检索时间长，在检索精度上略逊一筹。

（2）命令检索

命令检索是一种比较复杂的检索方式，它需要用户输入一些特定的检索命令来实现检索的目的。用户只有熟悉各种命令，才能方便快捷地获得准确的检索结果。由于一般情况下，不同的系统有不同的检索命令，掌握、熟悉不同系统的检索命令需要经过一段时间的学习和

训练。目前大多数电子网络信息检索还需要命令检索，命令检索是电子网络信息检索的主要形式。

（3）超文本检索

超文本检索是一种新型的检索方式，它向用户提供更加友好的人机交互页面。超文本技术按信息单元及其关系建立起一种非线性的知识结构网络，信息单元彼此用指针链接。用户在操作时，只需要用鼠标轻轻单击相应的信息单元，检索就可以一步步地进行下去，逐层打开一个信息单元，直到发现所要的目标。超文本检索大多用于多媒体光盘版工具书及网络版的工具书。一些大型的门户网站都提供一定的检索目录体系。要检索这些目录体系就要单击相应的网站链接，进行逐步追踪检索。超文本检索相对容易，比较符合人类的思维特点，但检索效率不高，用户容易迷失在网络信息中，失去信息检索的目标和方向，形成在网络的世界中"遨游"的局面，因此需要加强对用户进行检索的指导和管理。

2. 根据不同系统对检索词的匹配能力分类

根据不同系统对检索词的匹配能力，可以将电子网络信息检索的检索方式分为以下几种。

（1）简单检索

简单检索相对操作简便。不需要用户输入复杂的命令，但缺点是往往检索出的无效记录较多，给检索带来不便，一般分为以下几类。

1）目录式浏览。

用户工具分类目录。自己单击目录选项，逐一浏览原文。

2）关键词检索。

检索时用户只需输入检索词，如文献的名称、著者、序号、出版日期、主题。或是正文中的某个关键词等，系统就会把满足条件的所有文献检索出来。

3）二次检索。

用户可以在第一次检索结果的基础上，输入另一检索词，对这些结果进行进一步检索，它是关键词检索的继续与深化。目前门户网站和一些重要的搜索引擎都提供简单检索的各种方法，供用户检索使用。虽然检索效率不高，但基本能够满足用户需求。

（2）高级检索

高级检索又称组配检索，通过对检索词进行逻辑匹配，使检索结果的查准率大大提高，常用的检索逻辑有以下几类。

1）逻辑算符组配法。

逻辑算符也称布尔算符。用来表示两个检索单元（检索项）之间的逻辑关系。常用的逻辑算符有三种，即逻辑与（AND，可用＊表示）、逻辑或（OR，可用+表示）和逻辑非（NOT，可用一表示）。逻辑或的作用在于扩大查找的范围，逻辑与、逻辑非的作用在于缩小查找的范围，一般搜索引擎都支持布尔算符的组配检索，以提高检索的专指度。

2）位置逻辑算符组配法。

位置逻辑算符表示两个检索词之间的位置邻近关系。通过对检索词之间位置关系的限定，进一步增强查找指令的灵活性，提高检索效率（即检索的查全率和查准率）。通常使用的位置邻近算符有 W（words）算符、N（near）算符、S（sentence and subfield）算符、F（field）算符和 P（paragraph）算符等。

3）截词检索法。

截词检索主要利用检索词的词干和不完整的词形进行检索，既可以单独使用，也可以与其他方法配合使用。使用此法，可减少检索词的输入量，简化检索步骤，节省检索时间，提高查全率，扩大查找范围。常见的形式有无限截断和有限截断等。

从 20 世纪 80 年代起，人们就开发了诸如 Archie、WAIS、Veronica 等检索工具。用于检索 FTP、WAIS、Gopher 等电子网络信息资源，20 世纪 90 年代中期又出现了检索信息资源的搜索引擎技术，目前已经形成了检索各类电子网络信息资源的检索工具体系。

WWW（World Wide Web）信息资源检索工具方兴未艾，它是国际互联网的主要信息组织形式和应用形式。它是以万维网上的资源为主要检索对象，又以 WWW 形式提供检索结果的检索工具。它采用超文本和多媒体技术，将不同类型的文件通过关键词建立链接，为用户提供一种交互式信息检索接口。它具有 Internet 上现有的所有服务功能，即 Telnet、FTP、WAIS、Gopher 和 E-mail 等。因此，WWW 是 Internet 上常用的一个多媒体信息浏览与检索系统，它把 Internet 上所有的信息资源组成一系列的超文本和超媒体文件，用户可以进行远程信息浏览与检索，获得静态和动态的知识信息。

网络信息资源的检索工具——搜索引擎。

搜索引擎的概念：搜索引擎是基于 WWW 的信息处理系统，是对网络资源进行标引和检索的工具。它通过一定的机制和方法对网络信息进行搜索，将搜索的信息进行理解、提取、组织和处理。由索引器建立索引，并储存于可供检索的大型数据库中。当用户输入检索提问时，搜索引擎会告知包含这个检索提问的所有网址，并提供通向该网址的链接点。搜索引擎是用来对网络信息资源管理和检索的一系列软件，是一种在 Internet 上查找信息的工具。

 思考练习

1. 简述什么是信息和文献信息。
2. 简述电子信息资源和网络信息资源的区别与联系。
3. 简述信息检索的技术与策略。
4. 文献信息检索的含义是什么？结合实际，谈谈你对文献信息检索原理的理解。
5. 电子网络信息检索分哪几类？

第二章　图书馆的纸质文献

 第一节　图书馆概述

一、图书馆的定义

德国数学家和哲学家戈特弗里德·威廉·凡·莱布尼茨（Gottfriend Wilhelm Von Leibniz）认为："图书馆应当是用文字表述的人类全部思想的宝库。"美国图书馆学家、芝加哥大学图书馆学院教授巴特勒（P. Butler）对图书和图书馆则给出如下定义："图书是保存人类记忆的社会机制，而图书馆则是将人类记忆移植于现代人们的意识中去的社会装置"。我国《辞海》中对图书馆的定义为："图书馆是搜集、整理、收藏和流通图书资料，以供读者进行学习和参考研究的文化机构。图书馆依其服务对象和工作范围，分为公共图书馆、学校图书馆、工厂图书馆、农村图书馆、科学图书馆等，是重要的宣传教育阵地。"中华人民共和国教育部 2015 年 12 月 31 日印发的《普通高等学校图书馆规程》对图书馆的定义为："高等学校图书馆（以下简称"图书馆"）是学校的文献信息资源中心，是为人才培养和科学研究服务的学术性机构，是学校信息化建设的重要组成部分，是校园文化和社会文化建设的重要基地。图书馆的建设和发展应与学校的建设和发展相适应，其水平是学校总体水平的重要标志。"

维基百科对大学图书馆下的定义为："大学图书馆的英译名为 university library，与学院图书馆（college library）同属于学术图书馆（academic library）的类型。大学图书馆不同于研究图书馆（research library），研究图书馆专为某些研究特定领域的专家、学者而设，大学图书馆为大学所附属的图书馆，其主要功能在于支援大学的教学与研究两项活动。在某些国家，大学图书馆也为该国的国家图书馆。"

在传统意义上，图书馆是收藏图书和各种出版物的地方。然而，现在信息保存载体已经不仅限于图书。许多图书馆把地图，或者其他档案和艺术作品保存在各种载体上，如微缩胶片、磁带、CD、LP、盒式磁带、录像带和 DVD。图书馆通过 CD-ROM、数据库和互联网提供服务。因此，人们渐渐把现代图书馆重新定义为：图书馆是指能够无限制地获取多种格式信息的文化机构。除了提供资源，图书馆还有专家和图书馆员来提供服务，他们善于寻找和组织信息，并解释信息需求。近年来，人们对图书馆的理解已经超越了建筑的围墙，读者可以用电子工具获得资源。图书馆员用各种数字工具来引导读者分享海量信息。

 二、图书馆的简史

图书馆的历史可追溯到公元前 3000 年以前，当时的美索不达米亚已有保存泥板文献的图书馆。此外、古埃及、中国和希腊等人类文明的发源地也都出现了图书馆。古希腊、罗马时期的一些图书馆，如亚历山大图书馆等，藏书已有相当规模。印刷术的推广和文艺复兴推动了西方图书馆事业的发展。18—19 世纪，西方国家的图书馆开始出现并获得了较大发展，19 世纪中叶出现了由政府举办的向社会开放的公共图书馆。

中国古代藏书楼主要为官府所设。宋代以后私家藏书楼迅速发展。此外，寺观和书院藏书也很普遍。这些藏书楼的服务范围相当狭窄，但对保存文化典籍起了一定的作用。直到 20 世纪初，在中国才出现近代意义的公共图书馆。

1. 图书馆事业向现代化过渡

古代图书馆发端于奴隶社会，发展并成熟于封建社会；文献流通量小，比较封闭，是农业文明的产物。近代图书馆则是工业文明的产物，其宗旨是对文献藏用并重，而以用为主；管理上，近代图书馆逐渐形成了从采集、分类、编目典藏到阅览、宣传、外借流通、参考咨询、情报服务等一整套科学方法。

第二次世界大战后，在世界政治、经济和技术力量的推动下，出版物数量激增，促使图书馆加强了采购工作的分工协作和实行图书馆储存制度。日益增长的读者需求，使图书馆推广了馆际互借、参考咨询工作和开架制度，缩微复制技术、静电复印技术、声像技术以及电子计算机技术等在工作中的应用与普及。促使图书馆事业发生了巨大的变化。各国政府为了有效地推动图书馆事业的建设，充分发挥图书馆的社会功能，纷纷采取措施，修订图书馆法，推行文献工作标准化；加强图书馆员的培训和教育，扩大图书馆资源共享的范围。

现代图书馆是信息时代的产物，它由单纯的收集整理文献和利用文献的相对比较封闭的信息系统。发展到以传递文献信息为主的、全面开放的信息系统。电子计算机技术、高密度存储技术和数据通信技术在图书馆工作中的广泛应用以及这三者的相互结合，正有力地改变着图书馆的工作面貌。甚至影响着它的历史过程。

2. 图书馆对人类文明的贡献

图书馆依赖社会赋予它的条件，为人类文明、为社会进步做出重大的贡献。

（1）收集、整理和保存文献

没有一定载体的文字记录和保存这些文字记录的方式，文化便不能得到持续发展。

（2）交流思想、知识、情报、信息

文献是交流的工具，图书馆是知识的宝库和信息的中心。图书馆通过有组织地收集和传递文献，进而实现思想、知识、情报和信息的交流。可以说，没有这些交流，便没有社会的进步。

（3）提高社会成员的文化教育水平

图书馆事业的发展程度是国家文化水平的标志之一。图书馆是以精神食粮哺育读者，并为读者不断更新知识提供条件，它伴随着人生的各个阶段。

（4）提高社会的科学能力

图书馆是全社会科学能力的一个重要因素，科研劳动的全过程都离不开图书馆工作。从深层次意义上说，图书馆积累和整理已有的知识，不仅是创造新知识的前提，而且其本身也属于科学工作的一个重要组成部分。

（5）对发展社会生产力的直接推动作用

科学技术是社会的第一生产力，图书馆在这方面的作用表现为：为解决科技攻关、产品创新、实验设计乃至企业规划等提供文献和情报，将精神产品转化为生产力。随着发展高科技、实现产业化的需要日益迫切，图书馆在推动生产力的发展，服务经济建设方面的直接贡献日益增大。

图书馆作为一种社会机构，对人类社会文明的贡献是巨大的。早在 17 世纪德国的 G.W. 莱布尼茨就将它归结为人类的"百科全书"，甚至将其誉为"人类灵魂的宝库"。图书馆无论在历史上，还是现实社会和未来社会中，都对人类文明的进步和发展起着不可替代的作用。

3. 世界十大图书馆

（1）美国国会图书馆，华盛顿。

（2）俄罗斯国立图书馆，莫斯科。

（3）中国国家图书馆，北京。

（4）俄罗斯国家图书馆，圣彼得堡。

（5）大英图书馆，伦敦。

（6）哈佛大学图书馆，马萨诸塞。

（7）法国国家图书馆，巴黎。

（8）莱比锡图书馆（属于德意志国家图书馆），莱比锡。

（9）日本国会图书馆，东京。

（10）法兰克福图书馆（属于德意志国家图书馆），法兰克福。

4. 中国十大图书馆

（1）中国国家图书馆，北京。

（2）上海图书馆，上海。

（3）南京图书馆，南京。

（4）中国科学院图书馆，北京。

（5）北京大学图书馆，北京。

（6）重庆图书馆，重庆。

（7）山东省图书馆，济南。

（8）四川省图书馆，成都。

（9）天津市人民图书馆，天津。

（10）广东省中山图书馆，广州。

三、图书馆的职能

1. 保存人类文化遗产

自从有了人类社会以来，便产生了文字，用来记录这些文字的载体——图书也就应运而生。它记载了从古至今人类历史的发展和演变。图书馆的功能之一，就是要收集、加工、整理、管理这些珍贵的文献资源，以便广大读者借阅和使用。图书馆是作为保存各民族文化财富的机构而存在的，它担负着保存人类文化典籍的任务。它是以文献为物质基础而开展业务活动的。但随着计算机网络化的实现以及科学技术的突飞猛进，图书馆不但保存手写和印刷的文献，还保存其他载体形式的资源，而保存文献的目的是更好地使用这些资源。

2. 开发信息资源

图书馆收藏着大量的文献信息资源，积极地开发、广泛地利用这些文献信息资源是图书馆的重要职能之一，也是图书馆承担各种职能的基础。由于当今社会文献的类型复杂、形式多样，文献的时效性强，文献的传播速度快，文献的内容交叉重复，文献所用语种在扩大等特点，使人们普遍感到文献利用起来十分不容易。图书馆通过对文献信息资源进行加工整理、科学分析、综合指引，形成有秩序、有规律、源源不断的信息流，进行更加广泛的交流与传递，从而使读者更好地利用它们。图书馆的文献信息资源开发包括下面几项内容：第一，对到馆的文献进行验收、登记、分类、编目、加工，最后调配到各借阅室，以便科学排架，合理流通；第二，对馆外文献信息资源进行搜索、过滤，成为虚拟馆藏，形成更加宽广、快捷的信息通道；第三，通过现代化的手段——计算机网络操作技术，使馆藏文献走向数字化。

3. 参与社会教育的职能

（1）思想教育的职能

图书馆是文献信息资源的集散地，是传播文献信息资源的枢纽。在馆藏建设上，不同的国家、不同的阶级都有一定的原则和倾向。

我国建立图书馆的目的是要引导和帮助读者树立正确的世界观、人生观、价值观，打下科学理论的基础，确立为建设有中国特色社会主义而奋斗的政治方向。从事图书馆工作的管理人员，时刻不要忘记图书馆的思想政治教育宣传阵地的职能和自己服务育人的神圣职责。

（2）两个文明建设的教育职能

图书馆是人类文明成果的集散地。在社会主义两个文明建设中，肩负着重要的教育职能。图书馆可以向读者提供文献信息服务；可以通过对馆藏的遴选、加工、集萃，向读者提供健康有益的精神食粮。图书馆可以通过画廊、墙报、学习园地等各种活动大力宣传两个文明建设。

（3）信息素质教育的职能

2015 年 12 月 31 日，教育部颁布的《普通高等学校图书馆规程》"第三十一条：图书馆应全面参与学校人才培养工作，充分发挥第二课堂的作用，采取多种形式提高学生综合素质。图书馆应重视开展信息素质教育，采用现代教育技术，加强信息素质课程体系建设，完善和创新新生培训、专题讲座的形式和内容。"

开展信息素质教育，培养读者的信息意识和获取、利用文献信息的能力。文献检索是教育学生从信息资源中获取知识和信息的一门科学方法课，也是一门提高学生自学能力和创新能力的工具课，还是增强学生信息意识和信息文化素养的素质培养课。图书馆应对读者进行信息素质方面的教育，使他们掌握获取文献资源的过程和方法，掌握进行终身学习所必需的技能。

四、我国图书馆的类型

为了便于从全国或一个地区的范围内统筹规划图书馆事业的发展，便于掌握各种图书馆的特点和它们的工作规律，就需要把我国图书馆按主管部门或领导系统划分成不同的类型。我国图书馆的类型主要包括以下几种。

1. 文化系统的公共图书馆

文化系统的公共图书馆包括国家图书馆，省、市、自治区图书馆，区（市）、县图书馆及文化馆图书室，儿童图书馆，乡镇街道图书室等。这类图书馆的服务对象是全体公民。

2. 教育系统的学校图书馆

教育系统的学校图书馆包括高等学校图书馆、专科学校图书馆、中小学校图书馆（室）等。这类图书馆的服务对象是本单位的全体读者。

3. 科学院及科研机构图书馆

科学院及科研机构图书馆包括科学院及其分院图书馆；政府部门、各研究机构的专业图书馆；机关团体图书馆（室）等。这类图书馆的服务对象是本单位的全体读者。

五、图书馆的业务工作

图书馆的业务工作是由很多相互联系的工作环节组成的。图书馆的业务工作一般包括文献的收集、整理、典藏和服务4个部分。

1. 文献收集

文献收集是图书馆的基础工作。首先要明确本馆的收藏原则、收藏范围、收藏重点和采选标准，了解本馆的馆藏情况、文献的种类与复本效、各类藏书的利用率和使用寿命、哪些书刊可剔除、哪些书刊要补缺等。此外，还需要掌握出版发行动态。然后以采购、交换和复制等各种方式补充馆藏。

2. 文献整理

文献整理包括文献分类、主题标引、著录和目录组织等内容。文献分类不仅为编制分类目录和文献排架提供依据，也便于图书馆统计、新书宣传、参考咨询和文献检索等。文献主题标引是根据文献内容所讨论的主题范围，以主题词来揭示和组织文献。文献分类和主题标引是揭示文献内容的重要手段，文献著录则是全面、详尽地揭示文献形式特征和内容特征的主要手段，它便于读者依据该文献的各种特征确认某种文献，获得所需文献的线索。图书馆员把各种书目有序地组织成图书馆目录，以揭示图书馆馆藏。图书馆目录是检索文献的工具，也是打开图书馆这个知识宝库的钥匙。

3. 文献典藏

文献典藏主要包括书库划分、图书排架、馆藏清点和文献保护等。其中，文献保护是一项专门技术，包括图书装订、修补、防火、防潮、防光、防霉、防虫以及防止机械性损伤等。

4. 图书馆服务工作

图书馆服务工作是一项开发利用图书馆资源的工作。它包括发展读者、读者研究、文献流通和推广服务（包括文献外借服务、阅览服务、文献复制服务、馆际互借服务等）、馆藏报道、阅读辅导、参考咨询和文献检索知识传授、读者教育等。

第二节 国内常用图书分类法简介

图书馆是搜集、整理、收藏图书资料以供人阅览、参考的机构。任何一个图书馆，不论其藏书有多少，都必须对藏书进行科学的分类和排架，以便读者有效、充分地利用图书馆的文献资源。读者要迅速地借阅、找到自己所需的图书和文献。必须了解和熟悉图书馆的图书分类和排架规则。

图书分类就是根据图书的学科内容或读者对象、文种、编辑形式、体裁等特征来分门别类地组织图书。类是代表着一组在性质上彼此相同或相近的事物，一类图书就是一组在某种性质上彼此相同或相近的图书。习惯上，类在图书分类的体系中又称为类目。每一个类目必须要给予相应的名称来表示该类的性质，这些名称就叫类名，例如"数学""历史""文学""艺术"等。各个类目用特定的符号（如数字、字母）来标记，这些标记符号就叫分类号，如 G442 等。

用来划分某一类图书资料时所依据的某种属性特征，称为分类的标准。根据图书内容方面的属性和形式方面的属性。图书分类的标准有两种：主要标准和辅助标准。图书内容的学科属性是图书分类的主要标准。这是图书馆本身所特有的、最主要的、有决定性的、为其他属性所依附的属性。而图书的其他属性，如使用对象、体裁、体例、文种、开本等，只能作为图书分类的辅助标准。例如，《物理词典》一书，物理是它的学科内容，应作为分类的主要标准。而词典则是它的体例，属于图书形式方面的属性，应作为分类的辅助标准。

图书经过分类后，同一门类的图书聚在一起，组成一个系统，不同门类的被区分开来，性质相近的互相联系在一起。这样就集中反映了各类图书的大致内容，读者要借阅哪方面的图书，便可按类寻找，并从分类体系中了解到内容相近的其他图书，从而扩大了查找范围。可以想象，如果没有图书的分类工作，图书馆就无法进行科学的管理，成千上万册图书也就无从发挥作用。

图书分类不是凭空进行的，而必须有一个依据，这个依据就是图书分类法。它的表现形式是图书分类表。因此，人们习惯上把图书分类表也叫做图书分类法。我国的图书分类法历史悠久，源远流长。世界公认的我国最早反映图书分类体系的著作，是公元前28年的《七略》。"略"就是"类"的意思。这是西汉成帝时由刘向、刘歆父子编成的一部图书分类目录，也可以说是我国最早的一部图书分类法。此后的历代政府都编有反映历代藏书或一代藏书的分类目录。此外，还有一些私人编制的分类目录。

新中国成立以后，有关人士对图书分类的方法进行了许多探索，创立了很多种分类方法。现在全国推行较广、影响较大的图书分类法有：《中国图书馆分类法》《中国科学院图书馆分类法》《中国人民大学图书馆图书分类法》等。为使读者有初步的了解，现介绍如下。

一、中国图书馆分类法

1. 产生背景

《中国图书馆分类法》（Chinese Library Classification，CLC）（原称《中国图书馆图书分类法》）是新中国成立后编制出版的一部具有代表性的大型综合性分类法，简称《中图法》。它由中国国家图书馆（简称国图）、中国科学技术信息研究所等单位共同编制完成。《中图法》初版于1975年，到2010年出版了第5版。目前，《中图法》是当今国内图书馆使用最广泛的分类法体系，国内主要大型书目、检索刊物、机读数据库，以及《中国国家标准书号》等都按《中图法》进行分类。

基本部类是图书分类法最概括、最本质的部分，是分类表的骨架，也是类目表的纲目。但它并不用于分类图书，而是通过其有序排列，给整个分类表构造一个框架。同时，它也是编制分类表的基本指导思想的体现。

《中图法》将知识门类分为"哲学""社会科学"和"自然科学"三大部类。马列主义、毛泽东思想是指导我们思想的理论基础，作为一个部类，列于首位。此外，根据图书本身的特点，将一些内容庞杂、类无专属，无法按某一学科内容性质分类的图书，概括为"综合性图书"，也作为一个基本部类，置于最后。由此形成了五大部类：马克思主义、列宁主义、毛泽东思想，哲学，社会科学，自然科学，综合性图书。

2. 体系结构

《中图法》在5个基本部类的基础上展开为22个基本大类。基本大类揭示分类法的基本学科范畴和排列次序，是分类法中的第一级类目，用22个大写汉语拼音字母来标记。由这些基本大类再作一、二度区分，就展开为简要概括分类表全貌的基本类目，在构成简表的基础上，根据各门学科的分支和发展，继续展开下去，就构成了有层次的中小类目的系统排列详表。

《中图法》第5版主要供大型图书馆图书分类使用。另外。为适应不同图书信息机构及不同类型文献分类的需要。它还有几个配套版本：《中国图书资料分类法》《中国图书馆图书分类法（简本）》和《中国图书馆图书分类法期刊分类表》等。

3. 《中图法》第 5 版的主要特点

1）以知识、科学技术发展水平和文献出版的实际为基础，将分类法科学性、实用性有机统一，强调《中图法》的实用性和工具性。

2）在兼顾文献分类排架需要的前提下，也能满足分类检索工具和分类检索系统的需求；在贯彻《中图法》连续性和稳定性的前提下，又充分反映学科专业的发展带来的类目以及类目体系的变化。

3）在保证综合性分类法的基本前提下，照顾到专业图书馆文献分类和网络信息组织的需要，处理好集中与分散的关系以及各学科专业类目深度。

4）标记系统在满足分类法类目体系编制和发展需要的基础上，保持较好的结构性，并力求简明、易懂、易记、易用、易于扩充。

5）保持《中图法》作为列举式分类法基本属性不变，保持《中图法》的基本部类和基本大类设置以及序列基本不变，保持《中图法》字母+数字混合制的标记符号与层累小数制的标记制度基本不变。在此前提下，有选择地对《中图法》个别大类的体系作较大幅度的调整完善，其他大类重点补充新学科、新事物、新主题；并在保持《中图法》类目细分程度的同时，视文献保障程度，适当调整类目划分详略程度。

6）《中图法》第 4 版修订时，考虑尽量减少对文献改编的影响，保障用户从旧版平稳过渡到新版。

总之，《中图法》是一部既可以组织藏书排架，又可以分类检索的列举式、等级式体系组配分类法。该分类法主要供大型综合性图书馆及情报机构类分文献、编制分类检索工具、组织文献分类排架使用，同时也可供其他不同规模和类型的图书情报单位根据自己的需要调整使用。

4. 《中图法》成国家标准及发展历程

1975 年 10 月科学技术出版社出版《中图法》第 1 版。

1980 年书目文献出版署出版《中图法》第 2 版。

1981 年国家标准局发文（国标发字 304 号文件）通知有关单位，推荐《中图法》为国家标准试用本。

1984 年书目文献出版社出版了《中图法》第 2 版和《资料法》第 2 版的联合类目索引。《中图法》已为中国多数图书馆和信息部门所采用。

1985 年获国家科技进步一等奖。

1988 年起，中国出版图书的标准书号中采用《中图法》的大类号。

1990 年 2 月，由书目文献出版社正式出版《中图法》第 3 版。《中图法》除中文版外，还有维吾尔文版及日文版。

1999 年 3 月，出版《中图法》第 4 版。对 F（经济），TN（无线电电子学、电信技术），TP（自动化技术、计算机技术）三大类作了重点修订。

2001 年 6 月，出版了《中图法》第 4 版电子版 1.0 版。

2010 年 8 月，由中国国家图书馆出版社正式出版《中图法》第 5 版。

二、中国科学院图书馆分类法

1. 简介

《中国科学院图书馆图书分类法》（Classification for Library of the Chinese Academy of Sciences），简称《科图法》，1954 年开始编写，1957 年 4 月完成自然科学部分初稿，1958 年 3 月完成社会科学部分初稿，1958 年 11 月由科学出版社出版。1959 年 10 月出版《科图法》索引。1970 年 10 月开始修订，1974 年 2 月出版《科图法》第 2 版的自然科学、综合性图书和附表部分；1979 年 11 月出版《科图法》第 2 版的马克思列宁主义、毛泽东思想，哲学和社会科学部分；1982 年 12 月出版《科图法》第 2 版的索引，1994 年出版《科图法》第 3 版。

2.《科图法》的体系结构

《科图法》设有马克思列宁主义、毛泽东思想，哲学，社会科学，自科学，综合性图书等 5 大部类，共 25 大类。

《科图法》包括主表和附表两部分。主表设有大纲、简表和详表，附表又分为通用附表和专类附表两种。第 1 版共设有 8 个通用附表：总类复分表、中国时代排列表、中国地域区分表、中国各民族排列表、国际时代表、世界地域区分表、苏联地域区分表、机关出版品排列表。第 2 版删去了使用较少的后两种附表。第 1 版和第 2 版均编有索引。

3. 标记符号

《科图法》采用以阿拉伯数字为类目的标记符号，号码分为两部分：第一部分为顺序数字，即用 00~99 标记 5 大部类 25 大类及主要类目；第二部分为"小数制"，即在 00~99 两位数字后加一小数点"."，小数点后基本上按小数体系编号，以容纳细分的类目。类号排列时，先排顺序数字，后排小数点后的层累制数字。例如。11.1，11.11，11.12，11.13，…；11.2，11.21，11.22，11.23，…；11.3，…；12.1…。

4. 特点

《科图法》的特点有：①自然科学的类目比较详细；②采用交替、参见等方法，较好地解决了相关类别的图书在目录和藏书组织中既可集中又能分散的问题；③标记符号单纯、简洁，易于排检；④编有相关索引。

5. 应用

《科图法》主要被中国科学院系统图书馆、国内其他一些科学研究机构和高等学校的图书馆采用。其分类号被印在中国国家图书馆和上海图书馆编制的统一编目卡片上。

三、中国人民大学图书馆分类法

《中国人民大学图书馆图书分类法》（Classification for Library of the People's University of China）是中国人民大学图书馆集体编著的等级列举式分类法，简称《人大法》。1952 年编成草案，1953 年出版。1954 年出版初稿第 2 版，1955 年出版增订第 2 版，1957 年出版增订第3版，1962年出版增订第4版，1982年出版第5版，1996年6月出版第6版。

1. 体系结构

《人大法》设立了总结科学、社会科学、自然科学、综合图书等4大部类，总共17个大类。该分类法的基本大类见表2-1。

表2-1　《中国人民大学图书馆图书分类法》第6版基本大类

部类名称	标记符号	大类名称
总结科学	1	马克思主义、列宁主义、毛泽东思想
	2	哲学
社会科学	3	社会科学、政治
	4	经济
	5	军事
	6	法律
	7	文化、科学、教育、体育
	8	艺术
	9	语言、文字
	10	文学
	11	历史
	12	地理
自然科学	13	自然科学
	14	医药、卫生
	15	工程、技术
	16	农业科学技术
综合图书	17	综合忄生科学、综合性图书

2. 结构

《人大法》包括主表和复分表两部分，主表设有大纲、简表、基本类目表和详表。复分表有9个。另有"书次号使用方法说明"和"文别号使用方法说明"两个附录。第1~4版编有类目索引。

3. 特点

《人大法》的特点有：①《人大法》是中国第一部试图以马克思列宁主义、毛泽东思想为指导而编制的分类法，首次将"马克思列宁主义、毛泽东著作"列为第一大类（第5版改为"马克思主义、列宁主义、毛泽东思想"）；②在中国的图书馆分类法中首次使用展开层累制的标记方法，用双位数字加下圆点的办法，使类目的展开不受十进号码的限制；③类目注释较多，特别是增订第4版，几乎所有重要的类目都加了注释。

《人大法》除了中国人民大学图书馆及该校各系资料室采用外，1949~1956年间曾被我国新建立的一些图书馆采用。1956 年 4 月—1987 年 12 月期间，我国的"统一书号"曾采用该分类法的大类名称标注新出版图书的学科类别。

 第三节 文 献 排 架

 一、文献排架概述

文献排架（shelving）是图书馆按一定的次序将馆藏文献排列存放在书架上的活动，又称藏书排架，用于文献排架的编码称为排架号。排架的方法主要有两大类：一类是内容排架法，即按出版物的内容特征排列文献，包括分类排架法和专题排架法，其中分类排架法使用范围较广；另一类是形式排架法，即按出版物的形式特征排列文献，包括字顺排架法、固定排架法、文献登录号排架法、文献序号排架法、文种排架法、年代排架法和文献装帧形式排架法等，其中字顺排架法、固定排架法和文献登录号排架法较常见。上述各种排架法中，除固定排架法、文献登录号或文献序号排架法可单独用于排列某些藏书外，其他任何一种排架法都不能单独使用。图书馆通常是用由两种以上的排架法组配而成的复合排架法排列馆藏文献，对于不同类型、不同用途的文献采用不同的排架法。例如，对于图书多采用分类排架法，对于期刊则综合采用多种排架法。

图书馆排序形式主要有分类排序法、字顺排序法（包括著者、题名和主题字顺）、年代排序法、地域排序法和文献序号排序法等。一般图书馆往往采用一种以上的排序方法，即以一种排序法为主，辅以其他排序方法。

二、文献排架法

1. 分类排架法

（1）先按图书分类体系排架

以文献分类体系为主体的排架方法，多用于排列图书。它由分类号和辅助号两组号码组成分类排架号，分类号代表图书内容所属的学科类目，辅助号为同类图书的区分号。一般先按分类号顺序排列，分类号相同，再按辅助号顺序排列，一直区分到各类图书的不同品种。

（2）同类图书排列方法

先按图书的分类体系顺序排架，同类图书排列在一起。同类图书排列方法通常有 4 种：

1）按著者名字字顺排列，即相同类号的图书再依据著者姓名的字顺次序排列。用这种排列法可集中同类中同一著者的不同著作，附加区分号后，还可集中同一著作的不同版本、不同译本、不同注释本、同一著者的各种传记等。按著者名字字顺排列是各国图书馆普遍采用的排列方法。

2）按书名字顺排列，即相同类号的图书再依据一定的检字法按书名的字顺排列。由于它只能集中题名相同的图书，而不能集中同一著者的各种著作，故采用此种排架方法的图书馆不多。

3）按出版时间排列，即相同类号的图书再依其出版年月顺序排列。这种排列方法能在分类目录的学科系统性基础上显示出学科发展的阶段性，如要集中同一著者的不同著作和同一著作的不同版本，还需附加相应的区分号。

4）按图书编目种次排列，即相同类号的图书再依同类号图书编目的种次数序排列。其号码简短，便于使用，但仅按图书编目的偶然顺序编号，缺乏科学性。

（3）分类排架法的优点

1）以文献分类表为依据，主要按文献内容所属学科体系排列，成为既有内在联系又有层次级别和逻辑序列的体系。在书架上，内容相同的文献被集中在一起，内容相近的文献被联系在一起，内容不同的文献被区别开来。

2）便于文献工作人员系统地熟悉和研究馆藏，按类别宣传、推荐文献，可以有效地指导阅读和解答咨询问题。

3）在开架借阅情况下便于读者直接在书架上按类获取文献，便于读者检索利用。

（4）分类排架法的缺点

1）必须预留一定空位以便排列未上架的同类文献或复本，不能充分利用书库空间。

2）需要经常倒架，造成人力、物力的浪费。

3）分类排架号码较长，排架、提取和归架的速度较慢。易出差错。

2. 专题排架法

专题排架法是指按文献的内容特征将一定专题范围内的文献集中排架的方法。通常带有专题陈列、专题展览的性质。专题排架法有利于向读者宣传推荐文献；机动灵活，适应性强，通常在外借处、阅览室及开架书库用来宣传某一专题的新文献。但该方法只是一种辅助性的内容排架法，只能用来排列部分藏书。

3. 文献序号或登录号排架法

这是指按每一件文献特有的文献序号，如国际标准书号、国际标准连续出版物号、标准号、专利号、报告号等，或按入藏登录号顺序排架的方法。由于排架号简单清楚，一件文献一个号码，提取、归架、清点都很方便，但不能反映文献的内容范围，不便于直接在架上按类查找文献，一般只适用于排列备用书刊和专利、标准等特种文献资料。

4. 固定排架法

这是指将每件文献按入藏先后编制一个固定的排架号，以此排列馆藏的方法。其排架号一般由库室号、书架号、格层号和书位号组成。固定排架的优点是号码单一，位置固定，易记易排，节省空间，无须倒架。其缺点是同类文献及同种文献的复本不能集中在一起，不便直接在书架上检索藏书，一般只适用于保存性藏书及储存书库的密集排架。

5. 字顺排架法

这是指依据一定的检字方法。按照文献题名或编著者名字字顺排架。例如，中文书刊通常可采用某种汉字排检法。字顺排架法可以单独用来排列期刊。

6. 年代排架法

这是指按出版物的出版年代顺序排架的方法。一般按年代顺序倒排，即近年的排在前面，远年的排在后面，同年代的再按出版物字顺号或登记号顺序排列；也有按年代先后顺序排列的。常用于报纸、期刊合订本的排架。

7. 文种排架法

这是指按文献本身的语言文字排架的方法。文种排架号通常由两组或两组以上的号码组成，即文别号、分类号、著者号，或者文别号、年代号、字顺号等。排架时，先区分文别，再区分类别、著者或其他号码。图书馆一般按文种划分书库，因此文种排架法是一种辅助排架法。

8. 文献装帧形式排架法

这是指按文献外形特征，分别排列特种规格或特殊装帧的文献的排架法。这是一种辅助性组配排架法。这种排架法常用不同的符号将不同类型、不同规格的文献区别开来。

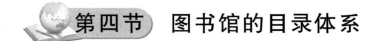

第四节　图书馆的目录体系

一、图书馆目录概述

1. 目录的定义

图书馆目录（library catalogue）是揭示、识别、检索图书馆人藏文献的有效工具。它揭示文献特征，提供识别文献的依据；从文献的题名、责任者（著者）、主题、分类等方面指引检索文献的途径，并标志文献在书架上的排列位置。图书馆目录除供读者使用外，也是图书馆工作人员从事文献采购、参考咨询、保管典藏等工作必不可少的工具。

"目录"是目和录的总称。"目"是指篇名或书名，"录"是对"目"的说明和编次。

2. 目录的作用

图书馆目录是揭示藏书、宣传图书、辅导阅读的检索工具。其具体作用表现在：

（1）提供读书范围，开阔读书视野。例如，列宁为了写《俄国资本主义的发展》，曾利用图书馆的图书目录选择了583本书做参考。他的夫人娜·康·克鲁普斯卡娅就此说："如果没有图书馆的图书目录，其中有许多书他甚至不会知道"。

（2）揭示图书特征，以利于检索和选择图书。某一领域或某一方面的图书往往有成千上万种。因此，读书必须有所选择。目录的功能之一，就是通过各个著录项目的内容，为选择图书提供了基本的依据。

（3）图书馆目录不仅是读者检索图书的工具，也是图书馆工作人员工作的重要工具。

（4）目录本身就是一种情报产品，是人们获取情报信息的一种"情报源"，因为目录能提供知识信息和其他信息。

3. 目录的著录格式

图书馆目录是著录一批相关图书资料的索书号、书名、著者、出版者、收藏处所、内容提要等项目，并按照一定的方法和次序编排组织，是向读者宣传和介绍藏书、指导阅读，提供藏书的检索途径，报道藏书的有关信息的一种工具。

把许多类似这样的卡片，按照一定的需要和规则排列起来，就可以供读者检索图书时使用了。

 二、目录的功能和分类

1. 目录的功能

（1）检索功能

目录的检索功能是最基本的社会功能。人们在生产活动和科研实践中需要继承和利用前人积累的知识，必须通过一定形式的文献目录查阅所需文献，利用手工检索或现代化手段进行自动化检索，从一定的文献库中查明所需文献的情况、线索或出处。目录自产生便具备检索功能，使浩如烟海的群书部类有序，为人们掌握图书状况和检索所需图书提供了便利。

（2）报道功能

目录向需求者报道所需要的有关文献的形式和内容的信息特征，不限于某一特定文献库收藏处所，而是包括过去的、现行的和未来的（准备出版或即将出版的）所有文献的信息。目录的情报价值，首先在于它经常迅速地为需求者报道有关某学科或某一科研课题最新出版文献的信息和最新科研动态，提供有关最新科研成果的情报。目录能够揭示报道一定历史时期文献出版状况，反映该时期科学文化发展概貌。目录还担负着向读者通报准备或即将出版的有关文献信息的任务，使读者能够提前获取自己感兴趣的未来文献的信息，如《社科新书目》和《科技新书目》等。

（3）导读功能

推荐书目，根据读者群和个人需求特点，认真地选择、评价和推荐文献，充分发挥目录指导读者读书治学的教育作用。目录的导读功能是目录工作者通过推荐文献给予读者积极的、有目的的教育影响，使目录真正成为读者在文献海洋中的向导和读者治学的顾问。

2. 目录的类型

由于文献的类型、数量、内容和形式多种多样，文献利用者的需要千差万别，文献目录的类型呈现多样性。每一种目录都以其特定的编制方法，实现其揭示与报道文献信息的功能。各种不同类型的目录，反映着人们利用文献的不同目的和需要。目录类型划分如下。

（1）按照目录编制目的和社会功能划分

通常可分为：

1）登记性目录。全面登记和反映一定历史时期、一定范围或某一类型文献的出版或收藏情况的目录。国家书目是登记性目录的主要类型之一，它是全面、系统地揭示与报道一个国家出版的所有文献的总目录，是一个国家全部出版物现状与历史的记录，是了解和控制一个国家全部出版物的重要工具，也是实现世界书目共享的基础。

2）科学通报目录。为及时、准确地向读者和文献情报机构提供新出版和新入藏的文献而编制的目录。

3）推荐书目。针对特定读者群或围绕特定目的，对文献进行选择性推荐，为指导读者治学或普及文化科学知识而编的书目。

4）专题和专科目录。为特定的读者对象全面、系统地揭示与报道关于某学科或某一研究课题的文献目录。所收录文献专业性强，揭示文献一般较深入，如《中国农学书录》《中国文言小说书目》等。

5）书目之书。也称为书目指南，是将各种目录、索引、文摘等二次文献汇辑起来而编成的书目总录，是了解和掌握目录索引的钥匙，如《全国图书馆书目汇编》（中华书局版）。

6）出版发行书目。也称为书业目录，是出版发行部门编制的揭示与报道已经或将要出版发行的文献目录，它是连接出版者、发行者与读者之间的纽带。

（2）按照目录反映文献收藏范围划分

可分为：

1）馆藏目录。反映某一文献收藏单位所藏的全部或部分文献的目录。它又可细分为反映收藏单位的全部文献或某一种文献的总目录、分馆目录、借书处目录、阅览室目录等，以及特藏目录（有特殊价值，并需单独保管的文献的目录）。

2）联合目录。揭示与报道若干个文献收藏单位收藏的文献的一种统一目录。联合目录可以是综合性的，也可以是专科、专题性的。

（3）按照目录反映文献的类型划分

可分为：图书目录、期刊目录、报纸目录、地图目录、技术标准目录、专利目录、丛书目录、地方志目录、档案目录、缩微资料目录、视听资料目录、古籍目录、书目之书目等。

（4）按照文献的出版时间和目录编制时间划分

可分为：

1）现行书目，及时报道新出版或新入藏的文献的目录，便于读者迅速、及时掌握最新的文献信息。

2）回溯书目，反映一定历史时期所积累的文献，供回溯性检索而编的书目。

3）预告书目，报道在版或计划出版的文献的目录。

（5）按照目录收录文献的编排方法划分

可分为：

1）分类目录，按照文献所反映的知识内容和特点，分门别类地编排而成的有逻辑联系的目录。

2）字顺目录，按文献的题名、著者或主题词的字顺编排的目录。

16）按照目录揭示文献的程度划分可分为：

1）题录，揭示文献题名、著者、出版情况的目录，是一种简明的文献报道形式，常用于报道单篇文献。

2）提要目录，又称解题目录，是对每一文献撰写内容提要的目录。

3）文摘，以简明扼要的文字表述文献的主要内容和原始数据，向读者报道最新研究成果。传递文献信息，为读者提供决定文献取舍依据的一种检索工具。

3. 目录的载体形式

（1）书本式目录

它是指将文献的形式和内容特征，根据目录著录标准，记录在单行本上而成的目录。书本目录便于保存和流传，方便检索，但不便于及时增删和更新内容。

（2）卡片式目录

它是指将文献的外形和内容特征记录在国际标准规格的卡片上（7.5cm×12.5cm）。再将目录款目按一定方法加以编排、区分而成的目录，其特点是便于随时增删，重新编排组织，更新内容，但体积大，占用空间多，不便携带。卡片式目录在文献收藏单位使用较普遍。

（3）期刊式目录

它是指用定期或不定期连续刊物形式出版的目录、索引和文摘。

（4）附录式目录

它是指通常以附录形式附于论文、专著、教科书、百科全书条目之后或出现于书刊之中，多为引用文献、参考文献、推荐文献的书目等。

（5）缩微型目录

它是指将文献目录的内容拍摄在缩微胶卷或缩微平片上。计算机输出缩微品目录是用计算机输出的书目数据，通过缩微复制记录仪转换成文字形式，直接摄录在缩微胶片上而形成的目录。缩微目录和计算机输出缩微品目录都具有体积小、容量大、编制速度快等特点，但需借助阅读器才能查阅。

（6）机读型目录

机读型目录即机读目录，是将文献的书目著录转换成代码形式，记录在计算机存储载体上，并能为计算机识别和输出的目录。

三、机读目录格式（MARC）

MARC 的全称为 machine readable catalogue，从英文意义上可知，就是"机器可读的目录"。它是计算机能够识别和阅读的目录，其信息存储在计算机存储器上。

1. MARC 的起源

MARC 是由美国国会图书馆（LC）开发的。MARC 的开发者是亨丽埃特·艾弗拉姆。（Henriette Avram，1919—2006）。

2. MARC 的格式

（1）字段设置

在 MARC 记录中字段的设置包含了书目数据的实际内容。它主要表现在三个方面：一是字段数量多，并留出很多空白字段供用户扩充使用，共有 001～999 个字段，其中 999 字段为用户自己规定字段含义；二是字段内容著录详尽，字段下设子字段以及重复字段；三是字段作用强化，可检索的字段多。所以，MARC 格式记录数据部分伸缩性强。适应面广。

（2）标记符号

MARC 格式的标记符号多，标记的内容详细。常用的标记符号有：

1）字段标志。用三位数字表示，从 001～999。三位数字的含义分别是：第一位表示功能；第二位表示种类；第三位表示种类的细分。

2）子字段代码。用两个字符表示，第一个是定义符，表示子字段，通常用 IS0646 中的分隔符 IS1（字符集中 1/15 位）；第二字符用小写字母 a、b、c 等表示子字段的顺序。

3）指示符号。用以描述或指示可变长字段代码。指示符号用两个数字表示。在每个字段说明中都有指示符号的使用和表示的含义。如果某个字段指示符号不用，则用空白符号表示。

4）字段和记录分隔符。用 IS0646 中的分隔符 IS2（字符集中 1/14 位）作为字段分隔符。用 IS0646 的分隔符 IS3（字符集中 1/13 位）作为记录分隔符。

3. MARC 的结构特点

（1）可变格式、可变长字段的记录格式

这种格式兼容性强，伸缩性大，字段的设置可多可少。每个字段采用可变长的记录格式，更适合处理书目信息的特点。此外，有些字段本身是固定长的，则可采用固定长字段。

（2）采用目次方式

这是可变长字段存取的标识符——值编组的格式。这种格式可节省大量时间，提高处理速度。另外，它可方便字段顺序的改变和字段内容的修改。

（3）每条 MARC 记录分为 3 个区

即头标区、目次区和数据区。数据区又由控制区和可变区组成，所以有时也分为 4 个区。

（4）物理记录和逻辑记录的关系

物理记录又称字块。MARC 格式采用固定长字块不定形式的记录数据的方式。每个物理记录的长度是 4096B。因此。经常在一个字块中存放多个 MARC 记录。或一个 MARC 记录分别存放于两个或两个以上的字块中。但是，不管一个 MARC 记录有多长，仅有一个头标区和目次区。

4. 几种 MARC 格式

（1）UNIMARC 格式

UNIMARC 是"国际机读目录通信格式"的简称。它是由国际图书馆协会联合会（IFLA）制定的一种供国际交换用的机读目录数据交换格式。

美国国会图书馆推出 MARC Ⅱ 格式后，希望该格式能得到世界的承认，成为国际标准。由于 MARC Ⅱ 毕竟是从手工目录发展起来的，故带有许多手工目录的痕迹，不可避免地带有一些过渡性的特征。这主要表现在内容组织安排以及各种标识符号的设计。后来加拿大、英国、德国、日本、意大利、法国等许多国家为了更有效地使用机读目录，根据自己书目信息交换的需要研究、试验和建立了本国的机读目录系统，由此产生各 MARC 间的内容和内容标识符的不同。为了使各国的机读书目信息能进行国际交换，国际图书馆协会联合会制定了 UNIMARC 格式。在这个格式中，将内容标识符标准化，克服了各国使用本国 MARC 系统的标识符的专指性，且减少了手工目录的痕迹。各个国家的书目机构将本国 MARC 格式的书目记录转换为 UNIMARC 格式，供其他国家使用。实现国际的数据交换，而各国国内的书目记录格式仍可保留自己的 MARC 格式，所以许多国家都使用 UNIMARC 格式作为国际机读书目记录交换的格式。

（2）USMARC 格式

USMARC 是美国国会图书馆的机读目录逦信格式，也有的称 LCMARC，MARC Ⅱ 格式就是它的前身。目前国内图书馆界在英文图书编目中使用 BIBLIOFILE 光盘和 OCLC 光盘，光盘的书目数据格式就是采用 USMARC 格式。USMARC 格式与国际标准化组织制定的"文献目录信息交换用磁带格式" ISO2709 的规定一致，只不过在其字段标识和内容项目上略有不同。

（3）CNM_ ARC 格式

《中国机读目录格式（WH/T 0503—1996）》，通常称为 CNMARC。它是由国家书目机构编制的，由中华人民共和国文化部于 1996 年发布的文化行业标准。它主要用于中国国内图书情报部门和其他国家书目机构间的书目信息交换。CNMARC 格式是以 UNIMARC 为依据的，凡是 UNIMARC 中定义的字段适合于中国出版物的有关规定都予以保留，并补充了中国出版物特有、而 UNIMARC 中没有的字段定义。

5. 机读目录的应用

由于 MARC 记录以计算机技术为检索手段，记录中的任何信息都有可能作为检索点，为了最大限度地开发馆藏信息，就要求 MARC 记录所包容的信息量比传统目录更全面、更丰富、更准确；MARC 记录必须被计算机识别、阅读和处理，才能提供基于 MARC 的各种优质服务，只有遵循格式规定编制的 MARC 记录，才能达到预期的效果；MARC 记录的最高层次服务是资源共享，为了使不同语种、不同类型的信息资源能在国际互相传递和交流，必须使用统一的标准。

6. 联合目录

联合目录是揭示与报道多个文献收藏单位所藏文献的目录。按地域范围可分为地区性联合目录、国家联合目录、国际联合目录；按文献类型可分为图书联合目录、期刊联合目录等；按收录文献的内容范围可分为综合性的联合目录、专科性的联合目录。

联合目录的作用是便于图书馆藏书协调、馆际互借和实现图书馆资源共享。

联合目录能扩大读者检索和利用文献的范围。高校图书馆的文献资源要实现共享，首先，就要把目录联合起来供各馆检索，通过检索，才可能进行馆际互借。中国高等教育文献保障系统（china academic library&information system，CALIS）多年来做的其中一项工作就是建立了"CALIS 联合目录"。

思考练习

1. 试述图书馆的定义和职能。
2. 试述信息、知识、情报、文献的概念和它们之间的关系。
3. 试述文献的种类。
4. 试述十大类文献类型，常用的是哪几种？
5. 试述国内常用的图书分类法。
6. 试写出《中图法》22 大类的分类号和类名。
7. 试述分类排架的方法。
8. 试述图书馆目录的功能。
9. 试写出一条中国机读目录的卡片格式。

第三章　数字图书馆

 第一节 　数字图书馆概述

一、数字图书馆的概念

数字图书馆（digital library）是用数字技术处理和存储各种文献资源的图书馆。实质上是一种多媒体制作的分布式信息系统。它把各种不同载体、不同地理位置的信息资源用数字技术存储，以便于跨越区域、面向对象的网络查询和传播。数字图书馆涉及信息资源加工、存储、检索、传输和利用的全过程。通俗地说，数字图书馆就是虚拟的、没有围墙的图书馆，是基于网络环境下共建、共享的可扩展的知识网络系统，是超大规模的、分布式的、便于使用的、没有时空限制的、可以实现跨库无缝链接与智能检索的知识中心。

美国研究图书馆协会（ARL）对于数字图书馆给出了一个引用得较多的定义："数字图书馆不是一个单独的实体，需要有关技术提供其他资源的链接。该链接对用户应该是透明的。目标是做到任意检索，数字馆藏应超越传统馆藏而不能仅成为其替代品。"

刘炜等认为："应该说凡是应用计算机和网络技术。解决数字资源的采集、存储、管理、发布和服务的图书馆，都可以称为数字图书馆。"

关于数字图书馆的概念，至今没有一个完整的定义，但基本上达成一致的理解。数字图书馆是全球信息高速公路上信息资源的基本组织形式，这一形式满足了分布式面向对象的信息查询需要。分布式是指跨图书馆（跨地域）和跨物理形态的查询；面向对象是指不仅要查到线索（在哪个图书馆），还要直接获得要查的东西（对象）。数字图书馆是超大规模、分布的、可以跨库检索的海量数字化信息资源库。其包含的基本内容如下。

1. 数字图书馆是海量的知识中心

数字图书馆是以资源建设为核心，采用人工智能检索、信息海量存取、多媒体制作与传输、自动标引、数字版权保护、电子商务等现代信息技术成果，形成超大规模、分布式体系；便于使用、没有时空限制、可以实现跨库无缝链接与智能检索的知识中心。以实现对丰富多彩的多媒体信息进行超时空、无障碍传播。

2. 数字图书馆是优质资源门户网站

数字图书馆是优质知识资源的集散中心。数字图书馆网站是数字资源的门户网站。由于数据的集中管理和对象数据的集中调度，便捷的互联网络和跨库无缝链接的资源提供，使得数字图书馆能够打破时空局限。因此中国数字图书馆服务体系就是要汇集全社会的资源建设成果，在互联网上形成超大规模的、高质量的中文数字资源库群，建立集中与分布的资源共建、共享机制，并通过国家公众网络，向全国及全球提供高效、便捷的服务。

3. 数字图书馆是一门新学科

数字图书馆是一门全新的科学技术，也是一项全新的社会事业。简而言之，数字图书馆是一种拥有多种媒体且内容丰富的数字化信息资源，能为用户方便、快捷地提供信息的高水平服务机制。虽然称之为“馆”，但并不是图书馆实体，它可以对应于一切存在海量公共信息管理与传播的现实社会活动，表现为一种新型的技术、新型的服务。获取信息并不存在空间限制，很大程度上也不受时间限制，其存在方式是将文字、图像、声音等信息数字化，并通过互联网传输，从而做到信息资源共享。在网络环境下，以各类文献为载体的知识信息都可以方便地转化为数字形式在全球范围内传输。用户只要通过与互联网连接，登录相关的数字图书馆的网站，都可以在任何时间、任何地点。十分方便、快捷地使用图书馆的数字化信息资源。这种图书馆已成为一个“信息空间”，把传统的纸介图书馆变为开放的网上图书馆，用户对馆藏的利用将不再受时间和地域限制，可以随时享用信息资源。

4. 数字图书馆拓展检索服务

通过数字图书馆的检索服务系统，用户在查找到所需图书之后可以直接阅读电子版图书；查找电影、音乐等多媒体资料之后可以即时播放；如果用户觉得这些服务不能完全满足个性化需求，数字图书馆区域应用服务系统可以为用户量身定制资源库，为用户收集整理所需的各种类型的资源。

数字图书馆区域服务系统建构在局域网上，广泛向宽带网络接入商和备有局域网的住宅小区、机关、企事业单位用户提供图书、音频、视频、资源库等信息资源，通过与互联网连接，区域服务应用系统可直通数字图书馆服务系统门户，区域用户可获取数字图书馆网站、国家图书馆网站，以及各省市级数字图书馆提供的各种电子资料服务。

5. 数字图书馆圆终身教育梦

现代图书馆创立以来，一直履行着教育的职能。数字图书馆，作为现代图书馆的拓展，在人类教育体系中占据着越来越重要的地位。

终身教育意味着人们各个阶段的学习需求，这种需求是为了生活、物质财富、个人满足以及融入社会。在终身教育中，学习者是主体。数字图书馆利用自身的丰富资源优势，给学习者提供一个完善的学习中心。终身教育反映了对高质量学习机会的需求，数字图书馆提供最新的技术和支持。知识经济时代的数字图书馆将不再是传统意义上的图书馆，人们可以使用任何与互联网连接的数字设备，在任何时间、任何地点，搜寻到所有人类知识；而且数字图书馆拥有经验丰富、高素质的情报检索和咨询专家，能够辅导和帮助读者如何在知识信息的汪洋大海中迅速获得自己所需的知识信息，学会获取知识信息的方法。

二、数字图书馆的特征

1. 数字化资源

数字图书馆资源包括：经过数字化转换的资料或本来就是以电子形式出版的资料，新出版的或经过回溯性加工的资料；各类资源，如期刊、参考工具书、专著、视频音频资料等；各种文件格式，从位图形式的页面到经 SGML 编码的特殊文本文件。

2. 网络化存取

高速的数字通信网络是数字图书馆的基础，数字图书馆依附于网络而存在，其对内的业务组织和对外的服务都是以网络为载体的，得益于网络，也受制于网络。其内部本身由局域网构成，以高速主干线路连接数台服务器及工作站，外部通过数台广域网服务器连接国际互联网。

3. 分布式管理

这是数字图书馆发展的高级阶段，它意味着全球数字图书馆遵循统一的访问协议之后，数字图书馆可以实现"联邦检索"，全球数字图书馆将像互联网一样，把全球的数字化资源链接成为一个巨大的图书馆。

三、产生背景

随着信息技术的发展，需要存储和传播的信息量越来越大，信息的种类和形式越来越丰富，传统图书馆的机制显然不能满足这些需要，因此人们提出了数字图书馆的设想。数字图书馆是一个电子化信息的仓储，能够存储大量的、各种形式的信息，用户可以通过网络方便地访问它，以获得这些信息，并且其信息存储和用户访问不受地域限制。

数字图书馆不但包含了传统图书馆的功能，向社会公众提供相应的服务，还融合了其他信息资源（如博物馆、文献馆等）的一些功能。提供综合的公共信息访问服务。可以这样说，数字图书馆将成为未来社会公共信息中心和枢纽。信息化、网络化、数字化，这一连串的名词符号的根本点在于信息数字化；电子图书馆、虚拟图书馆、数字图书馆，不管用什么样的名词，数字化将是图书馆的发展方向。

四、技术与人才

数字图书馆是高技术的产物，信息技术的集成在数字图书馆的建设中扮演了非常重要的角色。具体来说，其涉及数字化技术、超大规模数据库技术、网络技术、多媒体信息处理技术、信息压缩与传送技术、分布式处理技术、安全保密技术、可靠性技术、数据仓库与联机分析处理技术、信息抽取技术、数据挖掘技术、基于内容的检索技术、自然语言理解技术等。

关于建设数字图书馆的人才，亨丽埃特·艾弗拉姆说过"我们需要两个天才，即计算机专家和图书馆专家，没有一个天才可以独自成功，图书馆员必须成为计算机学者，这样才能理解应用的技术及其与专业的关系。"有了建立数字图书馆的技术人才，才能建立符合读者需要的方便实用的数字图书馆。

五、数字图书馆的主要优点

1. 信息储存空间小且不易损坏

数字图书馆是把信息以数字化形式加以储存，一般储存在计算机光盘或硬盘里。与过去的纸质资料相比占用空间很小，而且以往图书馆管理中的一大难题是资料多次查阅后就会磨损，一些原始的、比较珍贵的资料，一般读者很难看到，数字图书馆就避免了这一问题。

2. 信息查阅、检索方便

数字图书馆都配备有计算机查阅系统，读者通过检索一些关键词，就可以获取大量的相关信息，而以往图书资料的查阅，都需要经过检索、找书库、按检索号寻找图书等多道工序，烦琐而不便。

3. 远程、迅速传递信息

传统型图书馆的建设是有限的，位置是固定的，读者往往要花费大量的时间在去图书馆的路上。数字图书馆则可以利用互联网迅速传递信息，读者只要登录网站，轻点鼠标，即使和图书馆所在地相隔千山万水，也可以在几秒钟内看到自己想要查阅的信息。这种便捷是以往的图书馆所不能比拟的。

4. 同一信息可多人同时使用

众所周知，一本书一次只可以借给一个人使用，在数字图书馆则可以突破这一限制，一本"书"通过服务器可以同时提供给多个人查阅，大大提高了信息的使用效率。

六、中国数字图书馆的发展概况

20世纪90年代以来，计算机科学技术和互联网飞速发展，互联网已成为人们获取信息和知识的一个越来越重要的渠道。如何有效地组织和发布信息资源，以适应互联网这种新的信息传播途径的要求。成为人们普遍关注的课题。美国最早提出数字图书馆构想，随后中国也掀起了数字图书馆研究、实践的热潮。国家图书馆具有经济实力和技术优势，在中国数字图书馆建设过程中，特别是在国家数字图书馆标准规范研制工作中起了重要的作用。

1. 起步阶段

在中国，正式提出数字图书馆概念是1996年在北京召开的第62届国际图书馆协会联合会（IFLA）大会上，数字图书馆成为该会议的一个讨论专题。IBM公司和清华大学图书馆联手展示"IBM数字图书馆方案"。

2. 试验阶段

1997年1月—1999年12月：由国家图书馆、中山图书馆、上海图书馆、深圳图书馆、辽宁图书馆、南京图书馆、文化部文化科技开发中心共同承担实施了"中国试验型数字图书馆项目"，标志着我国数字图书馆事业进入试验阶段。

由国家图书馆与中国科学院计算所合作完成的"国家科技部863/306项目——数字图书馆系统工程",该项目于1998年立项,2001年3月验收。其主要成果为:数字图书馆体系结构的设计与开发,初步建立了一个中国试验型数字图书馆系统;系统功能达到具有网络管理、多媒体信息查询与检索、海量信息的存储与检索、知识产权的权限管理等;开发的主体工作围绕基于SGML/XML。的以中文资源为三的系统的建立、维护和发布;对知识挖掘、知识聚集等方面将通过智能代理方式予以集成。"国家科技部863/306项目——数字图书馆系统工程"在技术上达到了与国际数字图书馆主流技术接轨的要求,为中国数字图书馆建设及运营奠定了良好的基础。

与此同时,1999年1月—2000年4月,国家图书馆筹备成立"中国数字图书馆有限责任公司",并上报国务院及各大部委。2000年4月18日。中国数字图书馆有限责任公司正式成立。

中国数字图书馆有限责任公司隶属于中国国家图书馆,服务于中国国家图书馆二期工程暨国家数字图书馆工程的高新技术企业,注册资本为8860万元。公司率先在全国建立起完整的数字图书馆建设与服务体系,专注于数字资源核心技术研发与应用推广、数字版权管理、数字化加工、提供专业信息、电子政务及电子商务服务、提供数字内容整体解决方案及数字图书馆整体解决方案,数字图书馆综合服务平台建设。

2000年年底,由文化部主持在海南召开了"中国数字图书馆工程资源建设"工作会议,讨论制定《中国数字图书馆工程一期规划(2000—2005)》,推荐使用资源加工的标准规范。

3. 操作阶段

1999年9月—2001年11月,文化部与国家图书馆启动了中国国家数字图书馆工程(国家图书馆二期工程暨国家数字图书馆工程),由"中国数字图书馆有限责任公司"作为业主单位全面负责工程的建设、运营及服务,数字化图书扫描年产量3000万页以上。标志着中国数字图书馆进入实质性操作阶段。

2001年年初,国家计委批准立项"全国党校系统数字图书馆建设计划",总投资达1.9亿元。北京大学、东北师范大学等院校相继成立数字图书馆研究所,在全国范围内掀起了数字图书馆建设和研究的高潮。

4. 实用阶段

2001年5月23日,国家重点科技项目"中国试验型数字式图书馆"通过专家技术鉴定。中国数字图书馆已经进入初步实用阶段,中国的数字图书馆研究、建设已经初具规模。

数字图书馆为国家信息基础设施提供关键性信息管理技术,同时提供其主要的信息库和资源库。换句话说,数字图书馆是国家信息基础设施的核心。中国国家数字图书馆标准是一个很重要的标准,它参照国际标准制定,即可以与国际上标准兼容又具有中国特色。国家图书馆等受国家标准化委员会委托专门成立了中国国家数字图书馆标准协会。

第二节　数字图书馆的建设

一、中国数字图书馆方案

本节以中国数字图书馆有限责任公司推出的数字图书馆整体解决方案为例来介绍。该方案是"国家科技部863/306项目——数字图书馆系统工程"的研究成果。代表了中国数字图书馆的最高水平，它是以图书馆及互联网上的各类数字资源或非数字资源为中心。以为读者提供方便、快捷的知识服务机制为目的，围绕数字资源的加工建设、数字资源的存储和管理、数字资源的访问和服务提供的一整套先进、实用、高效的解决方案。

1. 数字图书馆解决方案

（1）数字图书馆解决方案技术架构说明

整体解决方案为三层技术架构，分别为资源加工层、资源管理层和应用服务层。

1）资源加工层。资源加工层将各种类型的资料转化为有序的数字资源。将各种印刷型资料、音频资料、视频资料进行数字化加工，转化为数字格式的资源；有目的、有方向地采集原本无序分散的网络资源，将之进行初步有序化处理；将各种数据库、电子图书、电子期刊等进行有必要的格式转换、元数据标引等处理。使各种资料具备数字图书馆的基本管理和服务需求。

2）资源管理层。经过加工的数字资源进入资源管理层，数字资源管理系统依据OAIS、Z39.84（DOI）、ISO10646等国际标准构造。资源管理要完成的工作是：网络资源的分类、整合及发布；对各种异构的数字资源进行整合。使之形成统一的检索和使用界面；将经过加工和标引的数字资源进行多种表现形式的发布；进行元数据管理、数字版权管理及数字对象管理。

3）应用服务层。最后，直接面向用户和读者的是应用服务层。作为图书馆的门户，该系统基于OAI-PMH、Z39.50、Z39.88（OpenURL）、P3P、METS、ISO10160/1等国际标准构造，为用户提供方便快捷的、主动的、个性化的、安全可靠的服务。并实现传统图书馆与数字图书馆之间"相互补充、相得益彰"的理念。通过my library等系统对用户进行个性化服务，用户能订制自己所关注的资源信息，同时获取由图书馆系统根据用户关注点所自动推送的即时信息。通过E-mail、BBS、留言板、即时交流等方式进行数字参考咨询，提高图书馆服务的即时性和交互性。提供异构资源检索平台，使用户真正享受到跨库无缝检索。同时，基于本系统的文献传递、馆际互借、OPAC等能实现与国家图书馆等其他图书馆情报机构的互联互通，形成一个广泛的知识园地。

该解决方案完整地诠释了数字资源的生命周期，完成了数字资源从内容策划到创建、组织描述、保存管理、获取和整合，再到维护和提供服务的全过程。

（2）技术特点

1）开放性。容纳和整合与应用有关的其他部件。实现功能增强。

2）系统性。从图书馆应用服务的角度，系统、全面地解决使用中所面临的问题。

3）模块化。解决方案的各个组成部分均采用模块化的理念设计。便于灵活运用。

4）标准化。通过采用通用的国际、国内和行业标准，实现开放接口，便于扩展。

（3）数字图书馆整体解决方案优势

1）先进的资源管理和知识管理技术，引领数字图书馆向知识服务方向发展。

2）开放的体系结构，支持数字图书馆领域所有国际国内标准，支持跨平台操作。

3）资源整合打破不同信息源之间的屏障。实现广泛协作、共建和共享。

4）强大的软件平台支撑，以领先的资源加工、管理和服务平台为核心。

（4）应用领域

图书情报界、专业机构、电子政务、企业信息化、涉及内容管理与服务的其他领域。

（5）数字图书馆建设的战略意义

数字图书馆的核心是以各种中文信息为主的资源库群，它的建设将迅速扭转互联网上中文信息匮乏的状况，形成中华文化在互联网上的整体优势。同时，数字图书馆是一个集各种高新技术为一体的项目，它的建设将极大地促进我国信息技术的发展，同时带动与之相关的计算机技术、网络技术、通信技术和多媒体技术等各项技术的发展，形成的高新技术产业链，对于提高我国整体的信息产业水平将起到不可估量的作用。它还是知识经济的重要载体，为知识传播提供了一种崭新的手段，可以最大限度地突破时空限制，营造出进行全民终身教育的良好环境，为所有人提供了便捷的获取信息手段和丰富的信息，对于我国国民素质教育将起到巨大的促进作用。因此，站在民族文化发展的高度，站在国家安全高度，站在开发利用信息资源、节约材耗和能耗，保持我国经济持续、快速、健康发展的高度，数字图书馆的建设无疑具有重要的战略意义。

2. 数字图书馆的相关标准规范

国家数字图书馆标准规范研制工作以开放性为原则，采取竞争性谈判方式，向社会各界尤其是文献信息机构发出广泛参与研制的邀请。目前，汉字属性字典、古籍用字规范、生僻字与避讳字处理规范、古籍全文版式 XML 规范、数字资源唯一标识符等 6 个标准规范项目正在研制中。元数据规范、对象数据规范、资源统计规范等正进行采集准备工作。数字资源长期保存、管理元数据、专门元数据规范等正在进行需求调研与准备工作。

数字图书馆标准规范体系主要由数字资源建设标准规范、数字图书馆应用服务标准规范、版权保护与权利描述标准规范、面向数字图书馆的电子商务标准规范等组成。其中，数字资源建设标准规范涉及数字对象的加工、描述、组织、存储、检索和服务，要建立相应的技术标准规范；建立元数据统一结构框架和相应的元数据描述、加工处理、转换和检索的技术标准规范；建立对网上资源进行搜集、筛选、编目、加工、使用的方法和相应的技术标准规范等。在数字图书馆应用服务系统的建设中，要建立统一描述机制，支持统一的资源命名规则和唯一标识；建立开放的、可互操作的数字资源组织与管理标准规范；建立可互操作的数字对象调度机制等。此外，还应充分利用现有的其他相关标准规范。

二、文献数字化技术

文献数字化是将各种印刷型资料、音频资料、视频资料进行数字化加工，转化为数字格式文献资源的过程。将各种类型的资料转化为有序的数字资源，是数字图书馆建设的基础工作。另外，数字图书馆有目的、有方向地采集原本无序分散的网络资源，将之进行初步有序化处理，将各种数据库、电子图书、电子期刊等进行必要的格式转换、元数据标引等处理，使各种资料具备数字图书馆的基本管理需求和服务需求。

1. 文献数字化概述

数字图书馆从概念上讲可以理解为两个范畴：数字化图书馆和数字图书馆系统，涉及两个内容：一是将纸质图书转化为电子版的数字图书；二是电子版图书的存储、交换、流通。

传统图书馆中图书的流通率是很低的。以清华大学图书馆为例，至 2010 年年底，实体馆藏总量约有 400 万册（件），据清华大学图书馆 2010 年年鉴统计：纸质图书外借 82.8 万册次，流通率为 20.7%。而二次文献检索 353 万次，下载 325 万次；电子图书浏览 53 万册次。下载 88 万册次；电子期刊浏览 453 万篇次，下载 764 万篇次；学位论文浏览 3.5 万篇次，下载 129 万篇次。可见。电子资源在网络环境下的规模化使用是印刷文献远无法比拟的。

这说明社会的进步和时代发展改变了读者的阅读习惯，也改变了读者获取文献的方式。图书馆要主动适应读者的这种需要，要将图书馆重要而有价值的文献数字化。以提高利用率。

传统图书馆收藏的大量经过加工、标引、整序的文献资源，不仅是图书馆服务的基础，也是数字图书馆重要的信息来源。图书馆目前的一项任务，就是馆藏纸质文献的数字化工作。

2. 纸质文献数字化技术

中国的纸质文献数字化工作，早在 20 世纪 80 年代就起步了，但计算机网络技术和扫描仪的出现，特别是扫描仪的 OCR（字符识别）技术出现，才提高了纸质文献数字化的效率，推动了纸质文献数字化的迅速发展。

（1）纸质文献数字化

纸质文献数字化是指图书馆利用多媒体技术、数据库技术、数据压缩技术、光盘存储术、网络技术等技术手段，将没有版权争议的馆藏印刷型文献数字化，建成数字化资源库。馆藏文献的数字化可以充分发挥图书馆的文献优势，加强信息资源的建设，丰富网上信息资源的品种与数量，促进数字图书馆的发展，同时也将为图书馆开展特色信息服务创造条件。

纸质文献数字化是把原始纸质文献通过扫描、OCR（字符识别）转换成可进行计算机编辑处理的数字化电子文档。这种数字化的电子文档可方便地实现计算机网络环境下快速传递、检索和资源共享等功能。

（2）纸质文献数字化的原则

纸质文献数字化有"保真原则""整理原则"和二者兼顾原则。

1）保真原则，是指数字化文献应该具有原貌的特征，具体操作应该是以数字图形版存储。今天，实现数字图形版已不存在技术上的障碍，只要将纸质信息进行数码照相或扫描处理并有足够的存储空间即可。

2）整理原则，是指数字化文献应该具有资料的应用性，具有浏览器阅读、文字摘录等功能，满足读者的实际需要。

3）二者兼顾原则，是指在实际中采用哪种方式，或"保真"，或"整理"，或者二者兼顾，要根据文献级别和要求来决定。

（3）纸质文献数字化的方法及设备

纸质文献数字化的方法，按其发展过程分为人工键盘录入法、语音识别法和扫描法。目前使用最多、效率最高的是扫描法。

扫描法是将原始纸质文献放在扫描仪平板上，通过扫描仪把纸质文献转换为数字图形输入计算机。后经 OCR 识别、校对后，转换为可进行编辑的数字化文献。

扫描法是目前各种书刊文档数字化普遍采用的一种方法。OCR 识别并非百分之百正确。有个别字出现识别错误。对识别错误的字，以不同颜色加以区分，以便人工修改和校对。

扫描法的关键设备是扫描仪。它是一种高精度的光电一体化产品，属于一种静态图像的计算机输入设备。纸质文献在扫描过程中，扫描仪通过光电器件将检测到的图文光信号转换为电信号，再将电信号通过模拟/数字转换器，转换成数字信号输入到计算机中处理。扫描仪能够捕捉各种印刷品、照片以及较薄物件的图像信息。扫描仪的质量主要体现在其分辨率、颜色和幅面上。

目前，大多数扫描仪能实现扫描、复制、OCR，以及上传至网络等功能。能满足大多数文献数字化的需要。扫描仪作为一种光电一体化的计算机外部设备，在数字化信息处理过程中扮演着重要的角色。

（4）纸质文献数字化的过程要点

文献数字化所涉及的一般步骤如下：

1）准备扫描仪。

2）定位扫描仪中的原始文档。

3）检查扫描仪的优先设置值。

4）选择正确的原始文档类型。

5）选择扫描方式。

6）预扫描原文档。

7）剪辑或调整预览文档。

8）设置分辨率和尺寸。

9）调整高亮度和阴影点、灰度系数、有关的色调设置值等。

10）校准颜色或色平衡。

11）扫描文档、保存文档。

12）OCR 识别与校对。

各个步骤的次序将随着扫描类型的不同而不同，这主要取决于扫描仪所用软件的技术完善程度。所以，此部分内容并不适用于所有用户，可以跳过某些不适用的步骤。

3. 影响识别正确率的几个重要参数

文献在数字化过程中，文字识别（OCR）正确率的高低，将直接关系到纸质文献数字化的工作效率。虽然扫描仪的文字识别不能达到百分之百正确，但是我们总可以通过设定扫描仪的分辨率、亮度等参数，使扫描仪的文字识别正确率保持在一个较高的水平，从而减少校正工作量，提高纸质文献数字化的工作效率。下面讨论影响文献识别正确率的几个重要参数：

（1）分辨率参数

分辨率参数决定扫描图像的清晰度，即决定扫描图像的图像细节。分辨率一般以 dpi 作为单位。dpi 是 dot per inch（点/每英寸）的缩写。扫描仪能支持的分辨率越大，其图像清晰度就越高。

分辨率参数是扫描仪文字识别（OCR）系统的一个很重要的参数。文字识别正确率的高低，与扫描分辨率的设定有很大关系。当文字越小时，分辨率设定越高；反之，当文字越大时，分辨率设定应越小。分辨率的设定由用户根据字体大小和所使用的扫描仪性能决定。一般常用文献的最小号字是小 5 号字或 5 号字。

1）分辨率和图像质量的关系。扫描分辨率是图文文献质量的主要标准，它代表了从模拟到数字量的精细程度。从理论上讲，分辨率越高，扫描图像的质量越好。但对文字要求的是识别准确率要高。

2）分辨率与数据大小的关系。分辨率对扫描数据的影响：先看一个例子。一幅 3 in×5 in 的照片，如果采用 600 dpi×600 dpi×24 位真彩色进行扫描，那么生成的 DIB 图像数据是 3×600×5×600×24/8 = 16200000 B，大约是 15.44 MB。对于一个 320 GB 的 U 盘空间来讲，大约可存储 21100 幅；如果使用 1200 dpi×1200 dpi×24 位真彩色进行扫描，那么每幅照片将需要约 61.79 MB 的存储空间，320 GB 的 U 盘空间就只能存储 5300 幅左右的照片了。由此可见，数据量会随着分辨率的提高而急剧增加；扫描速率也会大大降低。对扫描分辨率的选择应该遵循适当的原则。

（2）亮度参数

亮度参数是扫描仪的重要参数之一，也是影响 OCR 系统文字识别效果的极为重要的因素。有的扫描仪亮度参数设有三个选项：固定（F）、自动（A）和手动调节，供用户根据操作习惯选用。亮度参数确定了扫描图像的明暗程度，调节合适的亮度，能保证识别系统理想的识别率。亮度太亮，文字笔画断裂残缺不全；亮度太暗，文字笔画相互粘连而黑成一团。在这两种情况下，都无法得到理想的识别输入效果，因此细致地调节好亮度参数是获得较高识别率的前提条件。通常有下面几种情况要注意：

1）扫描纸色较浅的文字时。包括文件底色白、纸张发亮以及文字笔画细的文字时，应将亮度参数调低些，即降低亮度。

2）扫描较小的文字时，亮度参数应适当调高些，但要以不出现太多的断笔画为限。

3）扫描纸色较深的文字时，包括文件底色黑、文字笔画粗等，应将亮度参数调高些，即增加亮度。

在实际中，由于报纸的底色较深，黑体字、楷体字的笔画较粗，因此，在识别这类文件时，亮度参数可以适当调高，即增加亮度；而由于图书、杂志的底色较浅，宋体字、仿宋体字的笔画粗细适中，因此，在识别这类文件时，可将亮度参数调到中等亮度。

（3）扫描速度

扫描速度是扫描仪的又一个重要指标，它决定扫描仪的工作效率，在文字识别应用中尤其如此，单位是 in/s。影响扫描速度的因素很多，也很复杂。一般说来，它与分辨率以及灰度等级有关，驱动程序也会影响扫描速度。如需要处理的纸质文献数量多。在选购扫描仪时，可以选择扫描速度快的扫描仪。

综上所述，在纸质文献数字化过程中，只要合理设定扫描分辨率、亮度等参数，使扫描仪的文字识别（OCR）正确率保持在一个较高的水平，就可以减少校正工作量，提高纸质文献数字化工作的效率。

4. 数字文献著录标准（DC）

纸质文献有一套目录体系供读者查询文献。数字文献也有一套相应的都柏林核心（Dublin Core）元数据来描述网上电子文献，以方便检索。

1995 年 3 月，都柏林核心集（Dublin Core Elements Set，DC）在美国俄亥俄州的都柏林召开的第一届元数据研讨会上产生，是 52 位来自图书馆、计算机、网络等方面的专家和学者共同研讨的产物，是以图书馆界为主建立起来的元数据系统，主要目的是代替 MARC 用来描述网络环境中的数字化信息的基本特征，发展一个富有弹性且非图书馆专业人员也可以轻易了解和使用的资料描述格式，来描述网上电子文献以方便检索。在第一次会议上提出的 DC 元数据核心集为 13 个元素，后来经过不断修改和补充，现在基本定为 15 个元素。DC 元数据最初是为描述网络信息资源而设计的。然而由于其简单明了、可扩展性强等特点，引起了博物馆、图书馆、档案馆界和商业组织的广泛关注，1998 年 9 月被因特网工程特别任务小组（IETF）作为一个正式标准 RFC2413（Request For Comments，2413）（该标准目前已经被 RFC2396 替代）予以发布。1997 年和 2000 年都柏林核心项目组（Dublin Core Metadata Initiative，DCMI）先后发布了《都柏林核心元素集：参考描述》1.0 版和 1.1 版。2003 年 4 月 8 日，都柏林核心元数据元素集（The Dublin Core Metadata Element Set，DCMI）已经被批准为国际标准 ISO 15836，这将使 DC 更加容易促进基于互联网的资源发现与共享的实现。

三、工业化的图书数字化进程

在文献数字化中，主要解决的是将传统的纸质文献转换成数字化文献，这样有利于节省馆藏空间，为信息网络化奠定基础。用什么样的格式保留数字化馆藏，是数字化文献进程中需要解决的问题。

国内进行图书数字化加工的有中国数字图书馆有限责任公司、北京世纪超星信息技术发展有限公司（以下简称超星公司）、北京书生公司等。就目前而言，超星公司在与中国数字图书馆合作加工数字化图书的过程中，吸纳了国家"863"数字图书馆的研究成果，所以超星公司的技术最成熟、最先进，规模也最大。从超星图书数字化加工技术的足迹可见中国文献数字化的发展历程。现重点介绍如下。

1. 图书数字化加工技术的发展历程

超星公司于1993年成立，是一家高科技民营企业，注册资金3000万元，目前拥有员工6500余人，拥有全国最大的图书数字化加工中心，到2019年在信息技术领域耕耘已有26年的历史。这期间超星经历了信息技术产业的兴起、发展和繁荣。凭借自身的实力，在激烈的竞争中得以生存和发展。

（1）从档案资料数字化起家

超星公司从1993年起从事档案资料数字化软件的开发，在国内最早提出档案资料数字化的概念，以光盘存储代替缩微胶片进行档案保存，发展了国内第一家以光盘形式存储档案的档案馆用户。时至今日，超星公司已经发展成为中国档案界最具实力的软件公司，用户数量达2000多家，中央档案馆、中国人民银行总行、招商银行总行、北京市公安局和全国印钞造币系统等都是超星的用户。在军队系统，超星档案数字化软件在总参通信部、总参防化部、总参气象局、总后营房部、总后油料部、空军档案馆、沈阳军区、南京军区、广州军区等多家档案馆得到广泛应用，并在1995年协助总参办公厅起草制定了军队光盘档案管理技术标准。

1996年，中央档案馆、中国第一历史档案馆、中国第二历史档案馆应用超星数字化技术，将影响中国历史进程的150多万页重要文献制成《国家档案文献光盘库》，作为国家档案保存，并在第13届国际档案大会上向全世界作了展示。

1997年，超星公司在国内首次提出数字化图书馆概念，建立瑞得超星网上图书馆。1998—1999年为国家图书馆数字化加工15万种文献。开办网上读书栏目。

2000年超星公司重组为股份制公司，改用现名。2000年6月8日超星数字图书馆以技术优势列入国家"863计划中国数字图书馆示范工程"，参与中国数字图书馆的建设工作。

2001年10月23日。超星数字图书馆网站荣获"中国优秀文化网站"称号，是唯一一家获得此项殊荣的图书类网站。同时，超星数字图书馆是中国电子图书制定标准委员会的成员。

（2）把资料数字化技术应用于电子出版物

从1996年起，超星公司把资料数字化技术应用于电子出版物。几年来共出版了200多种电子出版物。在这个过程中，超星公司与电子工业出版社、中国标准出版社、科学出版社、中医药出版社等多家出版单位建立了密切的合作关系，完成了《中国中医药光盘资料库》《古今图书集成》《国家标准全文光盘》《二十五史》《多媒体英语小说》等光盘的制作，积累了图书数字化的技术和经验。

（3）把资料数字化技术应用于网络

1997年，超星公司把目光转向新兴的互联网，把从档案和电子出版物发展的资料数字化技术应用于网络。1997年12月，超星公司将自己研制的远程图书浏览器安装到瑞得在线网站上，创立了国内首例以影像方式为主体的数字图书馆。

（4）与国家图书馆合作创建"网上读书"取得实用经验

1998年7月，超星公司和国家图书馆合作。通过一年的努力完成了国家图书馆15万册馆藏图书的数字化工作，并合作建立了国家图书馆的网上读书栏目。超星公司不断积累经验，并不断发展，以先进、实用为指导思想，在数字图书馆相关技术的研发方面取得了显著的成果。超星阅览器 SSReader 已经成为国内使用人数最多、技术最成熟、创新点最多的图书阅览器。由于超星公司的数字图书馆技术得到广泛应用，超星公司具有自主知识产权的专用图书阅览器用户已超过 800 万人。

2. 图书数字化加工厂

（1）图书数字化加工生产线（Doc Scan）

1998 年，超星公司组建了国内第一条大规模数字化扫描生产线，在北京成立了数字化加工中心，加工能力达到每天 20 万页。超星公司在全国各地建立了 5 个数字化加工中心，在北京、成都、福州、长沙、郑州等地都有超星的数字化加工基地。超星公司拥有国内最大的图书资料数字化生产线，年加工图书超过 20 万种。

目前超星公司与国内多家专业图书馆、出版社建立了长期的合作伙伴关系，进行图书文献数字化加工工作，如社会科学院图书馆、国防大学图书馆、深圳大学图书馆、中山图书馆、北京大学出版社、电子工业出版社等。

（2）从数字图书到数字图书馆

加工数字图书的目的是建设数字图书馆。可以想象，当数字图书的数量达到 315 万种时（目前国内藏书达到 315 万种图书的图书馆非常少），它自然成为一个超大的数字图书馆，什么样的中文图书都可以在这里找到，满足率可达到 95%，这个数字图书馆对读者有着巨大的诱惑力。

数字图书馆解决了善本浏览、多人借阅、全天候服务等问题。不少具有极高价值的文献资料，像《黄埔军校史稿》《北洋政府公报》《新青年》等，过去都被图书馆藏在深闺，读者根本无法借阅。而现在，在数字图书馆中，读者动一动鼠标，就可以轻松翻阅。

据有关统计，目前全国公共、高校、科研院（所）及各类图书馆约 1.3 万座。以大学图书馆为例，教育部官方网站发布《2016 年全国高等学校名单》显示：截至 2016 年 5 月 30 日，全国高等学校共计 2879 所（其中普通高等学校 2595 所，成人高等学校 284 所），高校扩招、合并、迁建，使作为校园基础设施的图书馆面临的经费严重短缺、藏书量不足、副本量小、新书少等问题更加突出。建设数字图书馆是一个非常好的解决思路。

（3）数字图书馆的社会效益

图书馆是人类文明的重要传播地，在文化建设、教育发展中有着举足轻重的地位。但长期以来，由于经济条件的限制，我国图书馆事业与国外相比一直有较大的差距。随着互联网时代的到来，数字图书馆的出现为中国的图书馆事业提供了一次难得的跨越式发展的机遇。

3. 图书数字化的关键技术——超星的 PDG 格式

目前文本型数字图书的技术标准通常有两种：PDF 格式和 XML 格式。文本型数字图书已经有多年的发展历史，技术已经相当成熟，并形成了事实上的标准。国家已经制定了与 OeB（Open e-Book）兼容的文本型数字图书的标准。建立数字图书馆的难点在于存量而不是增量。在出版业告别铅与火，实现光与电之后，新出版的图书大都有现成的电子文档，经过简单加工后就能制作成便于阅读和检索的电子化图书。Adobe 公司推出的 PDF 格式，就是一种目前国际上通用的支持图文混排和多种版样的电子图书格式，其优点在于可以更好地修饰纯文本内容，生成的电子图书文件界面美观，而且文件也非常小。但是 PDF 格式对于 20 世纪 90 年代以前出版的没有电子文档的图书，就显得无能为力，更不要说那些珍藏上百年的善本、孤本图书了。

目前，加工存量图书的数字化工艺，有文本格式和图像格式两种。文本格式的优点在于生成的文件小，目前生成图书的字符格式主要是通过 OCR（optical character recognition，光学字符识别技术）录入方式，效率高，每人每天可以录入 10 万字。

但是，文本格式的缺点在于不能保持图书原有的版样和完整性，在处理浩如烟海的档案文献资料、图文混排图书，以及表格、乐谱、小语种字符等特殊图书时，文本格式就显得无能为力。怎样解决这个技术问题？分层压缩图像文档格式——超星的 PDG 格式就是解决这个问题的关键技术。

2000 年 11 月，超星公司与清华大学图书馆技术部联合开发了三层图像全文检索技术——PDG 图像全文检索技术。超星 PDG 在参考了 DJVU 技术的基础上，开发出有自己特色的文本格式。超星的 PDG 格式，也因分层压缩，体积是其他格式的几分之一，浏览很快。

这项技术的新颖之处在于：使 PDG 图像也能够像文本一样，随心所欲地全文检索。在保留了扫描型图书原文原貌、没有错误的前提下，实现了扫描图书的全文检索。该技术使得超星数字图书馆为用户提供了一个功能强大的数字图书资源检索系统，可以对数字图书馆中的书目、目次、文献和全文等信息进行立体的全方位检索。

（1）PDG 图像全文检索技术原理

PDG 的原理和 DJVU 技术基本相同。也是将图像文档分为不同的层来进行处理：用较低分辨率的图像保留扫描型图书原文原貌；而用高分辨率来还原文字，使锐利边缘得以保留，并最大限度地提高可辨性。

该技术的构思非常巧妙：当原稿通过扫描仪输入到终端，并存储为图像格式后，负责集中运算的服务器，自动对该图像进行 OCR 识别并完成相关运算，实时生成以下三层信息。

第一层信息是图像，用来保留扫描型图书原文原貌，即反映连续色彩图像和纸张的背景，仅用较低的分辨率即可，通常为 100 dpi。

第二层信息是 OCR 文字识别后的文本。要确保文字和线条的清晰度，需要有较高的分辨率。因此，提高清晰度是 OCR 文字识别率所要求的，通常为 300 dpi。

第三层是确定文本在原稿图像中所处的位置。

这三层信息组成一个页文件，当读者以某个关键词对整本电子图书进行全文检索时，搜索引擎会首先到每一页文件的第二层，以文本检索的方式查找关键词，并在第三层中获取关键词所处的坐标位置，最后在图像文件上将该区域标志出来，读者就可以得到检索结果。对命中的关键字可以在原文中实现突出反显。

全文检索系统底层使用 TRS（text retrieval system）全文检索引擎，采用了基于词以及词频的"词索引+bi-gram"算法，中文文本字词混合的索引方式及一系列的优化措施，极大地提高了检索的速度和命中率，并使查询结果相关性大大提高和优化。

超星公司数据格式为有自主产权的 PDG 格式，因其在图像压缩和网上阅览（边下载边显示）及下载（多线程下载）方面的独特功效，为广大用户所青睐。目前超星数字图书馆在全国拥有大小用户 1500 多家。除此之外，PDG 格式与 PDF 格式、中国学术期刊格式等其他数据格式良好的兼容性也是备受用户欢迎的原因之一。

图像采用 PDCT2 技术进行压缩。其文件大小远小于其他格式的电子图书。此外。还有一个特点是可以支持在线阅读和打印，而不像很多其他格式的图书，需要把书先下载才能使用。

（2）元数据仓储检索技术

为了加快搜索速度、减轻网络传送压力，超星公司推出读秀学术搜索和指针图书搜索网（超星发现），以元数据仓储书目搜索，可搜索图书书目 370 万种，是目前我国最大、最全的书目元数据仓储。超星公司目前拥有国内约 2000 家机构用户，包括北京大学、清华大学、复旦大学、浙江大学、厦门大学等几乎所有的大学。海外用户为：美国国会图书馆、柏林图书馆、加州大学、斯坦福大学、哥伦比亚大学等。

（3）数字图书资源定位技术

超星公司还拥有独特的数字图书资源定位技术。数字图书资源可以通过 SS 号（SSID）来进行定位，用户根本不用关心数字图书资源存放的物理地址。SS 号是超星数字图书馆为数字图书资源统一分配的一个唯一号码。有了它，在超星阅览器或 IE 的地址栏中输入 book：//SS 号，就可以直接打开这个资源。这样，在任何地方引用这个资源，都不用担心它的物理地址被改变的问题。在超星数字图书馆系统中，有一个 SS 号服务器，类似于 DNS 服务器，主要负责对 SS 号与物理地址的转换，并且实现了部分权限认证与计费的功能。

（4）资源整合技术

资源整合技术实现与其他图书管理系统的无缝连接。超星数字图书馆书目数据库可转化为多种国际标准的元数据格式。如 Dublin Core、MARC、RDF 等，这样就可以很方便地将书目信息导入其他图书管理系统中。对于有的书目信息已经在原系统数据库中存在的，也可以根据一定的字段对应关系，将原系统的数据库与超星数字图书馆书目数据库进行书目记录的匹配，找到相同的书目信息，使用 BOOK 协议串将这本书的链接加入到原系统的数据库对应书目记录中。这样就可以在原系统中直接访问超星数字图书馆中的数字图书资源。

（5）OCR 文本摘录技术

超星公司积极引进和利用"863"高科技成果。例如，已经将"863"成果中的汉王 OCR 技术集成到超星的图书阅览器中，读者可以直接摘取图书的文字到自己的文章中去，为读者提供了极大的方便。读者在使用超星图书阅览器阅读图书时，可以对摘录区域实现文本识别，将图像信息转换为文本字符，为读者摘录句段、批注、笔记提供了方便。

（6）国内领先的 PDCT 2.0 图像压缩技术

PDCT 2.0 技术是超星公司研制成功的新一代图像压缩技术，采用了目前国际上最先进的图像压缩理论，具有压缩比非常高、压缩后的图像清晰度高等特点，其压缩比是较常用的通用图像压缩算法（如 TIFF、JPEG）的几倍甚至几十倍，是国内迄今为止压缩比最高、性能最为先进的图像压缩技术。在同样清晰度的情况下，这种扫描压缩算法应该是当今世界上最前沿的一种。应用该压缩算法生成的 PDG 数字图书格式，比网络上通用的 JPEG 图像压缩格式更加优化。一张 A4 幅面原稿以 300 dpi 分辨率生成的 PDG 图像文件（3500×2500 像素）只有 20 KB 左右，而同样尺寸和质量的 JPG 图像大约要 1 MB。利用此技术每 10 万册数字图书占用空间为 500 GB（每年各高校图书馆在向教育部报当年事实数据时就是沿用这一标准核算的），是目前国际上中文图像格式占用空间最小的一种压缩技术。

国家专利局、中央档案馆、中国人民银行总行、国防大学等单位均是通过反复的技术比较，最终采用超星图像压缩技术。美国国会图书馆、美国加州大学也委托超星公司进行了部分图书的数字化。在国外，超星的数字图书馆系统同样获得了成功。美国加州大学圣地亚哥分校与超星公司合作，在北美建立了清朝历史资料库和中国年鉴图书馆，美国超级计算中心为超星公司免费提供了一套 Dell 服务器。加州大学伯克利分校、斯坦福大学、哥伦比亚大学都对此技术表示了浓厚的兴趣。超星公司作为特邀代表参加加州大学东亚图书馆年会。

（7）完整的数字图书版权保护技术

超星可以实现读书卡收费的各种管理及数据加密技术，可以控制用户浏览、下载、打印、数字底纹加密、机器码等。首先，每本书的权限都可以进行详细的设置，包括能否阅读、下载、打印、可阅读或打印的页数等，还可以根据用户进行设置，不同的用户可以有不同的访问权限，这些权限的设置工作也非常简单方便。另外，在数据安全性方面，通过一系列的技术手段和各种安全保护措施，可有效地防止图书被非法访问和传播。超星数字图书馆在整体上有一个非常严密的数据安全策略，对系统的每一部分也都进行了周密的安全性考虑，包括数据库服务器、资源服务器、阅读材料、数据等，使之成为一个难以攻破的堡垒。最后，提供了多种用户访问控制，除了可以设定 IP 段内的访问方式外，还可以使用用户登录等访问方式。

（8）良好的开放性

超星数字图书馆提供了很多接口和协议，可以实现其他图书管理系统与超星数字图书馆的连接。最常用的一种接口是使用 BOOK 协议串，其他系统可以很方便地定位或者链接到超星数字图书馆中的数字资源。完整的 BOOK 协议串写法主要包含三部分信息，分别是动作、地址和元数据。动作包括阅读、打印和下载命令，地址可以是资源的 SSID，也可以是资源的物理地址，元数据包括资源的基本信息。

四、超星数字图书馆方案

超星公司经过多年的努力，形成了实现数字图书馆所必要的从扫描、浏览、OCR 识别到远程传输和版权保护等一整套成熟技术，在数字图书馆方面积累了丰富的开发经验。可以为高校图书馆提供从资源的数字化加工到网络管理以及远程传输的数字图书馆全面解决方案。

1. 高校数字图书馆概述

（1）数字图书馆是高校信息化的建设重点

教育部要求高等学校图书馆具备"现代电子图书系统和计算机网络服务体系"。

图书馆作为信息搜集、整理、存储和传播的主要基地，在知识经济时代已成为信息服务业的一支重要主力军，担负着建设、开发和推广信息资源的重任，在提高大学生的综合业务素质和精神文明建设的过程中，起着举足轻重的作用。

数字图书馆借助网络环境实现信息资源的有效利用和共享，在信息服务功能上实现了质的飞跃，是教学、科研资源的有利保障，是传统图书馆功能的延伸和升华。随着我国教育信息化工程的逐步深入。数字图书馆的建设已成为高校信息化的又一个建设重点。与传统图书馆相比，数字图书馆具备了更强的信息功能，如业务管理自动化、信息服务网络化。按照教育部"211 工程"要求，高校图书馆馆藏数量成为重要考核指标，数字图书也成为各个高校增加馆藏数量的"秘密武器"，建设数字图书馆成了高校必然的发展趋势。

在知识经济时代，人类全面进入信息化社会，教育与培训不仅是就业前的需要，也是对信息化社会的一个合格劳动力（能适应信息化社会发展需要的劳动力）的终身要求。数字图书馆的建立为高校教育提供了灵活多样的培养方法，且不受时间、空间和地域的限制，能适合各种学科并能满足高校教育、终身教育的需求。

（2）海量数字资源是高校数字图书馆的基础

数字图书馆的意义在于：在新的媒介载体（计算机、网络）产生之后，如何改变传统的治学方法，如何让学者迅速、全面地了解本学科、本专业的学术面貌，如何使研究者按照自己的学术思想和治学方法来构建自己独特的知识体系。又使这种体系能成为可以与他人共享和兼容的资源，从而从个体和整体来创建全新的学术体系和方法。

（3）要兼容传统图书馆并有革命性的进步

建设数字化图书馆将全面保障高校重点学科及其他学科的文献资源，提高科学管理水平，挖掘和有效整合信息资源。建成具有先进应用技术水平，以"数字资源"为核心的基于网络平台的、服务型的，具有先进应用技术水平的综合性数字图书馆。在一定范围内能达到高水平的文献保障功能。数字图书馆建设的最终目的是实现资源的共享。为读者提供最大的便利。数字图书馆的建设采用通用的通信协议，强调数字图书馆建设的整体性原则和兼容性能。

1）资源整合型。以面对馆员和最终用户的资源统一管理、资源的深度整合为特征，其中不同层次的资源整合体现在对检索手段的整合、文献层次的整合、信息整合、内容整合、知识整合和服务整合等。

2）知识服务型。以信息服务为基础，以知识的深度挖掘为手段，以知识服务（如查询服务、参考咨询服务、个性化服务等）为导向。

3）学习研究型。以资源整合为基础，以知识服务为特色，以互动学习、互动研究为特征，营造良好的知识 DIY 环境，符合"以人为本，用户至上"的人本精神。

4）基础设施型。集资源的生产、传播、服务于一体，开放的数字图书馆，具备资源的自主生产、知识的深度挖掘、新知识的开发等功能，可提供基于资源开发、知识挖掘的深层次知识服务。

（4）高校数字图书馆应有的功能

1）图书的快捷查询。对于读者而言，并不是无目的地在网上搜索图书，而是要查找一些具体的图书。如知道图书名称或大致名称、出版社、关键词、作者等。通过该系统，读者可以根据已知信息进行快速查找，节约了读者的查找时间，提高了整体的学习效率。

2）与其他图书馆自动化系统的智能衔接。超星数字图书馆系统是针对各类图书馆而制作的数字图书系统，这样就需要和图书馆管理系统软件结合起来，把图书馆中拥有的实际图书数目、名称等与数字图书馆系统的图书内容、种类结合起来，利用先进的技术手段。实现跨库、跨平台无缝连接、集成与智能检索的知识共享中心。

3）方便、快捷的数字图书馆管理平台。数字文献管理平台是一种专为管理者提供管理各种图书信息的工具，方便为读者提供网上数字图书的借阅服务，提高工作效率和管理水平。减轻工作强度。

4）为读者提供功能全面、界面友好的阅读软件。数字图书馆提供给广大师生的阅读软件（超星阅览器 SSreader5.4），界面非常清新、友好。经过了多次深层次的读者需求调查，阅读软件进行了人性化设计。图书显示清晰。操作非常简便。完全适应在计算机上阅读的需要。满足了读者对视觉的需求，可以对视图进行多倍放大或缩小。读者在数字阅读过程中可进行检索、加书签、标注、加亮、画线、复制、批注等各项操作，保证阅读的质量。此外，可方便地对借阅图书进行管理，方便读者进行还书与续借服务。

5）高质量的正版数字图书较少涉及版权纠纷。相对于传统图书，数字图书馆可以给读者提供最新出版的电子书，而相对于互联网，数字图书馆可为读者提供有针对性的正规出版物，保证资源的质量。数字图书馆内的每一本电子图书都通过合法渠道，取得与作者之间的正式授权，较少涉及版权纠纷。

2. 数字图书馆建设过程

数字图书馆是一个发展的概念，其本质特征是数字化资源、网络化存取以及分布式管理。

数字图书馆的核心理念是实现人类对所有知识的普遍访问，其实质就是突破传统图书馆时间、空间限制，为用户提供无所不在（泛在）的信息服务。为实现这样的理想，人类一直锲而不舍地探索着。从最早以卡片目录组织文献资源的传统图书馆（人类共享知识的最主要形式之一），到后来集成管理系统的自动化图书馆，再到门户网站中的数字图书馆。随着计算机的广泛应用，以计算机集成管理系统为核心的图书馆自动化管理大大提升了服务能力和水平，以互联网为支撑的数字图书馆的发展为实现知识的普遍访问做出了历史性贡献。

数字图书馆的特征是基于网络，突破空间局限；全天候不闭馆，突破时间局限；开放获取，全民共享，突破身份局限；资源一站式整合，突破信息孤岛局限。

数字图书馆建设的四个层次：

1）数字资源积累阶段。从单个数据库购买到初步形成数字资源体系。

2）数字图书馆门户建设阶段。从建立简单的数字资源网站到构建资源门户。

3）数字资源整合阶段。从数据库列表到实现资源整合与一站式检索。

4）数字化信息服务环境建设阶段。从以资源为中心到以读者为中心构建服务平台。

第三节 数字文献资源

一、数字图书资源

1. 超星数字图书馆

超星公司推出的读秀学术搜索，以元数据仓储书目搜索为基础。据该公司2019年7月的会议资料显示。可搜索图书书目数据620万种。是目前中国最大、最全的书目元数据仓储。已经完成数字化加工并可全文传递的中文图书315万种，内容涵盖《中图法》22大类。

（1）读秀

读秀是读秀学术搜索的简称，是由海量中文资源组成的庞大的知识系统，现收录620万种中文图书书目数据，有315万种中文图书全文数据可进行文献传递，可对图书、期刊、报纸、会议论文、学位论文、标准、专利、音视频等文献进行一站式检索和服务。

读秀学术搜索是一个面向全球的图书搜索引擎，是一个可以对文献资源及其全文内容进行深度检索、提供原文传送服务的平台。用户可以通过读秀学术搜索对图书的题录信息、目录、全文内容进行搜索，对图书封面页、目录页、正文部分页进行试读，还可以对所需内容进行文献传递。

文献传递服务，对于不能看到电子全文又没有馆藏的部分图书，读者可基于读秀学术搜索特有的目录页试读，了解并指定所需的部分资源范围，进入读秀学术搜索上的图书馆文献传递中心，根据提示实现文献传递。读秀为读者提供单次传递原文不超过50页，同时一周内对同一本书传递不超过20%，以邮件加密链接方式提供，20天有效期的原文在线查阅服务。在这一期间内，读者可以随时浏览阅读20次。

（2）百链

百链是中外文统一检索平台，可对期刊、标准、专利、论文、视频等各种文献类型进行统一检索并获取，将分散的中外文信息资源集中建设处理。百链包含了6.5亿条中外文献元数据，其中中文期刊1.252亿篇、中文报纸1.5亿篇、外文期刊2.844亿篇，并可以查询到每篇文章的馆藏信息、在数据库的链接地址。百链是唯一一个有云服务架构，实际形成强大云服务能力的纸本与电子资源整合的平台。

（3）读秀和百链是一对"孪生兄弟"

1）读秀侧重中文图书全文检索和服务，百链则侧重中外文期刊元数据和外文的检索与服务。

2）百链的重点是期刊等数据库的挂接。已挂接的中外文数据库有410多个，外文期刊元数据达2.844亿篇。

3）传统图书馆以纸本资源为主，单馆建设、仅为本馆读者服务，受经费、建筑空间等限制。从20世纪90年代末期发展的数字图书馆以数据库和电子资源建设为主，虽不再受馆舍空间限制，但仍为单馆建设、仅为本馆读者服务的模式，仍受经费和 IP 范围的限制，且随着数字资源、数据库越来越多，用户检索和利用也变得比较复杂。

4）百链是多馆建设、多馆服务的模式，全国已有 1800 多家图书馆加入了百链的这种建设和服务模式。

5）百链的主要内容：外文图书全文、最全的中外文期刊篇目元数据搜索，通过元数据进行数据库整合、文献传递服务。

6）读秀和百链可合二为一，通过两个产品。用户真正实现文献资源的一站式搜索。

7）如果图书馆购买了全文的文献资源，通过挂接可直接下载全文阅读；若没有购买全文的文献资源，可通过文献传递获得全文。

云图书馆的本质是从一个馆为读者服务变为多个馆为读者服务。

（4）超星云图书馆

百链、读秀学术搜索平台可以解决全部文献资源的检索服务；读者在百链检索平台上搜索到所需的文献资源时，填写一个 E-mail 地址，申请文献传递服务；数据库内有的文献资源，计算机都能将其自动传递到读者邮箱；对于数据库内没有的文献资源。由数字图书馆成员馆组成的图书馆参考咨询联盟，有很多图书馆专家，在线专门对全国广大读者免费做文献传递服务，利用一种机制鼓励咨询馆员的积极性，抢答读者的文献请求。超星云图书馆——全国图书馆参考咨询联盟，就是超星公司技术组建的一个面向全世界读者的、免费的文献传递网站（网址 http：//www. uedrs. superlib. net/），每个社会读者都可以使用的。

2. 方正阿帕比数字图书馆

（1）方正阿帕比概述

阿帕比是 APABI 的中文名称，是中文电子图书及数字资源系统提供商。APABl 分别代表着 author（作者）、publisher（出版者）、artery（流通渠道）、buyer（读者，即购买者）以及 intemet（网络）。APABI 的意思就是通过互联网，将作者、出版社、中间商、读者联系起来，提供一整套解决方案，实现完全数字化的出版。

北京方正阿帕比技术有限公司（以下简称"方正阿帕比公司"，http：//www. apabi. cn）是方正集团旗下专业的数字出版技术及产品提供商。方正阿帕比公司自 2001 年起进入数字出版领域，在继承并发扬方正传统出版印刷技术优势的基础上，自主研发了数字出版技术及整体解决方案，已发展成为全球领先的数字出版技术提供商。

（2）电子图书资源全文数据库

电子图书资源全文数据库是方正阿帕比数字资源的核心部分，涵盖了社科、人文、经管、文学、科技等数字图书，已经形成最大的文本电子图书资源库。

目前，方正阿帕比为国内 80% 以上的新闻出版单位提供技术支持和服务，并将数字图书馆应用推广到北美、欧洲、大洋洲及东南亚等海外市场，帮助我国的新闻出版单位推出正版中文电子图书总量超过 76 万种、数字报纸近 500 份，并建立了多种专业数据库。2009 年起，方正阿帕比公司提供的专业知识服务平台"中华数字书苑"，9 次作为国礼送给外国政府和学术机构，在全球范围内推动了中国传统文化的传播和发展。

（3）中华数字书苑的数字资源产品

1）电子图书。中华数字书苑平台收录了 250 万册可供翻阅的电子图书，150 万册电子图书可供全文检索和在线试读，76 万册可供全文下载，覆盖了人文、科学、经济、医学、历史等各领域。平台可以一站式翻阅各种类型资源，收录的古今中外各种出版物包括：12 万册珍贵古籍、30 多万种近年出版的新书、350 万种以上新中国成立以来的出版图书信息、与美国伯克夏出版集团、英国企鹅集团陆续合作推出的原版外文书。

2）数字报纸。中国报纸资源全文数据车是由方正阿帕比联合全国各大报社开发，以中国报纸资源为主体的数字化全文数据库系统。截至目前，方正阿帕比与 300 多家报社合作，在线运营报纸近 500 种。所有内容均为文本形式，为读者提供全文检索、复制、引用服务。

3）图片库。精心遴选收录了最能代表中国和世界历史发展和艺术成就的精品图片 35 万张。

4）工具书库。目前精选收录国内各大出版社的精品工具书资源近 2000 种、3000 册，覆盖所有的工具书分类，并包含中国大百科、辞海、汉语大辞典等。

5）年鉴库。该数据库目前收录年鉴近 1000 种、6000 卷。其中包括各类统计年鉴 600 种、约 4000 卷。

3. 中国高等教育文献保障系统（CALIS）

（1）CALIS 简介

中国高等教育文献保障系统（China Academic Library&Information System，CALIS）是经国务院批准的我国高等教育"211 工程""九五""十五"总体规划中三个公共服务体系之一。CALIS 的宗旨是：在教育部的领导下，把国家的投资、现代图书馆理念、先进的技术手段、高校丰富的文献资源和人力资源整合起来，建设以中国高等教育数字图书馆为核心的教育文献联合保障体系。实现信息资源共建、共知、共享，以发挥最大的社会效益和经济效益，为中国的高等教育服务。

CALIS 管理中心设在北京大学，下设了文理、工程、农学和医学 4 个全国文献信息服务中心，华东北、华东南、华中、华南、西北、西南、东北 7 个地区文献信息服务中心和一个东北地区国防文献信息服务中心。

从 1998 年开始建设以来，CALIS 管理中心引进和共建了一系列国内外文献数据库。包括大量的二次文献数据库和全文数据库；采用独立开发与引用消化相结合的道路，主持开发了联机合作编目系统、文献传递与馆际互借系统、统一检索平台、资源注册与调度系统，形成了较为完整的 CALIS 文献信息服务网络。迄今全国高校参加 CALIS 项目建设和获取 CALIS 服务的成员馆已超过 850 家。

"十五"期间，国家继续支持"中国高等教育文献保障系统"公共服务体系二期建设。并将"中英文图书数字化国际合作计划"（简称 CADAL）列入该公共服务体系建设的重要组成部分，项目名称定为"中国高等教育文献保障体系——中国高等教育数字化图书馆（China Academic Digital Library&Information System，CADLIS）"，由 CALIS 和 CADAL，两个专题项目组成。项目和总体目标明确为：在完善"九五"期间中国高等教育文献保障系统（CALIS）建设的基础上，到 2005 年年底，初步建成具有国际先进水平的开放式中国高等教育数字图书馆。它将以系统化、数字化的学术信息资源为基础，以先进的数字图书馆技术为手段，建立包括文献获取环境、参考咨询环境、教学辅助环境、科研环境、培训环境和个性化服务环境在内的六大数字服务环境，为高等院校教学、科研和重点学科建设提供高效率、全方位的文献信息保障与服务，成为中国经济和社会发展的重要基础设施。

CALIS 管理中心在"十五"期间继续组织全国高校共同建设以高等教育数字图书馆为核心的文献保障体系，开展各个省级文献服务中心和高校数字图书馆基地的建设，进一步巩固和完善 CALIS 三级文献保障体系，为图书馆提供"自定义、积木式、个性化"的数字图书馆解决方案，大力提高 CALIS 综合服务水平，扩大 CALIS 服务范围，为高等教育事业和经济文化科技事业的发展发挥更大的作用，取得良好的社会效益和经济效益。

1）CALIS 馆际互借与文献传递系统。CALIS 馆际互借与文献传递系统是 CALIS 公共服务软件系统的重要组成部分。目前，该系统已经实现了与 OPAC 系统、CCC 西文期刊篇名目次数据库综合服务系统、CALIS 统一检索系统、CALIS 文科外刊检索系统、CALIS 资源调度系统的集成。

西文期刊文献在全国高校及非高校图书馆范围内的共知、共建和共享，多年来一直是我国图书馆界不断追求的一个重要目标，随着引进西文期刊资源的不断增多，对其进行系统的揭示、整合与建设，成为 CALIS 一项重要而急迫的任务。CALIS 构建了一个具有文献揭示、联合馆藏、全文链接、原文传递以及检索、统计功能的综合性服务平台——CALIS 西文期刊目次数据库（CALIS current contents of western journals，CCC），使得我国图书馆界多年的追求得以实现。

2）CALIS 资源。CAIJS 联合目录数据库 2000 年 3 月正式启动服务。经过日积月累，已成为国内外颇具影响力的联合目录数据库。该数据库收录了近 900 家成员单位的 3500 万余条馆藏信息，涵盖印刷型图书和连续出版物、古籍、部分电子资源及其他非书资料等多种文献类型；覆盖中、英、日、俄、法、德、意、西、拉丁、韩、阿拉伯文等 40 多个语种，数据标准和检索标准与国际标准兼容。CALIS 联合目录中心数据库，目前包含书目记录 7601582 条（2020 年 4 月 23 日数据），为读者提供 36 万种中文图书和 3 千多册外文图书的在线阅读和电子书借阅服务。期刊资源有 10 万多种纸本和电子的外文期刊；8000 多万的期刊篇名信息；100 多个全文数据库的链接，如 Science Direct，Ebseo，Jstor 等；11 个文摘数据库的链接，如 SCI、SSCI、AHCI、EI 等；196 个图书馆的馆藏纸本期刊信息；497 个图书馆购买的电子期刊信息。资源信息每周更新。

3）CALIS 的服务。任何一个高校图书馆，只要使用 CALIS 资源，它所获得的文献支持就相当于拥有了全国图书馆的全部馆藏，这将为国内所有有西文期刊文献需求的图书馆，特别是那些文献保障能力比较低的单位，带来极大的便捷和好处。读者可以通过馆际互借或文献传递的方式，通过所在成员馆获取 CALIS 文献传递网其他成员馆丰富的文献收藏。

（2）CASHL 简介

中国高校人文社会科学文献中心（China Academic Humanities and Social Sciences Library，CASHL）是教育部根据高校人文社会科学的发展和文献资源建设的需要引进专项经费建立的。其宗旨是组织若干所具有学科优势、文献资源优势和服务条件优势的高等学校图书馆，有计划、有系统地引进国外人文社会科学期刊，借助现代化的服务手段，为全国高校的人文社会科学教学和科研提供高水平的文献保障。它是全国性的唯一的人文社会科学外文期刊保障体系。

目前 CASHL 文献传递的服务对象暂定为全国高等院校的教师、学生、科研人员以及其他工作人员。主页网址为 http：//cashl. calis. edu. cn/seareh/default. asp。

1）CASHL 文献资源。CASHL 文献资源主要是人文社会科学外文期刊，目前已收藏有7500 多种国外人文社会科学领域的重要期刊、900 多种电子期刊、20 余万种电子图书。

①高校人文社科外文图书联合目录。联合目录收录了 CASHL 两个全国中心和五个区域中心的 24 万多种人文社会科学外文图书，砼续还将添加 10 个学科中心和其他高校收藏的"教育部文科图书引进专款"购置的人文社会科学外文图书。它涉及地理、法律、教育、经济/商业/管理、军事、历史、区域学、人物/传记、社会科学、社会学、体育、统计学、图书馆学/信息科学、文化、文学、心理学、艺术、语言/文字、哲学/宗教、政治等学科。可提供图书分类浏览和书名、作者、主题、出版者以及 ISBN 号等检索查询，并提供馆际互借服务。

②高校人文社会科学外文期刊目次数据库。目次数据库全面、系统地揭示了国外人文社会科学重点学术期刊，收录了 CASHL 中心 40C0 多种人文社会科学外文期刊，涉及地理、法律、教育、经济/商业/管理、军事、历史、区域学、人物/传记、社会科学、社会学、体育、统计学、图书馆学/信息科学、文化、文学、心理学、艺术、语言/文字、哲学/宗教、政治等学科，可提供目次的分类浏览和检索查询，以及基于目次的文献原文传递服务。其中带有"核心"标识的期刊为核心期刊。

2）CASHL 可以提供的服务。

①高校人文社科外文期刊目次数据库查询。该数据库收录了 CASHL（北京大学和复旦大学）2300 多种人文社会科学外文期刊，可提供目次的分类浏览和检索查询，以及基于目次的文献原文传递服务。其中带有"核心"标志的期刊为核心期刊。

②高校人文社科外文图书联合目录查询。该联合目录提供北京大学、复旦大学、武汉大学、南京大学、吉林大学、中山大学以及四川大学 7 所高校图书馆的人文社科外文图书的联合目录查询。可按照书名进行检索，或按照书名首字母进行排序检索，还可以按照学科分类进行检索。

③高校人文社科核心期刊总览。它包含由北京大学图书馆主持编纂的《国外人文社会科学核心期刊总览》及被 SSCI 和 A&HCI 收录的核心期刊两大序列。

④国外人文社科重点期刊订购推荐。提供 9000 多种国外人文社科重点期刊的目录供用户推荐订购，用户的推荐意见将作为 CASHL 订购期刊的重要依据。

⑤文献传递服务。注册用户可在目次浏览或检索的基础上请求原文，如不知文献来源，也可以直接提交原文传递请求。通常情况下，用户发送文献传递请求后，可在 1~3 个工作日得到所需原文。

⑥专家咨询服务。由具有专业素质的咨询专家为用户提供信息咨询、课题查询服务。

⑦CASHL 馆际互借服务。注册用户可在高校人文社科外文图书联合目录浏览或检索的基础上请求 CASHL 馆际互借服务。

4. 中国国家图书馆

（1）中国国家图书馆简介

中国国家图书馆和中国国家数字图书馆是同一家单位（http：//www.nlc.cn/）。中国国家图书馆是国家总书库，国家书目中心，国家古籍保护中心，国家典籍博物馆；履行国内外图书文献收藏和保护的职责，指导协调全国文献保护工作；为中央和国家领导机关、社会各界及公众提供文献信息和参考咨询服务；开展图书馆学理论与图书馆事业发展研究，指导全国图书馆业务工作；对外履行有关文化交流职能，参加国际图联及相关国际组织，开展与国内外图书馆的交流与合作。

（2）中国国家图书馆资源

据中国国家图书馆 2018 年年鉴的统计资料显示：截至 2017 年底，馆藏文献总量达 37686187 册/件，电子图书 3787588 种，4268332 册；电子期刊 55882 种。电子报纸 11596 种，学位论文 7064178 篇，会议论文 6573228 篇，音频资料 1137907 首，视频资料 161276 小时。中文数据库 127 个，外文数据库 128 个，合计 255 个，中国国家图书馆外购数据库类型及数量如表 3-1 所示。

表 3-1　中国国家图书馆外购数据库类型及数量

数据库类型	中文数据库（个）	外文数据库（个）
全文数据库	63	82
文摘索引数据库	15	22
数值事实数据库	29	17
多媒体数据库	17	0
工具开数据库	3	2
复合型数据库	0	5
合计	127	128

5. 国家科技图书文献中心

（1）NSTL 概况

国家科技图书文献中心（National Science and Technology Library。简称 NSTL）是经国务院领导批准，于 2000 年 6 月 12 日成立的一个基于网络环境的科技信息资源服务机构。中心由中国科学院文献情报中心、中国科学技术信息研究所、机械工业信息研究院、冶金工业信息标准研究院、中国化工信息中心、中国农业科学院农业信息研究所、中国医学科学院医学信息研究所、中国标准化研究院标准馆和中国计量科学研究院文献馆组成。中心实行理事会领导下的主任负责制。理事会是中心的领导决策机构，由著名科学家、情报信息专家和有关部门代表组成。主任负责中心各项工作的组织实施。科技部代表 6 部委对中心进行政策指导和监督管理。中心设办公室，负责科技文献信息资源共建共享工作的组织、协调与管理。中心设有信息资源专家委员会和计算机网络服务专家委员会，对中心的有关业务工作提供咨询指导。

（2）NSTL 资源

1）纸质资源。

目前，NSTL 拥有纸质外文文献 25000 多种，其中外文期刊 17000 多种，外文会议录等 8000 多种，居国内首位。NSTL 是我国收集外文印本科技文献资源最多的，面向全国提供服务的科技文献信息机构。NSTL 申请和收集的文献信息资源绝大部分以文摘的方式。或者以其他方式在 NSTL 网络服务系统上加以报道，供用户通过检索或浏览的方式获取文献线索，进而获取文献全文加以利用。国家科技图书文献中心网址为 https：//www. nstl. gov. cn。

2）网络资源。

①开放资源集成获取系统。

开放获取（open access，OA）是指科研人员将论文、专著、图书、演示手稿等研究成果发表在开放式学术期刊或存储在开放式知识库中，以免费的方式提供给读者检索、下载和复制。随着开放存取运动的开展，开放期刊、开放知识库和开放论文数量大幅增加，并且有多家知名出版商宣布旗下期刊采用开放存取出版模式。同时开放期刊的质量正在逐步提升，权威性数据库收录的 OA 期刊的数量逐步扩大。开放资源有期刊总量 6363 种，期刊文献 4108177 篇。开放资源集成获取系统网址为 http：//oar. nstl. gov. cn。

②NSTL 申请为全国免费开通的电子期刊。

这是 NSTIL 申请的、面向中国大陆学术界用户开放的国外网络版期刊。用户为了科研、教学和学习目的，可少量下载和临时保存这些网络版期刊文章的书目、文摘或全文数据。NSTL 申请为全国免费开通的电子期刊列表是一个压缩文件，下载地址为 https：//order, nstl. gov. cn/doc_ download/download/doc/exweb. zip，解压后生成一个 "NSTL 订购为全国免费开通的电子期刊列表（20180420）. xlsx" 文件，提供了 680 种外文期刊的 "外文刊名、中文刊名、出版社外文名称、期刊 URL 地址、期刊简介、数据库简介、数据库 URL 地址、NSTL 当前合同订购截止日期" 等内容。读者通过 "期刊 URL 地址和数据库 URL 地址" 链接访问，这是 NSTL 申请为全国免费开通的电子期刊。

③NSTL 网络版全文文献资源。

NSTL 网络版全文文献资源包括 NSTL 申请、面向中国大陆学术界用户开放的国外网络版期刊；NSTL 与中国科学院及 CALIS 等单位联合购买、面向中国大陆部分学术机构用户开放的国外网络版期刊和中文电子图书；网上开放获取期刊；NSTL 拟申请网络版期刊的试用；NSTL 研究报告等。

a. 全国开通文献：是 NSTL 单独购买的国外网络版期刊，面向中国大陆学术界用户开放。用户为了科研、教学和学习目的，可少量下载和临时保存这些网络版期刊文章的书目、文摘或全文数据。

全国开通现刊数据库网址为 https：//www. nstl. gov. cn/nstl/facade/help/helpl9_ 01. jsp。

全国开通回溯数据库网址为 https：//www. nstl. gov. cn/nstl/facade/help/helpl9_ 02. jsp。

b. 部分单位开通文献：NSTL 与中国科学院及 CALIS 等单位联合购买国外网络版期刊，面向中国大陆部分学术机构用户开放。此外，NSTL 购买了北大方正中文电子图书，为国内部分机构开通使用。

部分单位开通文献网址为 https：//www. nstl. gov. cn/nstl/facade/exweb/ele2. jsp。

c. 开放获取期刊：是 NSTL 整理的可通过互联网免费获取全文的期刊资源，全国各界用户都可使用。

开放获取期刊网址为 https：//www. nstl. gov. cn/nstl/faeade/exweb/eh3. jsp。

d. 试用期刊：是 NSTL 拟申请的国外网络版期刊，面向中国大陆学术界用户开放。

e. NSTL 研究报告：是 NSTL 针对一些部门的需求，组织有关单位开展情报调研，形成的研究报告，供全国各界用户使用。

NSTL 研究报告网址为 https：//www. nstl. gov. cn/nstl/facade/help/help19_ 08. jsp。

二、数字期刊资源

数字期刊是指以数字形式存储在光盘、磁盘等介质上并通过电子计算机进行本地或远程读取使用的电子版期刊，简称电子期刊。

电子期刊包括以光盘、磁盘为载体的电子期刊和网上电子期刊。近年来，网上电子期刊发展迅速。网上电子期刊是指以电子媒介为存储方式，并基于网络发行、订购、获取和阅读的期刊。

目前，中国的数字期刊从服务能力、检索平台、综合实力等来进行综合排名，前三位应该是：中国知网（CNKI）、维普资讯和万方数据。数字期刊单独进行数量排名则为维普资讯、中国知网（CNKI）和万方数据。CNKI 和万方数据除收录数字期刊外，还收录博士学位论文、硕士学位论文、会议论文、年鉴、专著、报纸、专利、标准、科技成果等文献。

1. 中国知网（CNKI）

（1）公司简介

中国知识基础设施工程（China National Knowledge Infrastructure，CNKI）由世界银行于 1998 年提出。CNKI 是以实现全社会知识资源传播共享与增值利用为目标的信息化建设项目，由清华大学、清华同方发起，始建于 1999 年 6 月。在党和国家领导以及教育部、中宣部、科技部、新闻出版总署、国家版权局、国家计委的大力支持下。在全国学术界、教育界、出版界、图书情报界等社会各界的密切配合和清华大学的直接领导下，CNKI 集团经过多年努力，自主开发具有国际领先水平的数字图书馆技术，建成了世界上全文信息量规模最大的"CNKI 数字图书馆"，并正式启动建设"中国知识资源总库"及 CNKI 网络资源共享平台，通过产业化运作，为全社会提供最丰富的知识信息资源和最有效的知识传播与数字化学习平台。

CNKI 的具体目标：一是大规模集成整合知识信息资源，整体提高资源的综合和增值利用价值；二是建设知识资源互联网传播扩散与增值服务平台，为全社会提供资源共享、数字化学习、知识创新信息化的条件；三是建设知识资源深度开发利用的平台，为社会各方面提供知识管理与知识服务的信息化手段；四是为知识资源生产、出版部门创造互联网出版发行的市场环境与商业机制，大力促进文化出版事业、产业的现代化建设与跨越式发展。

（2）CNKI 文献资源简介

CNKI 文献资源类型包括：学术期刊、博士学位论文、硕士学位论文、会议论文、报纸、工具书、年鉴、百科、专利、标准、成果、法律、古籍、引文、科技报告、外文期刊等。

截至 2019 年 8 月，作者在中国知网（网址 http：//www.cnki.net）上，对收录的期刊分类数据库逐一进行空检，统计出 CNKI 则录全部期刊 11312 种。其中学术期刊 8714 种，核心期刊 1981 种，网络首发期刊 1141 种，独家授权期刊 1392 种，世纪期刊 3796 种。

2. 万方数据

（1）万方数据股份有限公司简介

万方数据网站（http：//www.wanfangdata.com.cn）是万方数据股份有限公司针对互联网用户需求建立的专业学术知识服务网站，隶属于万方数据资源系统。对外服务数据由万方数据资源系统统一部署提供。

万方数据股份有限公司是由中国科学技术信息研究所以万方数据（集团）公司为基础，联合山西漳泽电力股份有限公司、北京知金科技投资有限公司、四川省科技信息研究所和科技文献出版社发起组建的高新技术股份有限公司。

万方数据股份有限公司是国内第一家以信息服务为核心的股份制高新技术企业，是互联网领域内，集信息资源产品、信息增值服务和信息处理方案为一体的综合信息服务商。

在丰富信息资源的基础上，万方数据运用先进的分析和咨询方法，为用户提供信息增值服务。并陆续推出企业竞争情报系统及通信、电力和医药行业竞争情报系统等一系列信息增值产品，以满足用户对深度层次信息的需求，为用户确定技术创新和投资方向提供决策。

（2）万方数据资源简介

在万方数据知识服务平台上，根据万方智搜框提示，统计出的万方数据数据库名称和数据量统计见表 3-2。

表 3-2 万方数据数据库名称和数据量统计表（统计时间 2019 年 8 月 5 日）

序号	数据库名称	数据量（条）
1	中外期刊论文	133723859
2	学位论文	6146196
3	会议论文	13885028
4	专利技术	104420684
5	科技报告	1175441
6	成果	915199
7	标准	2302644
8	法规	1180308
9	地方志	7719380
10	视频	26075

3. 维普中文科技期刊

（1）重庆维普资讯有限公司简介

重庆维普资讯有限公司（简称：维普资讯）成立于 1995 年，其前身是成立于 1989 年的中国科技情报研究所重庆分所数据库研究中心，是中国第一家进行中文期刊数据库研究的机构。创业之初推出的只是《中文科技期刊篇名数据库》，这不但是中国第一个中文期刊文献数据库，也是中国最大的自建中文文献数据库，它标志着我国中文期刊检索在实现计算机自动化方面达到了一个领先的水平，也结束了我国中文科技期刊检索难的历史。在《中文科技期刊篇名数据库》的基础上，数据库研究中心又研发了《中文科技期刊数据库》。2001 年经国家新闻出版总署批准，《中文科技期刊数据库》以正式的连续电子出版物出版发行。2007 年维普资讯网（www.cqvip.com）改版上线，维普资讯随着时代进步也在不断改进服务平台。维普期刊资源整合服务平台 2009 年上线；维普智立方知识资源服务平台 2013 年上线；2014 年 10 月，维普资讯中文期刊服务平台 7 正式上线；2018 年 10 月，维普资讯中文期刊服务平台正式上线。

（2）《中文科技期刊数据库》

《中文科技期刊数据库》诞生于 1989 年，累计收录期刊 14000 余种，现刊 9000 余种，文献总量 6000 余万篇，是我国数字图书馆建设的核心资源之一，是高校图书馆文献保障系统的重要组成部分，也是科研工作者进行科技查证和科技查新的必备数据库。

重庆维普资讯有限公司最著名的《中文科技期刊数据库》，也是我国最大的期刊全文数据库，收录了国内公开出版的 14398 种期刊。含中文核心期刊 1983 种，期刊收录年限回溯至 1989 年，部分期刊回溯至 1955 年。另外，维普公司还收录有中文报纸 600 种，建立了4000 余种中文期刊的引文计量评价体系。《中文科技期刊数据库》已经成为文献保障系统的重要组成部分，是科技工作者进行科技查新和科技查证的必备数据库，是我国图书情报、教育机构、科研院所等系统必不可少的基本工具和获取资料的重要来源。目前已拥有 2000 余家大型机构用户。

三、数字特种文献资源

特种文献是指普通图书、期刊之外出版发行的，获取途径比较特殊的科技文献。特种文献一般包括学位论文、会议文献、科技报告、专利文献、标准文献、科技档案、政府出版物、产品资料等八大类。这些文献一定是本学科和本专业最先进、最前沿的，也是代表当前最高水准的文献资源。特种文献特色鲜明、内容广泛、数量庞大、参考价值高，是非常重要的信息源。

1. 学位论文

学位论文（thesis，dissertation）是指高等院校、科研机构的毕业生和研究生，为获得相应学位，在导师指导下完成的科学研究、科学试验成果的书面报告。或者所提交的学术论文。学位论文根据所申请的学位不同，又可分为学士论文、硕士论文和博士论文三种。学位论文在格式等方面有严格要求。学位论文是学术论文的一种形式，有较高的参考价值。按照研究方法的不同。学位论文可分理论型、实验型和描述型三类。理论型论文运用的研究方法是理论证明、理论分析、数学推理等，用这些研究方法获得科研成果；实验型论文运用实验方法，进行实验研究获得科研成果；描述型论文运用描述、比较、说明方法，对新发现的事物或现象进行研究而获得科研成果。按照研究领域的不同，学位论文又可分为人文科学学术论文、自然科学学术论文与工程技术学术论文，这类论文的文本结构具有共性，而且均具有长期使用和参考的价值。

其特点为：一般具有一定的独创性，内容系统详尽，是启迪思路、开创新领域的重要研究资料；参考文献多、全面，有助于对相关文献进行追踪检索；学位论文一般由授予单位收藏。近年由专业数据商收购，学位论文数字化后在网络上可以检索并获得全文。另外。各个国家也指定专门机构收藏。

2. 会议文献

会议文献（conference literature）是指在学术会议上和专业学术会议上宣读或交流的论文、材料、讨论记录、会议纪要等文献。会议文献是报道最新科技动向的一次文献。

会议论文属于公开发表的论文，一般正式的学术交流会议都会出版会议论文集，这样发表的论文一般也会作为职称评定等考核内容。中国知网的会议论文数据库。专门收集会议论文集。虽然会议论文集不是期刊，但是有的期刊为会议论文出增刊。

会议文献可分为会前、会中和会后 3 种。

会前文献包括征文启事、会议通知书、会议日程表、预印本和会前论文摘要等。其中，预印本是在会前几个月内发至与会者或公开出售的会议资料，比会后正式出版的会议录要早 1~2 年，但内容完备性和准确性不及会议录。有些会议因不再出版会议录，故预印本就显得更加重要。

会议期间的会议文献有开幕词、讲话或报告、讨论记录、会议决议和闭幕词等。

会后文献有会议录、汇编、论文集、报告、学术讨论会报告、会议专刊等。其中会议录是会后将论文、报告及讨论记录整理汇编而公开出版或发表的文献。

其特点为：反映某些学科或领域的最新研究进展和成就，具有较高的研究价值。尤其通过参加相关的具有一定国际影响的学术会议，不仅能结识同行，把握科研动态。而且对启迪研究思路，寻找合作伙伴，传播与交流信息均具有相当重要的作用。会议文献一般是经过挑选的。质量较高，能及时反映科学技术中的新发现、新成果、新成就以及学科发展趋向。是一种重要的情报源。

3. 科技报告

科技报告（scientific and technical report）是在科研活动的各个阶段，由科技人员按照有关规定和格式撰写的，以积累、传播和交流为目的，能完整而真实地反映其所从事科研活动的技术内容和经验的特种文献。科技报告是科研工作的系统总结，它属于一次文献。

其特点为：连续出版，内容专深具体，数据完整；往往是最新成果，比期刊论文发表早。内容广泛、翔实、具体、完整，技术含量高，实用意义大，而且便于交流，时效性好，具有其他文献类型所无法比拟的特点。

4. 专利文献

专利文献（patent literature），广义的专利文献是指一切与专利制度有关的文献，如专利说明书、专利公报、分类表、索引、专利的法律文书等。狭义的专利文献是指专利说明书。

我国《专利法》中规定专利的种类有：发明专利、实用新型专利和外观设计专利。

其特点为：由于专利经过新颖性、创造性和实用性审查，其内容翔实可靠，科技含量高，集技术、经济、法律于一体，是获取技术经济信息的来源。专利文献是科研人员必须经常查阅的重要资源。

5. 标准文献

标准文献（standard literature）是对工农业和工程建设的质量、规格、基本单位及其检验方法等方面由权威部门批准的技术规定。它反映的技术工艺水平及技术政策，是从事生产建设和管理的一种共同规范或依据。它是提高社会产品质量的三次文献。

标准文献分为国际标准（ISO）、国家标准（GB）、行业标准和企业标准。

其特点为：某些标准文献还有法律约束力，对了解各国经济、技术政策、生产水平，分析预测发展动向、促进现代管理具有重要的参考价值。

标准文献是一种重要的科技出版物。一个国家的标准文献反映该国的经济政策、技术政策、生产水平、加工工艺水平、标准化水平、自然条件、资源情况等内容，是一种重要的参考资料。

6. 科技档案

科技档案（technology file）是生产建设和技术工作中所形成的文件的总称，有"第一手材料""历史凭证"之称。科技档案是在自然科学研究、生产技术、基本建设等活动中形成的具有参考利用价值，反映和记载一定单位科学技术活动的文件。已归档保存的科学技术文件材料，反映和记载人类认识自然、改造自然的各项成果。科技档案是最真实的一次文献。

科技档案包括图样、图表、文件材料、计算材料、照片、影片以及各种录音、录像、机读磁带、光盘等，是档案的一大门类。

其意义为：由于社会、历史现象不可能重演，因此，对历史上已经形成的文献进行研究、分析、综合已成为社会科学研究的十分重要的手段。

7. 政府出版物

政府出版物（government publications）是指各国政府及其所属机构出版的、具有官方性质的文献，又称为官方出版物。它是政府用以发布政令和体现其思想、意志、行为的物质载体，同时也是政府的思想、意志、行为产生社会效应的主要传播媒介。

政府出版物分为政府公报、会议文件、法规、法令、政策、统计、调查报告等。政府出版物大致可分为两类：一类是行政性文件，包括会议记录、司法资料、条约、决议、规章制度以及调查统计资料等；另一类是科技性文献，包括研究报告、科普资料、技术政策文件等。政府出版物是由政府机关负责编辑印制的，并通过各种渠道发送或出售的文字、图片、磁带、软件等。

其特点为：正式性和权威性，对了解各国政治、经济、科技、法律有独特的参考作用。

政府出版物数量巨大，内容广泛，出版迅速，资料可靠，是重要的信息源，是体现政府科技政策的三次文献，可通过专门的政府出版物工具书进行检索。

8. 产品资料

产品资料（product information）是指国内外厂商为推销产品而出版发行的各种商品的宣传品。它是提供产品技术规格的一次文献。

产品资料分为公司介绍、产品目录、样本、说明书等。

其意义为：对开发新产品。提高市场竞争习具有重要的参考作用。

思考练习

1. 试述数字图书馆的概念。

2. 试述文献资源数字化的过程。

3. 数字图书资源有哪些？

4. 数字期刊资源有哪些？

5. 数字特种文献资源有哪些？

6. 列举维普资讯资源种类。

7. 列举 5 个你经常查找文献资源的网站。

第四章　数字图书及检索

 第一节　超星数字图书馆及检索

 一、超星数字图书馆概述

超星公司是目前国内最大的数字图书提供商，超星数字图书馆是该公司的一个主要产品，超星数字图书馆由海量的读秀知识库和读秀学术搜索平台组成。

读秀学术搜索是一个真正意义上的文献搜索及获取的服务平台，其后台建构在一个由海量全文数据及超大型数据库基础之上。其以超过 16.7 亿页中文资料为基础，为读者提供深入内容的章节和全文检索、部分文献试读、文献传递等多种功能。

同时，读秀的一站式检索模式实现了馆藏纸质图书、电子图书等各种资源在同一平台上的统一检索、获取。无论是学习、研究、写论文、做课题，读秀都能够为读者提供全面、准确的学术资料。读秀致力于为用户提供全面、有特色的数字图书馆整体解决方案和文献资源服务，为广大读者打造一个获取知识资源的捷径。

1. 读秀知识库

读秀知识库是由海量中文资源，如知识、图书、期刊、报纸、会议论文、学位论文、标准、专利、音视频等文献资源组成的庞大的知识系统。

（1）知识频道

知识频道是将所有图书打破，以章节目录为基础重新组合的知识体系。目前，知识频道可搜索的信息量超过 16.7 亿页，可为读者提供深入到图书内容的全文检索。读者可以根据任何一句话、任何一句诗词，找到出自哪一本书。知识频道可提供"展开、PDF 下载、阅读"功能，支持在阅读页面进行文字摘录和整页文字提取，显示本页文献来源信息等。

（2）图书频道

收录 739 万种中文图书书目数据，可对 415 万种全文数据图书进行文献传递。

实现功能：检索可深入图书目录章节，在线试读，支持 50 页以内原文快速文献传递，支持馆藏挂接（电子本、纸本）；中文图书的显示系统提供本馆文献资源（图书纸本、电子本及其他文献资源）目录显示；独有的图书被引用数据；馆藏结构主题分布分析。提供通

过检索或分类导航进入，左侧聚类、高级和二次检索等方法快速缩小范围等深度服务，专业检索支持复杂逻辑运算。

（3）期刊频道

目前有7438种授权期刊，1397种核心期刊、7100种全文授权期刊，8.8万种外文期刊。期刊频道文献元数据全部对高校开放，开放全文链接openuRL。

（4）报纸频道

其资源有中文报纸1.5亿篇文章，提供报种、篇目检索；绝大部分篇目直接在线全文阅读，有些报纸支持日更新。

（5）其他频道

包含文献1.85亿条元数据，可对标准、专利、论文、音视频等各种文献类型进行统一检索。

2. 中文一站式解决方案

读秀学术搜索是超星公司推出的目前最优秀的中文一站式解决方案。它的三大核心功能是全文服务系统、中文图书的目录关联系统和情报分析功能。具体由知识搜索系统、目录章节搜索系统、图书目录关联挂接系统、其他相关文献最佳检索系统、情报分析系统等多个系统组成。

（1）知识搜索系统

这是在最全的中文书全文搜索系统进行搜索，解决每个名句、每个典故的出处，如科学发展观第一次提出等都可以在此找到出处。全文检索直接指向搜索来源，通过层层链接均可最终达到纸本和电子本。

（2）目录章节搜索系统

这是目次级别的深入检索，指示出检索到的名句在图书的哪个章节，并有链接直达章节去阅读原文。

（3）图书目录关联挂接系统

可实现馆藏纸本、电子本的整合，检索到的书与馆藏书（纸质藏书和电子书）的关联和挂接，还提供全国联合目录提示系统，提供全国哪些高校图书馆有此书的信息，通过链接直达该馆目录系统，这是馆际互借的基础和前提。馆藏挂接的好处是，读者可通过读秀的图书频道检索命中某个目录章节，一站式快速获取馆藏资源。

（4）其他相关文献最佳检索系统

提供检索到的其他相关文献信息。

（5）情报分析系统情报分析系统

给读者提供该知识领域的发展趋势和数据分布直观分析图以及引用等数据。

二、读秀学术搜索功能

读秀学术搜索是由海量图书资源组成的庞大的知识系统（739万种中文图书书目数据，415万种中文图书全文数据，信息量超过16.7亿页），为读者提供深入到图书内容的全文检索，并且提供原文传送服务的平台。读秀学术搜索是一个为读者提供多种获取途径的平台。读者可以根据任何一句话、任何一个知识点或者关键词都能查找到所需要的相关信息。读秀学术搜索为读者提供各种类型学术文献资料的高效查找，对找到的文献提供图书封面页、目录页、正文部分 17 页全文的试读等，方便读者了解图书的内容，决定图书的取舍，为读者提供各类型的文献检索与获取等一站式服务。

1. 整合各种文献资源

读秀学术搜索将图书馆纸质图书、电子图书、期刊等各种资料整合于同一平台上统一检索，使读者在读秀平台上即时查找、获取知识文献。在高效服务读者的同时，也节省图书馆的人力、物力，减轻图书管理人员的工作强度，提高工作效率及图书馆的管理水平和能力。

读秀学术搜索将检索框嵌入到图书馆等文献服务单位门户首页，为读者提供整合多渠道文献资源的统一检索，读者可在读秀平台上查询、获取目标资源。读秀不但检索精准，使用方便，同时也提高了文献服务单位现有的资源利用率。其具体整合内容如下。

（1）整合纸质图书

图书馆有大量纸质图书，读者使用自动化系统只能检索到图书的元数据信息，不能看到具体内容，无法判断图书是否是所需要的。整合完成后，读者检索时可直接试读图书的原文，通过试读，判断是否是需要该图书。

（2）整合电子资源

将图书馆自有的电子图书、购买的电子图书、电子期刊等电子资源，与读秀知识库数据进行对接。整合后实现馆内文献资源的充分利用，使读者真正零距离地获取知识，提高资源的利用率。

（3）整合资源统一检索

将图书馆常用的各种资源整合于同一平台上，统一检索，避免多个站点逐一登录、逐一检索的弊端，读者可在同一站点上查询所有信息，检索过程便捷，用户使用方便，大大提高了图书馆的服务水平。

2. 章节和全文深度检索

读秀集成了业界先进搜索技术，突破以往的简单检索模式，实现了章节和全文深度检索功能。通过使用读秀知识库的深度检索，读者能在最短的时间内获得最深入、最准确、最全面的义献信息，节约时间，把更多的时间和精力投入到学习研究中，提高了学习效率。

3. 415 万种图书实现自动文献传递

读者检索后，对于有馆藏资源的可以直接在挂接中获取。但是，对于没有馆藏的文献，读者可以通过读秀特有的目录页试读，进入读秀的图书馆文献传递中心，根据提示实现文献传递。读秀为读者提供了单次传递原文不超过 50 页，同时一周内对同一本书传递不超过 20%，以邮件加密链接方式提供 20 天有效期的原文在线查阅服务，这一期间内，读者可以随时浏览阅读。

读秀文献传递是通过计算机自动进行的，可以立即获取所需要的资料，没有时间、空间的限制。读秀 415 万种中文图书资源能够满足不同读者的专业需求，读者通过读秀参考咨询系统从海量图书资源库中自动获取所需文献，使图书馆的文献资源保障能力得到提升。目前，大部分高校图书馆存在着馆藏不足、资金有限等问题，读秀是解决这个矛盾的有效方案。

4. 搭建交流平台，实现读者间以及读者与图书馆间的互动

读秀学术搜索为读者之间、专家与读者之间提供一个良好的交流平台，使得读者的学习和研究有了互动性和互补性。同时在读者与图书馆之间创建了沟通渠道，图书馆的购买和读者的需求能够实现一致，提高图书馆资源的利用率。

5. 图书被引用情况报告（2018）

图书被引用情况报告（2018）由北京世纪读秀技术有限公司发布。本报告的目的是便于大家观察和了解图书的被引用情况，为图书和作者的权威性评价提供必不可少的重要依据。

基本结论：被引用图书共计 1906968 种，占全部被考察图书的 25.79%。

数据基础：被考察图书包括自 1900 年 1 月 1 日至 2018 年 7 月 31 日发行且书目数据符合分析条件的 7394527 种中文图书，引用图书包括自 1900 年 1 月 1 日至 2018 年 7 月 31 日发行且全文数据符合分析条件的 4153156 种中文图书。

概念说明：A 图书引用了 B 图书，则 A 图书为引用图书，B 图书为被引用图书。

统计方法：在引用图书中仔细核对被引用图书的书名、作者、出版年信息，核对正确则计入统计中。有被引用种数和引用次数两种指示，前者主要用于评价作者的权威性和用于考察年代、学科的分布，后者主要用于评价某种具体图书的权威性。

例如，作者王立诚主编的《科技文献检索与利用 第 5 版》，页数：253 页，出版日期：2014.04，被引用指数 0.0054；被图书引用册数 1，如图 4-1 所示。

图 4-1 图书被引用情况图

6. 读秀的专业搜索

读秀的图书、期刊、报纸、学位论文和会议论文频道等都设有专业搜索功能，支持任意

复杂的布尔逻辑检索式，非常适合图书馆专业人员进行查新检索。检索规则说明：

1）字段：T＝书名，A：作者，K＝关键词，S＝摘要，Y＝年，BKs＝丛书名，BKe＝目录。

2）逻辑符号：＊代表并且，｜代表或者，－代表不包含。

3）其他符号：（）括号内的逻辑优先运算，＝后面为字段所包含的值，>代表大于，<代表小于，>＝代表大于等于，<＝代表小于等于。（以上均为半角符号）

【例4-1】 找书名中含有"数字"并且"图书馆"并且"建设"，且出版年范围是2010—2020年的书（不含边界值）。

表达式为：（T＝数字＊T＝图书馆＊T＝建设）＊（2010<Y<2020）。

搜索结果：找到相关的中文图书75种，时间升序排列可知，不合边界值，如图4-2所示。

图4-2 读秀的专业检索

三、读秀学术搜索文献分类

与不同电视频道播放不同电视节目的概念相似，读秀将文献类型定义为不同频道，文献频道分为"知识、图书、期刊、报纸、学位论文、会议论文、专利、标准、音视频"等，再根据文献类型的不同，提供的检索字段也有差异，各频道中采用描述该文献类型最密切相关的字段。读秀学术搜索文献频道与检索途径（字段）对应关系见表4–1。

表4–1 读秀学术搜索文献频道与检索途径（字段）对应关系

文献频道	检索途径						
	途径1	途径2	途径3	途径4	途径5	途径6	途径7
知识							
图书	全部字段	书名	作者	主题词	丛书名	目次	
期刊	全部字段	标题	作者	刊名	关键词	作者单位	ISSN
报纸	全部字段	标题	作者	来源	全文	关键词	
学位论文	全部字段	标题	作者	授予单位	关键词	导师	
会议论文	全部字段	标题	作者	关键词	会议名称		
专利	全部字段	专利名称	申请号	发明人	申请人	IPC号	
标准	全部字段	中文名称	英文名称	标准号	发布单位		
音视频	全部字段	视频名称	简介	字幕	主题词	主讲人	主讲机构

从表4–1可知，各种文献类型提供的检索途径都是表征此类文献最本质的字段，如图书提供的检索途径有：全部字段（相当于全选）、书名、作者、主题词、丛书名、目次6项。又如期刊提供的检索途径有：全部字段、标题、作者、刊名、关键词、作者单位、ISSN等7项。各文献频道对应的检索字段不需要记，也不填写，只需单击选择。但是，选择了什么字段，检索框中输入的检索词一定要与此对应，不能张冠李戴，如选择书名途径，不能填写作者，或者其他著录信息。

四、知识（全文）检索

读秀的知识（全文）检索功能打破了文献的传统阅读使用方式，运用全文检索手段，深入到内容和章节，帮助读者直接查找、阅读到相关知识点。这种全新的文献利用方式，为研究型读者搜集资料提供了方便、快捷的工具，同时也为读者提供了更为丰富的查找结果。

搜索是在超星已有的415万种中文图书的全文数据中搜索，这是网络时代的最大的中文百科数据库。其独有的优势在于：无论读者是要借书、阅读电子图书，还是要查找学术论文，读秀都能给读者提供一流的综合阅读体验，告诉读者如何通过读秀轻松获得数字图书或学术论文。任意一句话、诗词、图表、数据均可直接找到出处。在线直接搜索，可直接用篇名找到文章。

读秀学术搜索平台不仅让检索变得简单，而且最重要的是一站式检索服务，文献分类清楚。查找什么类型的文献，就选择什么类型的频道，这是目前我国最先进的一站式学术搜索平台。因为它的元数据来自1800多家图书馆组成的超大联盟，因此它的查全率也是最高的。

1. 知识搜索

知识搜索步骤为：①选择"知识"频道。②填写检索词（为使检索命中率更加精准，推荐同时使用多个关键词或较长的关键词进行检索）；③单击"中文搜索"按钮。

读秀学术搜索平台页面如图4-3所示。

图4-3　读秀学术搜索平台页面

2. 以章节和知识点搜索

创新的知识点检索模式，为研究型读者提供查找资料便捷的途径。读秀不是以检索文献单元为根本目标，而是以检索文献所包含的知识点为根本目标，是将各类文献中所包含的同一知识内容检索出来。读秀围绕关键词进行全面、发散式的搜索，其检索结果显示的是与关键词相关的所有知识点，免除读者反复查找、确认的过程，为读者提供便捷的知识获取途径。

读秀的知识频道搜索不是以单本书为单位进行服务，而是以章节和知识点为单位进行搜索，每次搜索都是在3亿多个章节、16.7亿多页全文资料的读秀知识库中进行搜索，即把所有的书变成了一本书进行搜索和直接阅读，提供少量页的PDF下载。

知识频道的检索最简单，和百度一样，输入检索关键词或者一句话，单击"中文搜索"（或"外文搜索"）就可找到一组相关的文献，再通过浏览选择就可以找到需要的文献。

通过知识频道的全文搜索，可搜索到所有图书中的任何一句话（诗词）、任何一副插图（图表）等。另外，知识频道搜索也提供文字摘录和文字提取功能，方便用户引用。

【例4-2】　利用关键词"温室效应"查找相关的知识。

1）检索过程：①读秀默认"知识"频道，在检索框中输入"温室效应"，②单击"中文搜索"，找到相关的条目109063条。搜索关键词红色显示，很适合快速阅读和查找资料。如图4-4所示。

2）阅读和PDF下载：在图4-4中，点击标题或"阅读"即可查阅相关知识点文献；单击"PDF下载"即可下载文献。

3）文字提取与摘录：在阅读过程中，如果需要文字摘录，单击页面左上的"选取文字"后。在正文中页面上单击就出现两个选项："文字提取"和"文字摘录"，并有说明"文字提取较快，可识别整页正文页（荐），文字摘录较慢，支持划选文字区域"。"选取文字"和"来源"页面如图4-5所示。

图4-4　用知识频道搜索"温室效应"得到的结果

图4-5　"选取文字"和"来源"页面

若选择"文字提取",系统会显示整页文字,点击"复制"后,可"粘贴"到Word文档中,就提取了整页文字。

若习惯用"文字摘录"方式,就单击"文字摘录"按钮,按住鼠标左键,拖动鼠标选择要摘的文字区域，选择完成后，释放鼠标加载，加载完成后会有一段摘录文字框弹出，单击"复制"按钮后，会显示"复制成功"提示。这样就可以将摘录的文字复制到 Word 文档中。特别提请读者注意：在摘录文字时，最好养成好的习惯，记录下文献来源，以便以后引用时标明参考文献。

4）来源：看书学习时重要的文字可以摘录或复制在读书笔记本上，同样文字摘录时要及时记录资料来源；点击图 4-5 页面右上角的"查看来源"，即可查看到该知识来源于何处。读者可以将资料来源与摘录文字复制在一起，以便写文章时正确规范地引用，这是一种良好的读书习惯。

3. 读秀的多面搜索

在读秀的任何一个频道，任何一个搜索都可以显示很多相关的词条解释、人物、图书、期刊、报纸、学位论文、会议论文、相关内容、图片、音视频等信息，这就是读秀的多面搜索。

例如，在例 4-2 中，图 4-4 页面右侧有更多与"温室效应"相关的信息，即多面搜索的内容如上。

（1）百科相关 26 篇

温室效应（green house effect，greenhouse effect，glasshouse effeet）。例如，

温室效应简介：温室效应（来自 IPCC 术语表中对温室效应所作出的定义的中文版）是由环境污染引起的地球表面变热的现象。温室效应主要是由于现代化工业社会过多燃烧煤炭、石油和天然气，这些燃料燃烧后放出大量的二氧化碳气体进入大气造成的。二氧化碳气体具有吸热和隔热的功能。它在大气中增多的结果是形成一种无形的玻璃罩，使太阳辐射到地球上的热量无法向外层空间发散，其结果是地球表面变热。因此，二氧化碳也被称为温室气体。温室气体有效地吸收地球表面、大气本身相同气体和云所发射出的红外辐射。大气辐射向所有方向发射，包括向下方的地球表面的发射。温室气体则将热量捕获于地面——对流层。

（2）图书相关 3843 篇

单击进入"图书"频道，检索词"温室效应""全部字段"的检索页面，找到相关的中文图书 3843 篇。例如，如下 2 位作者，单击可以直接进入图书页面。

［1］戴君虎等编著．温室效应［M］．北京：中国环境科学出版社．2001．

［2］韩薇薇编．隐形杀手温室效应［M］．长春：吉林美术出版社．2014．

（3）期刊相关 14494 篇

单击进入"期刊"频道，检索词"温室效应""全部字段"检索页面，找到相关的中文期刊 14494 篇。例如，如下 3 位作者，单击可以直接阅读其文章。

［1］围生．温室效应［J］．上海文学，2017，（第 8 期）．

［2］向正怡．温室效应与全球气候变暖［J］．中国高新区，2018（3）：117．

［3］凌定元．温室效应危害及治理措施［J］．纳税，2018（13）：252．

（4）报纸相关 723 篇

单击进入"报纸"频道，检索词"温室效应""全部字段"检索页面，找到相关的中文报纸 723 篇。例如，如下 2 种报纸，单击可以直接进入阅读页面。

［1］平潭时报．大学学者发现绿藻能缓解温室效应［N］．平潭时报，东岸视窗 2019/04/07（2）．

［2］玉溪日报．什么是温室效应［N］．玉溪日报，2018/03/29（5）．

（5）文档相关 2107 篇

单击进入"文档"频道，检索词"温室效应""全部字段"检索页面，找到相关的中文文档 2107 篇。

（6）学位论文相关 7245 篇

单击进入"学位论文"频道，检索词"温室效应""全部字段"检索页面，找到相关的中文学位论文 7245 篇。例如，如下 3 位作者，单击可以直接进入阅读页面。

［1］黄满堂．中国地区大气甲烷排放估计与数值模拟研究［D］．南京大学，2019．

［2］张杰．河北主产区葡萄园不同水肥管理净温室效应研究［D］．河北农业大学，2018．

［3］景文渊．典型温室蒙皮效应研究［D］．西南大学，2017．

（7）会议论文相关 1677 篇

单击进入"会议论文"频道，检索词"温室效应""全部字段"检索页面，找到相关的中文会议论文 1677 篇。例如，如下 3 位作者，单击可以直接进入阅读页面。

［1］孙楠，等．BIM 技术在绿色建筑中的应用：北京力学会第二十五届学术年会［C］．2019．

［2］王强盛，等．稻田耕层调控的温室气体排放效应：中国农学会耕作制度分会［C］．2018．

［3］黄晓璜，等．碳循环对温室效应的影响：2011 年中国工程热物理学会传热传质学学术会议［C］．2011．

（8）课程课件相关 2 篇

单击进入"课程课件"专题馆，检索词"温室效应"，包含"全部"检索页面；找到相关的课程课件 2 种。

（9）考试辅导相关 384 篇

单击进入"考试辅导"专题馆，检索词"温室效应"，包含"全部"检索页面，找到与温室效应相关的中文考试辅导资料 384 篇。

（10）专利相关 1296 篇

单击进入"专利"频道，检索词"温室效应""全部字段"检索页面；找到相关的中文专利 1296 篇。

（11）音视频 225 篇

单击进入"音视频"频道，检索词"温室效应""全部字段"检索页面，找到相关的音视频 225 篇。

（12）政府公开信息相关 6 篇

有如此多的相关文献信息，为学习和研究提供了丰富的文献资源。

4. 读秀全文搜索

读秀知识搜索还是一种全文检索引擎，集天下书为一书。例如，输入"PM2.5"关键词，单击"中文搜索"按钮，搜索到与"PM2.5"相关的信息，如图4-6所示。

图4-6 在知识频道里搜索"PM2.5"得到的相关信息

读秀从16.7亿多页全文中查找，搜索到与"PM2.5"相关的条目23664条。

查看页面右边相关搜索结果，发现读秀给读者提供了百科相关59篇，图书相关669篇，期刊相关22021篇，等等。读者可以单击读者感兴趣的内容，如百科相关的"PM2.5"标题链接，就可以阅读百科词条"PM2.5"原文，现从中摘录部分如下。

PM2.5

PM2.5是指大气中直径小于或等于2.5微米的颗粒物，也称为可入肺颗粒物。它的直径还不到人的头发丝粗细的1/20。虽然PM2.5只是地球大气成分中含量很少的组分，但它对空气质量和能见度等有重要的影响。与较粗的大气颗粒物相比，PM2.5粒径小，富含大量的有毒、有害物质且在大气中的停留时间长、输送距离远，因而对人体健康和大气环境质量的影响更大。2013年2月，全国科学技术名词审定委员会将PM2.5的中文名称命名为细颗粒物。

1）PM2.5简介

PM2.5是指大气中直径小于或等于2.5微米的颗粒物，也称为可入肺颗粒物。它的直径还不到人的头发丝粗细的1/20。虽然PM2.5只是地球大气成分中含量很少的组分，但它对空气质量和能见度等有重要的影响。悬浮颗粒（particulate）泛指悬浮在气体当中的微细固体或液体。在城市空气质量日报或周报中的可吸入颗粒物和总悬浮颗粒物是人们较为熟悉的两种大气污染物。可吸入颗粒物又称为PM10，指直径等于或小于10微米，可以进入人的呼吸系统的颗粒物；总悬浮颗粒物也称为PM100，即直径小于或等于100微米的颗粒物。

对于环境科学来说，悬浮粒子特指空气中那些微细污染物，它们是空气污染的一个主要来源。当中直径小于10微米的悬浮粒子，被定义为可吸入悬浮粒子，它们能够聚积在肺部，危害人类健康。直径小于2.5微米的颗粒，对人体危害最大，因为它可以直接进入肺泡。科学家用PM2.5表示每立方米空气中这种颗粒的含量，这个值越高，就代表空气污染越严重。

2）PM2.5 性状

虽然PM2.5只是地球大气成分中含量很少的组分，但它对空气质量和能见度等有重要的影响。与较粗的大气颗粒物相比，PM2.5粒径小，富含大量的有毒、有害物质且在大气中的停留时间长、输送距离远，因而对人体健康和大气环境质量的影响更大。

大气气溶胶是悬浮于空气中固态和液态质点组成的一种复杂的化学混合物，它们的大小从只有几纳米的超细颗粒到几个微米直径以上的粗颗粒。在两者之间是被称为细颗粒的气溶胶，其直径在0.1微米到几个微米，所以大气气溶胶的典型尺度是0.001~10微米，其在大气中的停留期至少为几小时，平均可达几天、一周到数周，甚至到数年（如平流层气溶胶）。

3）PM2.5 来源

PM2.5产生的主要来源，是日常发电、工业生产、汽车尾气排放等过程中经过燃烧而排放的残留物，大多含有重金属等有毒物质。

一般而言，粒径2.5~10微米的粗颗粒物主要来自道路扬尘等；2.5微米以下的细颗粒物（PM2.5）则主要来自化石燃料的燃烧（如机动车尾气、燃煤）、挥发性有机物等。

4）PM2.5 危害

中国很多城市到现在还是仅仅监测PM10的密度，认为PM10"可以进入人体上呼吸道，与市民的呼吸系统疾病关系比较密切"。但实际上PM2.5微粒由于体积特别微小，对人类身体健康的影响大大超过PM10。世界卫生组织公布的资料也认为PM2.5会增加死亡的风险。

气象专家和医学专家认为，由细颗粒物造成的灰霾天气对人体健康的危害甚至要比沙尘暴更大。粒径10微米以上的颗粒物，会被挡在人的鼻子外面；粒径在2.5微米至10微米之间的颗粒物，能够进入上呼吸道，但部分可通过痰液等排出体外，对人体健康危害相对较小；而粒径在2.5微米以下的细颗粒物，直径相当于人类头发1/10大小，被吸入人体后会进入支气管，干扰肺部的气体交换，引发包括哮喘、支气管炎和心血管病等方面的疾病。这些颗粒还可以通过支气管和肺泡进入血液，其中的有害气体、重金属等溶解在血液中，对人体健康的伤害更大。在欧盟国家中，PM2.5导致人们的平均寿命减少8.6个月。而PM2.5还可成为病毒和细菌的载体，为呼吸道传染病的传播推波助澜。

中国工程院院士、中国环境监测总站原总工程师魏复盛研究结果还表明，PM2.5和PM10浓度越高，儿童及其双亲呼吸系统病症的发生率也越高，而PM2.5的影响尤为显著。

世界卫生组织在2005年版《空气质量准则》中也指出：当PM2.5年均浓度达到每立方米35微克时，人的死亡风险比每立方米10微克的情形约增加15%。一份来自联合国环境规划署的报告称，PM2.5每立方米的浓度上升20毫克，中国和印度每年会有约34万人死亡。

《整体环境科学》（Science of Total Enviroflment）增刊上登过北京大学医学部公共卫生学院教授潘小川及其同事的一项新发现：2004年至2006年期间，当北京大学校园观测点的PM2.5日均浓度增加时，在约4公里以外的北京大学第三医院，心血管病急诊患者数量也有所增加。虽然PM10和PM2.5都是心血管病发病的危险因素。但PM2.5的影响显然更大。

中国社会科学院、中国气象局联合发布《气候变化绿皮书：应对气候变化报告》主要编者、中国社会科学院城市发展与环境研究所副研究员张莹说，从长期影响的角度，可以看出 PM2.5 级别的空气细粒子对婴儿的致畸率和早产率有着显著影响。

2014 年 1 月 15 日，北京大学公共卫生学院教授潘小川表示大气颗粒物，即所谓的 PM2.5 是一种确认的人类致癌物。大气污染肯定是肺癌的一个致病因子，但公众不必过于恐慌，实际上我们每天接触的空气里都有致癌物，但没到这个程度，也并不是说就一定会得肺癌。

读秀知识频道的检索阅读方式，是一种知识点的阅读方式。读者可以在这里检索和阅读相关的知识点，并可以对一个知识点所在的各类章节的内容进行阅读和了解，使读者能够在较短的时间内，对原来陌生的知识点也能有个大概了解。实际上，读秀知识频道突破了原有的通过零散的一本本图书查找知识点的局限，而是将读者需要的知识点通过读秀知识频道汇聚在一起，这不但为读者节约了大量查找时间，而且查全率非常高，是读者快速检索获取知识点的一种新阅读途径。

5. 读秀是一部终生学习的百科全书

读秀围绕读者所需要的"知识点"进行检索，通过相关词条（定义）、图书、期刊、报纸、文档、学位论文、会议论文、课程课件、考试辅导、专利、音视频等频道，将搜索结果送到读者面前，通过这些密切相关的文献资料，读者完全可以对该知识从了解、熟悉到精通。

网络的便捷改变了读者获取信息的方式，只要会搜索、会利用，什么知识、什么概念，读者完全可以在短时间内对它略知一二。一个人在一生中，可能会遇到很多以前不曾知道的，或根本没有涉及过的知识领域，对于比较简单的问题，应该利用网络的便捷优势，马上去搜索、了解、学习，从网络上找到解决问题的答案。可以说，读秀是一部值得终生学习的百科全书。

五、图书检索

读秀整合了中文图书资源，实现了纸质图书、电子图书的统一检索和文献服务，并提供了丰富的图书揭示信息（封面页、版权页、前言页、目录页、部分正文页等），实现了图书的目次检索，使读者通过检索目次知识点来准确查找图书。

"图书"频道是读秀的主要频道，提供了检索框、检索字段以及分类导航、高级检索等检索途径，读秀图书频道检索页面如图 4-7 所示。

1. 通过分类导航查找图书

分类导航人口在图 4-7 搜索框右侧，单击"分类导航"进入分类导航页面，如图 4-8 所示。

（1）从分类导航浏览图书

分类导航是按照《中图法》22 大类进行分类的，通过页面左边的分类列表，逐级进入下一级进行浏览，直到找到所需的图书为止。

熟悉《中图法》的读者会很快判断出自己需要的书在 22 个大类中的哪个大类，哪个小

图 4-7 读秀图书频道检索页面

图 4-8 分类导航页面

类，会熟练点击分类表类目进入，直到找到需要的图书为止。如想找"电池储能系统调频技术"的图书，进入分类导航页面，点击"工业技术""电工技术"，需要的"电池储能系统调频技术"书就出现了，如图 4-9 所示。

排在首位的就是关于"电池储能系统调频技术"的图书，点击图书封面或书名进入图书的详细书目信息页面，如图 4-10 所示。

在图书详细书目信息页面，系统提供了 5 种获取本书的途径。

①本馆馆藏纸书：需要到图书馆去借阅纸本图书。

②本馆电子全文（包库）：图书馆购买了电子版的图书，页面下方显示"包库全文阅读"按钮，点击该按钮就可以直接阅读电子版全文。

图 4-9　用分类导航逐级进入查找图书

图 4-10　图书详细书目信息页面

③图书馆文献传递：当图书馆购买了电子版图书时，可以通过"图书馆文献传递"方式，每次获取 50 页电子版图书。

④相似文档：点击"相似文档"，系统会推送相似：文档。

⑤文献互助：点击"文献互助"，提示该操作需要登记。

实际中，获取图书从易到难次序：

①在线试读：试读范围从书名页开始到正文 10 页的内容。这些信息足以决定图书的取

舍（借与不借）。

②如果需要，可以直接阅读电子版图书。图书馆购买了电子版图书，页面下方有"包库全文阅读"按钮，点击就可以直接阅读电子版全文。

③如果本馆还没有购买电子版图书，可以去图书馆借阅纸本图书。

④如果暂时不便去图书馆，可以通过"图书馆文献传递"方式，每次获取 50 页电子版图书，每天只能申请文献传递一次。

⑤或者点击"相似文档"，系统会推送相似文档。"文献互助"不如申请"图书馆文献传递"便捷。

（2）输入关键词搜索图书

在"图书"频道页面上方读秀搜索框中，直接输入检索关键词，点击"中文搜索"，系统将搜索到与关键词相关的图书。

【例 4-3】　查找"5G 通信"方面的图书。

检索过程：①在读秀搜索框上方，选择"图书"频道；②检索途径采用系统默认的"全部字段"；③输入关键词"5G 通信"；④单击"中文搜索"，找到相关的中文图书 301 种，如图 4-11 所示。

图 4-11　输入关键词搜索图书的页面

如果在上面检索过程中，选择"图书"频道后；再选择"书名"途径；输入关键词"5G 通信"；单击"中文搜索"。找到相关中文图书 32 种，如图 4-12 所示。

图 4-12　输入关键词搜索图书的页面

可见，在检索过程中，若在检索字段中加以选择，可以搜索到相关度更加高的图书。

2. 通过图书频道查找图书

"图书"频道检索过程：①选"图书"频道；②默认"全部字段"；③填入检索词；④单击"中文搜索"按钮。

【例4-4】 查找"电力避雷技术"方面的图书。

检索过程：①选择"图书"频道；②默认"全部字段"，③输入关键词"电避雷技术"；④单击"中文搜索"按钮。读秀这次通过图书频道搜索到相关的中文图书2915种，如图4-13所示。

图4-13 搜索到与"电力避雷技术"相关的图书信息页面

检索结果及生成的相关信息：

（1）中文图书

找到相关中文图书2915种。

（2）页面左侧显示聚类信息

1）类型聚类。本馆馆藏分析：①本馆馆藏纸书839种；如果要获取这本纸质图书，可以单击"本馆馆藏纸书"，进入到图书馆馆藏信息页面，了解书目信息，通过图书馆借到此图书。②本馆电子全文222种，单击"本馆电子全文"，可以链接到本馆的电子图书页；③在线试读1830种，单击"在线试读"，可以进入试读。

2）年代聚类。年代聚类提供了相关图书按年代分布的情况，如2020（6）、2019（8）、2018（50）、2017（71）、2016（82）、2015（73）、2014（93）、2013（88）、2012（119）、2011（100）等。

3）学科聚类。此聚类包括工业技术（2346）、经济（181）、交通运输（115）、自然科学总论（77）等。

4）作者聚类。此聚类包括方大千（30）、刘光源（19）、陈家斌（19）、孙克军

（17）等。

有三种方式可以缩小搜索范围：①通过左侧的"类型、年代、学科和作者"等聚类方式缩小搜索范围；②通过右上方的"在结果中搜索"；③精确定位搜索范围。

（3）页面右侧提供各种学术资源链接

读秀凭借先进的检索技术，整合文献服务单位各种资源，帮助读者扩大知识搜索的范围。读者在一次搜索后，可以同时获得围绕知识点多角度、全面的学术信息。在海量的学术资源库前端为广大读者打造一个崭新的学术检索工具。

1）图书相关 2915 种。

2）期刊相关 3204 篇。

3）报纸相关 2 篇。

4）学位论文相关 327 篇。

5）会议论文相关 330 篇。

6）标准相关 10 篇。

7）专利相关 1499 篇。

8）音视频相关 3 篇。

（4）主页面信息

在图 4-13 页面中，中间部分是搜索到的图书信息，本次搜索到图书相关 2915 种，可以看到图书封面以及目录，向下翻动页面，找到图书《电力避雷器的原理试验与维修》，点击书名进入本书的详细信息页面。

1）单击"馆藏纸本"按钮，就可以进入本馆馆藏纸书页面；或者单击"阅读部分"可以阅读到图书的部分内容，在读者没有借到书之前通过此功能就能阅读到图书的部分章节。

2）检索结果是《电力避雷器》封面和图书相关信息。如图 4-14 所示。

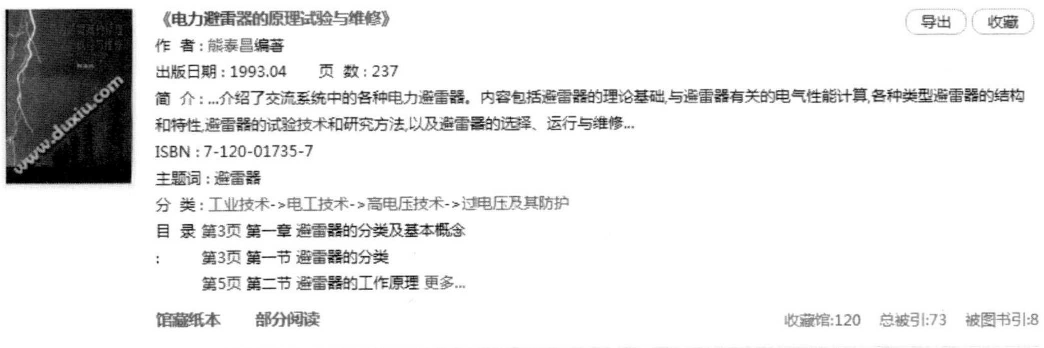

《电力避雷器的原理试验与维修》　导出　收藏

作　者：熊泰昌编著

出版日期：1993.04　页　数：237

简　介：...介绍了交流系统中的各种电力避雷器，内容包括避雷器的理论基础，与避雷器有关的电气性能计算，各种类型避雷器的结构和特性，避雷器的试验技术和研究方法，以及避雷器的选择、运行与维修...

ISBN：7-120-01735-7

主题词：避雷器

分　类：工业技术->电工技术->高电压技术->过电压及其防护

目　录 第3页 第一章 避雷器的分类及基本概念

：　 第3页 第一节 避雷器的分类

　 第5页 第二节 避雷器的工作原理 更多...

馆藏纸本　部分阅读　　　　　收藏馆：120　总被引：73　被图书引：8

图 4-14　《电力避雷器的原理试验与维修》封面和图书相关信息

读秀这种深入到章节、页面的搜索功能，极大地扩大了读者查找图书的范围，可实现基于内容的检索，检索结果不仅只限于书名、作者、主题词等 MARC 字段，而且深入到目录和章节，直至全文之中进行检索，通过基于内容的检索，揭示图书丰富的知识内容。

单击书名和封面超链接，显示的是图书的详细信息，如作者、出版发行、ISBN 号、页数、内容摘要、主题词等。如图 4-15 所示。

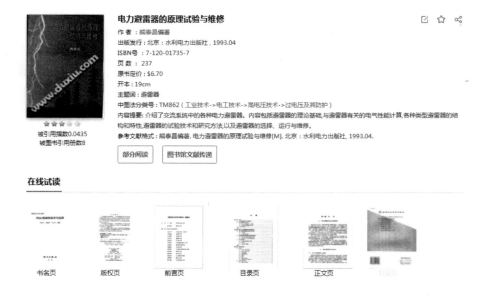

图 4-15 《电力避雷器的原理试验与维修》图书详细信息

3）在线试读。读秀提供了封面、版权页、前言页、目录页以及部分正文页的试读，让读者在借到图书之前，就对图书的内容进行了大概的了解，这是传统 MARC 不能做到的。

4）获取全文。如果本馆有电子版《电力避雷器的原理试验与维修》图书，则显示有"阅读全文"按钮；如果没有，则显示"部分阅读"，需要的图书可以通过"图书馆文献传递"获取。

5）获取途径。页面右侧列出了获取途径。如"本馆馆藏纸书""图书馆文献传递""相似文档""文献互助"等。

6）图书馆文献传递。单击图 4-15 中"图书馆文献传递"按钮，进入"图书馆文献咨询服务"页面，请读者仔细填写四川高校文献保障系统的"咨询表单"，即咨询申请表单，输入文献传递的页码，填写正确有效的电子邮箱，提交成功后，系统会将文献内容自动发送到读者的电子邮箱。图书馆文献咨询服务的咨询表单页面，如图 4-16 所示。

确认提交成功后，读者打开邮箱，就可以看到咨询的图书，单击链接，就可以阅读。这个过程相当于借阅了此书，在 20 天有效时间内，可以进行 20 次阅读和摘录，超过期限，链接失效，即相当于此书归还了。

3. 通过高级检索查找图书

高级检索是提高图书查准率的一项有效方法，读秀中文图书高级检索页面如图 4-17 所示。

高级搜索是一个照单填空的过程，从"书名、作者、主题词、出版社、ISBN、分类（选择）、年代（选择）"等字段，逐一限定条件，使得图书检索结果定位更加精确。

实际操作时，读者能填多少就填多少，每多填一个空，就缩小一个范围，空填得越多，检索到的文献就越精确。如果确实不能填入多个字段，可以输入一个或者两个字段，或者就

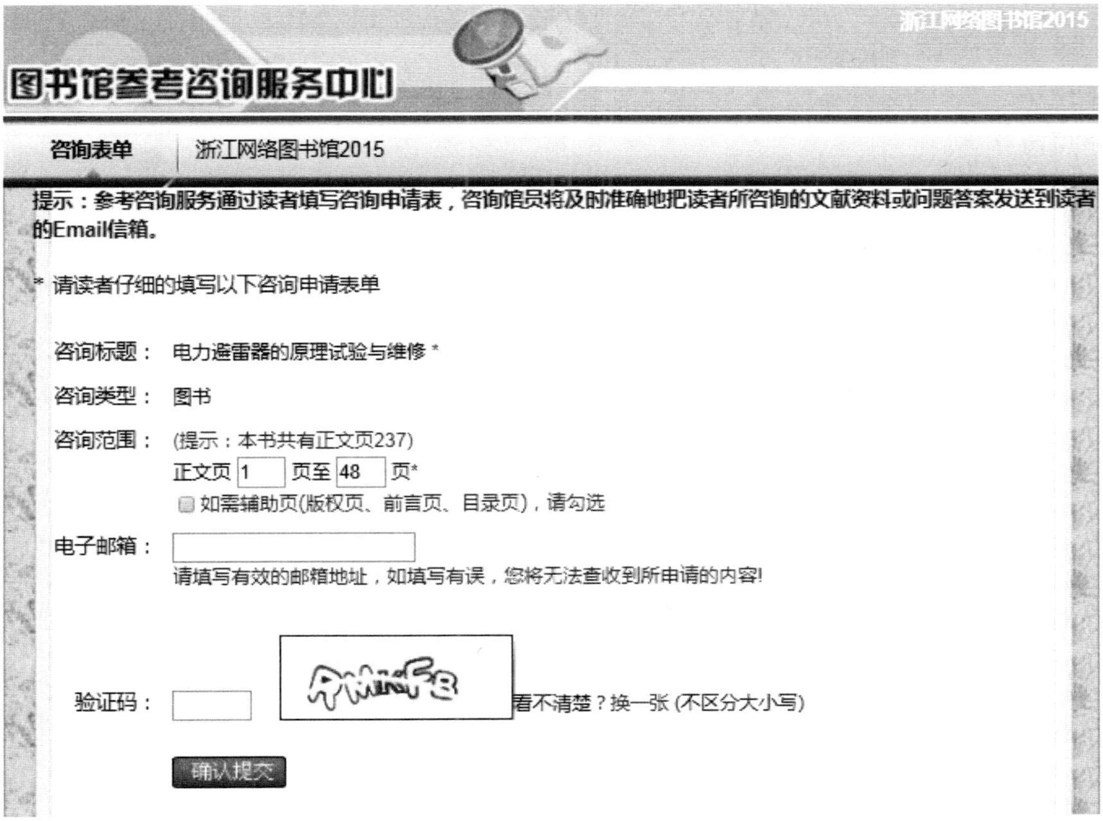

图4-16　图书馆文献咨询服务的咨询表单页

在书名框中输入一个关键词，单击"高级搜索"按钮，也能找到满足输入条件的图书。如果检索的结果太多，可以进行二次搜索；或者使用"在结果中搜索"功能，实际上这是一个把复杂工具简单化的过程。

4. 通过专业检索查找图书

读秀的图书、期刊、报纸、学位论文、会议论文、专利和标准等频道都设有专业搜索功能，支持任意复杂的布尔逻辑检索式，非常适合读者或图书馆专业人员进行查新检索。专业检索规则如下。

（1）字段规则

①图书：T＝书名，A＝作者，K＝关键词，Y＝年（出版发行年），S＝摘要，BKp＝出版社（出版发行者），BKc＝目录。

②期刊：T＝题名，A＝作者（责任者），K＝关键词（主题词），Y＝年（出版发行年），O＝作者单位，JNj＝刊名，S＝文摘（摘要）。

③学位论文：T＝题名，A＝作者（责任者），K＝关键词（主题词），Y＝年（学位年度），S＝文摘（摘要），F＝指导老师，DTn＝学位，DTu＝学位授予单位，Tf＝英文题名，DTa＝英文文摘。

图 4-17　读秀中文图书高级检索页面

④会议论文：T＝题名，A＝作者（责任者），K＝关键词（主题词），Y＝年（学位年度），S＝文摘（摘要），C＝分类号，CPn＝会议名称。

⑤报纸：T＝题名，A＝作者（责任者），K＝关键词（主题词），NPd＝出版日期，NPn＝报纸名称。

⑥专利：T＝题名，A＝发明人（设计人），K＝关键词（主题词），N＝申请号，Y＝年（申请年度），PTi＝IPC 号。

⑦标准：T＝标准中文名，Tf＝标准英文名，N＝标准号，STu＝发布单位，Y＝年（发布年度）。

（2）检索规则说明（以下符号均为英文半角符号）

①逻辑符号：＊代表"与"，｜代表"或"，－代表"非"。

②其他符号：（ ）括号内的逻辑优先运算，＝后面为字段所包含的值，＞代表"大于"，＜代表"小于"。

【例 4-5】　查找标题或关键词中含"手机图书馆"或"移动图书馆"，出版年范围是2000 年至 2019 年（含边界值）的图书。

依题意可写出表达式：(T＝移动图书馆｜T＝手机图书馆｜K＝移动图书馆｜K＝手机图书馆) ＊ (2000<=Y<=2019)，将表达式输入专业检索框内，检索得到相关的中文图书 28种，时间降序排列可知，包含了边界值，如图 4-18 所示。

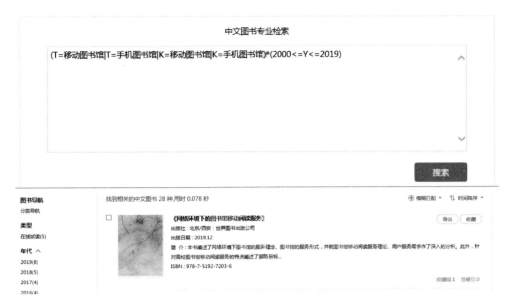

图 4-18 读秀中文图书专业检索页面

5. 读秀图书频道的特点

1）读秀学术搜索的最大特色是可深入到图书的目录中。

2）在 739 万种中文图书书目数据中检索，有 415 万种全文数据提供在线试读，通过试读目录等，读者就知道图书的内容。

3）提供图书馆的电子书挂接服务，图书馆有电子书全文的即可直接阅读全文。

4）提供多达 415 万种中文图书的文献传递服务。

为了保护作者版权，读秀采用局部使用模式，每本图书的咨询都有自己的规则。例如：①每本图书单次咨询不超过 50 页，同一图书每周的咨询量不超过全书的 20%；②所有咨询内容有效期为 20 天。

六、读秀的使用技巧

1. 搜索词的选择技巧

搜索词尽量不要太短、太普通，如只搜索"经济""中国"这样的词，会因结果太多而成为无意义搜索；尽可能使用相对准确的、较长的专业词，或者多个词搜索。

2. 读秀的搜索语法

1）逻辑"非"。在要排除的（不希望在结果的标题中出现的）关键词前加空格再加半角减号，如"数字图书馆－高校"。

2）在"知识"频道，可用"time:"+数字年份，用于命中某年的资料；用书名作为关键词，用于命中某本书。

3. 扩大、缩小搜索范围的技巧

（1）扩大搜索范围

①搜索结果太少或者没有，要充分利用页面右侧相关信息，查看其他文献类型是否有命

中的结果，或者改变搜索方式为"模糊"、利用搜索结果页面顶端和底端上提供的外文关键词（还有近义词、相关搜索词）、手工将所搜索的关键词用空格分开（去掉个别字），以便扩大搜索结果。②搜索会议论文时，如果搜索结果没有或太少，可直接用标题在"知识"频道中尝试搜索一下，可命中且可全文阅读。③无论什么文献，如果搜索结果没有或太少，可直接用标题在"文档"频道中尝试搜索一下，可命中很多文献且可下载全文。

（2）缩小搜索范围

若搜索结果太多，则要充分利用页面左侧的聚类，或改变搜索方式为"精确"，或进行在结果中搜索、高级搜索，或将搜索条件的"全部字段"改为标题、作者等特定字段，以便缩小范围。

第二节　CALIS 易得文献获取数字图书

 一、CALIS 易得文献获取平台简介

1. CALIS 易得文献获取平台

CALIS 资源，目前只对 CALIS 成员馆服务。

CALIS 资源池通过多年的建设，数据库资源池的各种文献资源的元数据信息庞大，所以检全率较高。加入 CALIS 成员馆的读者将比未加入该馆的读者多了一条获取文献资源的途径。

CALIS 成员馆的读者均可获得易得（e 得）所提供的文献获取服务。易得是为读者提供"一个账号、全国获取""可查可得、一查即得"一站式服务的原文文献获取门户。CALIS 易得文献获取平台页面（http：//www.yide.calis.edu.cn/），如图 4-19 所示。

图 4-19　CALIS 易得文献获取平台页面

2. CALIS 易得文献获取平台上的图书资源

1）CALIS 联合目录：有 743 万种的书目信息（2019 年 7 月 26 日数据）。

2）CALIS 外文期刊：有 10 万多种纸本和电子的外文期刊，8000 多万的期刊篇名信息。

3）CALIS 全文资源：有 36 万种中文图书和 3 千多册外文图书的在线阅读和电子书借还服务；

4）CALIS 与国家图书馆的合作服务已经开通，高校读者通过本馆的用户账号，即可获得国家图书馆丰富的馆藏资源。

中国国家图书馆文献资源：据《国家图书馆年鉴 2018》统计资料显示，截至 2017 年底，馆藏总量为 37686187 册/件；资源内容主要包括电子图书 3787588 种 4268332 册，电子期刊 55882 种，电子报纸 3164 种，学位论文 7064178 篇，会议论文 6573228 篇，音频资料 1137907 首，视频资料 161276 小时；外购数据库共计 255 个，包括中文数据库 127 个、外文数据库 128 个。

CALIS 易得文献获取平台已经成为全国高校云服务平台，相关内容将在第 7 章相关章节介绍。

二、CALIS 联合目录

CALIS 联合目录数据库 2000 年 3 月正式启动服务。经过多年的积累，现已成为国内外颇具影响力的联合目录数据库。近 900 家成员单位的 3500 万余条馆藏信息，涵盖印刷型图书和连续出版物、古籍、部分电子资源及其他非书资料等多种文献类型，覆盖中、英、日、俄、法、德、意、西、拉丁、韩、阿拉伯文等 40 多个语种，数据标准和检索标准与国际标准兼容。CALIS 联合目录中心数据库。CALIS 联合目录提供了 743 万种的书目信息，目前 CALIS 成员馆可提供图书的部分章节复印服务。查找 CALIS 联合目录公共检索系统（http：//opae. ealis. edu. cn）简单检索页面，如图 4-20 所示。

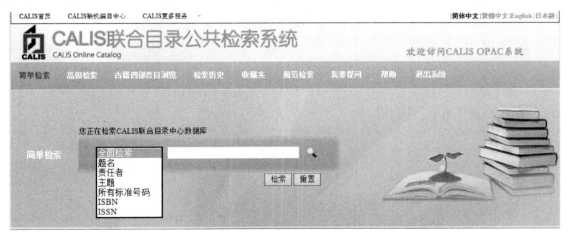

图 4-20 CALIS 联合目录公共检索系统简单检索页面

1. CALIS 联合目录简单检索说明

1）检索范围包括 CALIS 联合目录中心数据库的所有中文、外文数据。目前包含书目记录 7433236 条（2019 年 7 月 26 日数据）。

2）选择检索途径：全面检索（默认）、题名、责任者、主题、分类号、所有标准号码、ISBN、ISSN；输入检索词，然后点击"检索"按钮，或直接按回车键。

3）系统按照题名默认排序，也可以在结果列表页面选择责任者或出版信息排序。

2. CALIS 联合目录高级检索说明

CALIS 联合目录高级检索页面，如图 4-21 所示。

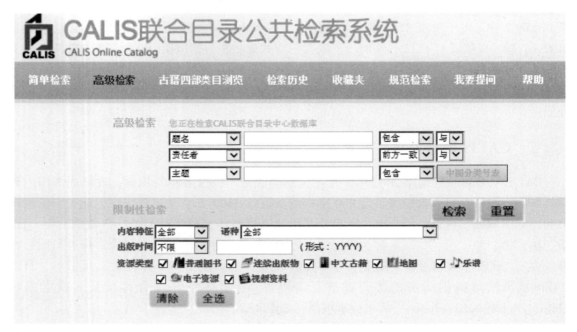

图 4-21　CALIS 联合目录高级检索页面

检索途径：全面检索、题名、责任者、主题、出版者、期刊题名、丛编题名、统一题名、个人责任者、团体责任者、会议名称、分类号、所有标准号码、ISBN、ISSN、ISRC、记录控制号等。

CALIS 联合目录高级检索说明：

1）选择检索点，输入检索词，选择限定信息，点击"检索"按钮或直接回车。

2）默认的检索匹配方式为前方一致，也可以在复选框中选择：精确匹配或包含。

3）最多可输入三项检索词，默认逻辑运算方式为"与"，也可以在复选框中选择"或""非"。

4）选择分类号检索点时，可以点击"中图分类号表"按钮浏览，选中的分类号将自动填写到检索词输入框中。

5）限制性检索的文献类型可选择：普通图书、连续出版物、中文古籍等，默认为全部类型。

6）限制性检索的内容特征可选择：统计资料、字典词典、百科全书，默认为全部。

7）可通过输入出版时间对检索结果进行限定。例如，选择"介于之间"并输入"2008—2018"，即检索 2008 年至 2018 年出版的文献。

8）检索词与限制性检索之间为"与"的关系。

思考练习

1. 试述读秀知识库为读者提供的数字文献资源有哪些？

2. 读秀学术搜索平台提供了哪些文献频道？各个文献频道有哪些检索途径？

3. 试用读秀的知识频道搜索几本书，获得全文、阅读、下载、摘录、注明来源。

4. 试用读秀的图书频道搜索几本书，获得全文、阅读、下载、摘录、注明来源。

5. 试用读秀的文献传递服务获取图书原文。

6. 试用 CALIS 易得文献获取平台检索几本书。

第五章 数字期刊及检索

 第一节 数字期刊概述

一、数字期刊简介

1. 定义

数字期刊（digital journal）也称为电子期刊（electronic journals），是以数字形式出版发行的，存储在光、磁等介质上，并可通过计算机设备在本地或远程读取、使用的连续出版物。数字期刊包括以光盘、磁盘为载体的数字期刊和网上数字期刊。其特点是传递速度快、内容丰富、使用方便、交互性强、功能强大。

数字期刊的发展大致可以分为两个阶段：

从1991—2000年，网上数字期刊的出版尚处于试验阶段，数量增长迅速。1994年4月，世界上第一种中文网络数字期刊——《华夏文摘》的出版，标志着中文网络数字期刊的诞生。这个时期数字期刊的应用者还主要在学术界，一些网络的爱好者和学术团体承担了数字期刊出版者的角色，目的在于促进学术交流。

随着互联网的迅速发展，进入21世纪后，从2002年开始，数字期刊在技术运用上实现了历史性突破，多媒体元素的加入使数字期刊在表现形式上有了巨大变革，P2P（点对点）技术的应用是产生数字期刊全新传播方式的基础，这一阶段是数字期刊发展成型的阶段。

就广义而言，任何以数字形式存在的期刊都可称为数字期刊，涵盖通过联机网络可检索到的期刊和以CD-ROM形式发行的期刊。现在数字期刊已经进入第三代，和电子杂志一样，以Flash为主要载体独立于网站存在。数字期刊是一种非常好的媒体表现形式，它兼具了媒体平面刊物与互联网两者的特点，且融入了图像、文字、声音、视频、游戏等呈现给读者，此外，还结合了链接、及时互动等网络元素，是一种很享受的阅读方式。数字期刊延展性强，可移植到PDA、MOBILE、MP4、PSP及TV（数字电视、机顶盒）等多种个人终端进行阅读。

2. 数字期刊的特点

与纸本期刊相比，数字期刊的使用除了不受时间和空间的限制外，还具有以下特点：

（1）时效性强

时效性强是指数字期刊基于网络平台出版发行，没有传统期刊的邮寄时间，因而可以比纸本期刊更快地与读者见面；同时，越来越多的期刊通过"Article in Press"方式提供已录用的文章，当纸本期刊还在排版印刷时，读者就已经能在网上看到文章的全文了。

（2）功能强大

功能强大是指数字期刊数据库提供期刊浏览与检索、期刊导航及期刊投稿信息查询等功能。有些数字期刊数据库还提供文章的增补内容，如 Science Online 可提供与文章的结论有直接关系，但因版面限制而不能发表的文字、表格、图片等附加材料。此外，同一份数字期刊可供多位读者同时使用。

（3）信息通报

信息通报是指系统按用户设置自动将相关的最新文献信息定期发送到用户邮箱，如 elsevier science direct 的 alert 服务可提供期刊的最新目次、通报最新的文章信息以及文章最新的被引用信息等。

（4）参考文献链接

参考文献链接是指一些数字期刊数据库（如清华同方 CNKI）还提供参考文献链接（也称为引文链接）。单击参考文献的篇名就可以直接看到原文。例如，在《Nature》（自然）杂志的电子版中，每篇文章后面都会给出一系列参考文献，凡是可以通过引文链接看到原文的，均提供了"Anicle"链接，单击后可看到参考文献原文。当然，前提条件是用户必须购买了被链接的数字期刊的使用权。

（5）全文阅读器

全文阅读器是指阅读数字期刊全文时，一般都需要预先下载安装指定的阅读器。国外的数字期刊全文通常采用 PDF 和 HTML 两种格式；国内的三大全文数字期刊数据库各不相同，万方数字化期刊采用 PDF 格式，清华同方的中国期刊全文数据库（简称 CNKI 期刊库）采用 CAJ 专用格式和 PDF 格式，重庆维普的中文科技期刊数据库（简称维普期刊库）采用 VIP 专用格式和 PDF 格式。

（6）通过各自的平台提供服务

通过各自的平台提供服务是指国内外的综合性全文数字期刊，一般都有各自的服务平台。另外，也可以使用由数字资源集成服务商所建立的服务平台，包括清华同方 CNKI 平台、EBSCOhost 平台、ProQuest 平台等。

（7）访问控制

访问控制是指数字期刊数据库一般采用 IP 地址控制访问权限，少数采用 IP+账号密码方式；数字期刊数据库的题录信息一般是免费开放的，而全文只有订购用户才能浏览。此外，一些数字期刊数据库还有并发用户数的限制，即允许同时访问数据库的用户数量的限制。

3. 数字期刊的优点

（1）数字期刊是机读杂志，数量大

它借助计算机惊人的运算速度和海量存储，极大地提高了信息量，一般的数字期刊数据库收录数据都大于 7000 种，如中国知网 CNKI 现在收录的全部期刊 11299 种，学术期刊共 8708 种（2019 年 7 月 18 日数据）；维普资讯期刊总量 14200 余种，现刊 9400 余种。

（2）快速查询

在计算机特有的查询功能的帮助下，使人们在信息的海洋中快速寻找所需内容成为可能，如清华同方 CNKI 提供关键词、题名、作者等多种检索途径。

（3）数字期刊在内容的表现形式上是声、图、像并茂

人们不仅可以看到文字、图片，还可以听到各种音效，看到活动的图像。

总之，数字期刊可以使人们获得多种感官的享受。加上数字期刊中极其方便的电子索引、随机注释，更使得数字期刊具有信息时代的特征。

值得一提的是，随着各种传媒系统（如手机、电视系统）和计算机网络的发展，数字期刊已经打破了以往的发行、传播形式，也打破了人们传统的时空观念，它更加贴近人们的生活，增进了人与人之间思想、感情的交流，更好地满足了新时代人们对文化生活的需求。

二、期刊的数量与来源

1. 高校期刊订购数量

《普通高等学校图书馆评估指标（修改稿）》对期刊数量的要求是："中外文现刊订购量：种数与读者数之比为 40% 及以上。"这个指标应该是很高的。例如，有一万名学生规模的高校图书馆，每年征订纸本期刊 4000 种以上，这是由期刊的重要性决定的。

2. 数字期刊的来源

目前，各高校图书馆数字期刊的来源有两个途径。

（1）由大型期刊出版社提供

这多是以某个大型出版社出版的期刊为主，由于这些期刊均归属于同一出版社，因此收录比较稳定。这类数字期刊库包括：Elsevier Science、SpringerLINK、Wiley InterScience、WorldSciNet、Blackwell Synergy 等。

（2）由数据库集成商提供

这是由某个数据库集成服务商将众多出版社的期刊汇集、整合在同一个检索平台上提供服务，如 CNKI 期刊库、维普期刊库、万方数字化期刊都属于这一类。这些数据库往往包含数千种期刊，同时还可能集成有其他类型的出版物，资源丰富。但由于所收录的期刊并不是专属期刊，涉及出版社向集成服务商授权的问题，因此期刊来源往往不太稳定，且电子版通常较印刷版滞后 3~4 个月。此外，会出现许多期刊同时被多个数据库重复收录的现象。

当然，电子版较印刷版也有超前的。为了更好地服务读者，促进文化繁荣和科技发展，"中国知网"全力打造"中国知网（CNKI）高级人才快速情报服务系统"，旨在通过优先数字出版开放获取平台，为中国高级专业人才免费提供最新、最好的文献推送服务。根据用户个人定制的所属学科和研究方向（用户自己填写的关键词）通过 E-mail、手机短信和中国知网个人数字图书馆等方式推送检索到的优先数字出版论文。优先数字出版论文是即将印刷出版的期刊论文，首先在网络上优先以数字形式出版的文献。CNKI 所遴选和推送的优先数字

出版论文，将在最大程度上满足读者查询的需要。

 **三、核心期刊**

1. 核心期刊的起源

核心期刊这个概念的源头可以追溯到 19 世纪 30 年代的英国。时任南肯辛顿科学图书馆馆长的英国化学家、文献学家布拉德福（S. C. Bradford），以润滑学和应用地球物理学两个学科为个案，对馆里的 490 种期刊中的 1727 篇论文，按每种期刊载文的多少分别排序，结果发现不同学科的论文往往集中发表在少数期刊上。1934 年，他撰写了论文《专门学科的情报源》，将发表专业文章最多的那部分期刊称为核心区域；其余期刊按发表专业文章的数量递减排序，并分成若干组，统称为相继区域；核心区域的期刊由于发表特定学科的论文的密度最大，被认为对该专业的贡献最大，于是将之称为该专业的"核心期刊"。

这个发现被情报学界概括为布拉德福定律，成为情报管理的基本理论之一。在此基础上发展起来的"核心期刊"研究，其主要功用是帮助图书馆制订相应的馆藏战略，及尽可能购买和收藏使用率（重要性）排在最前面的那批刊物，以便物尽其用，满足特定读者群中多数人的需要。

美国著名情报学家、SCI 等三大引文索引的创始人加菲尔德则进一步发展了布拉德福定律，开创了以引文分析法遴选核心期刊的先河。1971 年，他对 SCI 收录的 2000 余种期刊中的 100 万篇参考文献进行统计与分析，发现 25 种期刊占全部"参考文献"的 24%，152 种期刊占全部"参考文献"的 50%。也就是说，大约 75% 的被引文献来自于较为集中的少数期刊，加菲尔德将这些期刊命名为"核心期刊（core jouraaals）"，这就是著名的加菲尔德文献集中定律。加菲尔德不仅发展了布氏定律，把期刊所载论文的质量（被引用情况）列为核心期刊的首要因素，而且成功地把文献集中定律应用在引文索引的研究和开发之中，取得了极大的成功。

在众多科研资料当中，科技工作者最常使用的是期刊。期刊内容新颖、详尽、专业，成为科技工作者交流学术思想和动态的第一阵地。近年来，期刊发行量迅速增加，种类也急速增长。对于专业研究人员来说，期刊质量是参差不齐的，有的期刊刊载了大量高质量的论文，受到科研人员的普遍重视，有的则少有高质量文章。为了方便读者能迅速查找到他们所需要的有价值的信息，核心期刊便应运而生，成为科技工作者必须阅读的直接检索刊物。

2. 核心期刊的含义

2008 年版《中文核心期刊要目总览》对核心期刊下的定义：某学科核心期刊是指发表论文数量较多，文摘率、引文率、读者利用率相对较高，在本学科学术水平较高、影响力较大的那些期刊。核心期刊是指某学科的主要期刊。它一般是指所含专业信息量大、质量高，能够代表专业学科发展水平并受到本学科读者重视的专业期刊，也指刊载某学科学术论文较多的、论文被引用较多的、受读者重视的、能反映该学科当前研究状态的、最为活跃的那些期刊。核心期刊能集中该学科的大部分重要文献，能反映该学科当前的研究状况和发展方向，其学术性强，研究成果新颖，专题集中、系统，因此是获得专业领域前沿信息的主要信息源。

如前所述，专家研究发现，在文献信息源的实际分布中，存在着一种核心期刊效应，即世界上某一专业的大量科学论文，集中在少量的科技期刊中。这一现象可以从许多领域中看到，因此，在文献情报量激增的时代，核心期刊效应引起了人们的重视。目前，确定核心期刊的方法有多种，我国一般根据以下几条原则来综合测定：

1）载文量（即刊载本学科的文献量）多的期刊。

2）被二次文献摘录量大的期刊。

3）被读者引用次数多的期刊。

核心期刊是期刊中学术水平较高的刊物，是我国学术评价体系的一个重要组成部分。它主要体现在对科研工作者学术水平的衡量方面，如在相当一批教学科研单位申请高级职称、取得博士论文答辩资格、申报科研项目、科研机构或高等院校学术水平评估等，都需要在核心期刊上发表一篇或若干篇论文。

至今，国家没有"核心期刊"方面的法规、政策或管理办法，更没有对期刊分等级、评优劣。

3. 核心期刊的特点

（1）集中性

这是核心期刊最显著的特征，即它相对集中了大量某一学科的高质量文献。而这一特性来源于核心期刊的研制基础——布拉德福定律。

（2）代表性

核心期刊上所刊登的论文质量较高，代表了该学科最新发展水平和发展方向。通过关注这些论文，研究人员可以很容易地掌握该学科最新研究成果和研究趋势。追踪这些期刊的论文，就能站在学科的最前沿，跟上学科发展的步伐。

（3）学科性

核心期刊是对学术性期刊进行的研究总结，因此具有学科性。它总是与具体学科联系在一起，在某一学科范围内成为核心期刊，在其他学科范围内往往就不再是核心期刊。但是不排除由于学科之间的交叉渗透，有些期刊可以成为多个学科领域的核心期刊。

（4）公正性和权威性

核心期刊标准的制订必须符合客观实际，因此在选择核心期刊时，不仅要进行大量的数据统计、文献计量学的详细计算，还需要各行业专家进行客观的评审和调整，保证核心期刊的公正和权威。

（5）动态性和相对性

核心期刊是一个动态的概念，核心期刊的目录不是固定不变的。随着科学技术的发展，反映和记录科学技术活动和成果的学术期刊也在发展变化，其上的论文质量也在不断地发展变化。因此核心期刊需要定期重新筛选，核心期刊目录要进行修订和完善。核心期刊与非核心期刊之间并没有不可逾越的鸿沟，它们只是一种相对的概念，是某一时间段内期刊发展的大致情形。经过期刊的不断发展和评价指标的不断变化，原来的核心期刊可能不再属于核心期刊，而原先的非核心期刊有可能发展成为核心期刊。

目前，我国已经制订出一些比较权威的核心期刊目录。它们的制订在社会上引起了较大反响，图书情报界、学术界、出版界和科研管理部门对该项研究成果都给予了较高评价，普遍认为它适应了社会需要，为国内外图书情报部门对学术期刊的评估和选购提供了参考依据，促进了期刊编辑和出版质量的提高，已成为具有一定权威性的参考工具书。但是，人们在长期的研究过程中发现，核心期刊并不能准确体现期刊的发展状况。由于统计数据存在误差，核心期刊目录的制订和利用仍然存在一定的局限性。

除了这些权威的全国范围内各学科的核心期刊目录，一些科研院所也常常根据自己的需要对目录进行相应的修正。很多单位会结合自己的实际情况，制订出本单位承认的各种目录，称为"馆藏核心期刊"或"馆藏重要期刊"。

4. 核心期刊的作用

1）可以为图书馆期刊采购提供依据。

2）可以为图书馆导读工作和参考咨询提供依据。

3）可以为数据库建设提供支持。

4）可以为期刊扩大影响，提高学术水平服务。

5）可以为我国学术论文统计分析提供依据。

6）可以为科研绩效评价、专业职务评定提供依据。

7）可以为读者投稿提供参考。

要了解目前各专业领域的核心期刊，可查阅北京大学图书馆朱强馆长等主编的，于2017年出版的《中文核心期刊要目总览》（第8版）。

5. 国内较有影响力的核心期刊目录简介

（1）国家一级期刊目录

它是根据国务院学位委员会办公室，原国家教委研究生工作办公室确定的一级刊物，有时又称为中文重要期刊，是认定研究生教育水平的重要依据之一。国家一级期刊目录（中文重要期刊）只有166种，其中图书馆专业方面的只有《大学图书馆学报》和《中国图书馆学报》两种（比例情况：2017年评出的核心期刊1981种，当年全部中文期刊13953余种）。

（2）《中文核心期刊要目总览》

该书已于1992、1996、2000、2004、2008、2011、2014年出版了七版，主要是为图书情报部门对中文学术期刊的评估与订购、为读者导读提供参考依据。该书由北京大学图书馆朱强馆长等任主编，北京多所高校图书馆及中国科学院文献情报中心等单位参加研究编写而成的。1992年第1版收录了2100余种核心期刊，1996年第2版收录了1578种核心期刊，2000年第3版收录了1571种核心期刊，2004年第4版收录了1798种核心期刊，2008年第5版收录了1982种核心期刊，2011年第6版收录了1982种核心期刊。2014年第7版收录了1983种核心期刊。

该书第8版于2017年出版，主要是为图书情报部门对中文学术期刊进行评估与订购、以及为读者导读提供参考依据。为了及时反映中文期刊发展变化的新情况，编者开展了新一版核心期刊的研究工作。课题组认真总结了前7版的研制经验，对核心期刊评价的基础理论、评价方法、评价软件、核心期刊的作用与影响等问题进行了深入研究，在此基础上，进一步改进评价方法，使之更加科学合理，力求使评价结果尽可能准确地揭示中文期刊的实际情况。本版核心期刊定量评价，采用了被摘量（全文、摘要）、被摘率（全文、摘要）、被引量、他引量（期刊、博士论文、会议）、影响因子、他引影响因子、5年影响因子、5年他引影响因子、特征因子、论文影响分值、论文被引指数、互引指数、获奖或被重要检索工具收录、基金论文比（国家级、省部级）、Web下载量、Web下载率等16个评价指标，选作评价指标统计源的数据库及文摘刊物达49种，统计到的文献数量共计93亿余篇次，涉及期刊13953种。参加核心期刊评审的学科专家近8千位。经过定量筛选和专家定性评审，从我国正在出版的中文期刊中评选出1981种核心期刊，分属7大编78个学科类目。该书由各学科核心期刊表、核心期刊简介、专业期刊一览表等几部分组成，不仅可以查询学科核心期刊，还可以检索正在出版的学科专业期刊，是图书情报等部门和期刊读者不可或缺的参考工具书。

（3）《中国科技论文统计源期刊》

它是中国科学技术信息研究所（ISTIC）受国家科技部委托，按照美国费城的科学情报研究所（ISI）《期刊引证报告》（JCR）的模式，结合中国科技期刊发展的实际情况，选择了"总被引频次、影响因子、年指标、自引率、他引率、普赖斯指数、引用半衰期、被引半衰期、老化系数、来源文献量、参考文献量、平均引用率、平均作者数、地区分布数、机构数、国际论文比、基金论文比"17项期刊评价指标编制的。最早发布于1987年，以后不断有调整和重新发布。2008年版收录了1765种期刊，2017年收录了2048种期刊。《中国科技论文统计源期刊》对中国广大科技工作者、期刊编辑部和科研管理部门能够快速地评价期刊，客观准确地选择和利用期刊提供了依据，也为广大科研人员和科技期刊客观了解自身的学术影响力，提供了公正、合理、客观、科学的评价依据。

（4）《中国科学引文数据库》（Chinese Science Citation Database，CSCD）

CSCD是我国第一个引文数据库。1995年CSCD出版了我国的第一本印刷本《中国科学引文索引》，1998年出版了我国第一张中国科学引文数据库检索光盘，1999年出版了基于CSCD和SII数据，利用文献计量学原理制作的《中国科学计量指标：论文与引文统计》，2003年CSCD上网服务，推出了网络版，2005年CSCD出版了《中国科学计量指标：期刊引证报告》。2007年中国科学引文数据库与美国Thomson-Reuters Scientific合作，中国科学引文数据库以ISI Web of Knowledge为平台，实现与Web of Science的跨库检索，中国科学引文数据库是ISI Web of Knowledge平台上第一个非英文语种的数据库。CSCD被誉为"中国的SCI"。

中国科学引文数据库来源期刊每两年遴选一次。每次遴选均采用定量与定性相结合的方法，定量数据来自中国科学引文数据库，定性评价则通过聘请国内专家定性评估对期刊进行评审。定量与定性综合评估结果构成了中国科学引文数据库来源期刊。中国科学引文数据库来源期刊分为核心库和扩展库两部分。如：

2009—2010版本，CSCD共收录了1047种，其中核心库期刊669种，扩展库期刊

378 种。

2011—2012 版本，CSCD 共收录了 1124 种，其中核心库期刊 751 种，扩展库期刊 373 种。

2015—2016 版本，CSCD 收录 1200 种，其中核心库期刊 872 种，扩展库期刊 328 种。

2017—2018 版本，CSCD 收录了 1229 和，其中核心库期刊 887 种，扩展库期刊 342 种。

（5）《中文社会科学引文索引》（Chinese Social Sciences Citation Index，CSSCI）

它是由南京大学中国社会科学研究评价中心于 1997 年研制开发，后有香港科技大学加盟。1998 年首批入选期刊 496 种，1999 年收录社会科学领域的中文期刊 506 种，2000—2002 年收录 419 种，2003 年收录 418 种，CSSCI（2014—2015）来源期刊收录了 533 种质量较高、影响较大、编辑出版比较规范的中国内地和海外地区出版的人文社会科学学术期刊。CSSCI 参照国外的著名检索工具 SCI 和我国 CSCI）的做法调整选定。CSSCI 是国家教育部人文社会科学研究重大项目，是我国第一个大型人文社会科学引文数据库，在国内学术界有重大影响。

四、著名期刊检索工具

1. 美国费城的科学信息研究所的期刊检索工具

位于美国费城的科学信息研究所（Institute for Scientific Information，ISI，网址：http：//www. isinet. com），是美国人尤金·加菲尔德（Eugene Garfield）于 1960 年创办的一家私人公司，先后出版了当今世界上著名的期刊文献检索工具：SCI（科学引文索引）、SSCI（社会科学引言索引）、ISR（科学评论索引）、A&HCI（艺术人文引文索引）、ICR（期刊引用报告）和 Web of Seience（科学引文索引网络版）。

（1）SCI——《科学引文索引》

SCI（science citation index）创刊于 1963 年，是美国费城的科学信息研究所（ISI）出版的一部世界著名的期刊文献检索工具。

SCI 收录全世界出版的数、理、化、农、林、医、生命科学、天文、地理、环境、材料、工程技术等自然科学各学科的核心期刊约 3500 种；扩展版收录期刊 5800 余种。ISI 通过它严格的选刊标准和评估程序挑选刊源，而且每年略有增减，从而做到其收录的文献能全面覆盖全世界最重要、最有影响力的研究成果。所谓最有影响力的研究成果，是指报道这些成果的文献大量地被其他文献引用，即通过先期的文献被当前文献的引用，来说明文献之间的相关性及先前文献对当前文献的影响力。这使得 SCI 不仅作为一部文献检索工具使用，而且成为对科研进行评价的一种依据。科研机构被 SCI 收录的论文总量，反映出整个学术团体的研究水平，尤其是基础研究的水平；个人的论文被 SCI 收录的数量及被引用次数，反映出个人的研究能力与学术水平。

1）SCI 的特点：

①有利于了解某位著者或某一机构发表论文的数量及其影响的情况。SCI 收录的期刊均是学术价值较高、影响较大的国际科技期刊。因此，一个国家和地区乃至个人的学术论文被

SCI 收录和引用的数量多少，则是其科研水平、科研实力和科研论文质量高低的重要评价指标。同时也可反映出一个国家或地区或单位的科学活动在世界上的地位和比重。近年来，我国高等院校和科研单位都十分重视本单位科研人员被 SCI 收录的论文数量，并制定了相应的奖励政策，以便迅速提高本单位在相关研究领域的知名度与国际影响力。

②有利于了解世界范围内某一学科的研究动态。SCI 收录世界各国自然科学领域所有最新研究成果，反映学科最新研究水平。例如，利用 SCI 进行循环检索，就能逐步了解动物学前沿的进展情况，并能及时了解和捕捉国内外动物学领域及相关领域最新科研信息和研究动态，从而准确把握学科研究的方向和可能出现的重大进展，使科研成果在深度和广度上得到开拓。

③有利于了解研究热点及某篇论文的被引用情况。进入现代社会，几乎所有科学研究活动都是在继承、借鉴和积累的基础上得到提高和发展的。科技论文的发表必须建立在科学论证的基础上，在科技论文后面往往列有多篇参考文献。SCI 就是从这个角度，对公开发表又被他人引用过的文献建立起的一种独特索引，它可以把绝大多数内容相关的文献联系起来，将引用同一篇旧文献的所有新文献全部组合在一起，以便通过一篇文献找到其引用的参考文献。因此说，利用 SCI 可以使我们清楚地了解某项研究成果的继承与发展全貌。就某篇论文而言，被引用的次数越多说明该论文受关注的程度越高，其学术影响力越大。高引频论文常常表现为该论文研究的内容是某一时期该领域的研究热点。

2）SCI 的主要作用：

①通过文献间的引用和被引用关系，了解某一学术问题或观点的起源、发展、修正及研究进展。

②评价科学文献、学术期刊和专著的学术水平的参考工具。一般来说，高质量的学术期刊被引的频次较高。根据引文索引提供的引证数据有助于评价科技期刊的质量，确定某个学科的核心期刊。1975 年，ISI 在 SCI 的基础上推出期刊引用报告（journal citation report，JCR），提供了一套统计数据，展示学术期刊的被引用情况，发表论文的数量以及论文的平均被引用情况。

③作为科研机构和科研人员绩效评价的参考工具。引文索引有助于评价科学著作的价值和生命力、科学工作者的能力及其研究工作所产生的社会效果。科研机构被 SCI 收录的论文总量，反映整个机构的科研，尤其是基础研究的水平；个人的论文被 SCI 收录的数量及被引用次数，反映他的研究能力与学术水平。

④作为文献检索的一种工具。引文索引提供了一种全新的文献检索手段，即从已知的某一作者的一篇论文开始，查到所有引用过这一论文的其他论文，再以这些引用论文的作者为新的检索起点，查到更多地被引用论文。经过多轮循环，可以检索到大量相关的文献线索。

（2）SSCI——《社会科学引文索引》

SSCI（social sciences citation index）创刊于 1973 年，为 SCI 的姊妹篇，也由美国费城的科学信息研究所（ISI）创建的综合性社科文献数据库，是目前世界上可以用来对不同国家和地区的社会科学论文的数量进行统计分析的大型检索工具。1999 年，SSCI 全文收录 1809种世界最重要的社会科学期刊，内容覆盖包括人类学、法律、经济、历史、地理、心理学区域研究、社会学、信息科学等 55 个领域。收录 50 个语种的 1700 多种重要的国际性期刊，累计约 350 万条记录，文献类型包括研究论文、书评、专题讨论、社论、人物自传、书信等。选择收录（Selectively Covered）期刊为 1300 多种。

（3）ISR——《科学评论索引》

ISR（index to scientific reviews）创刊于 1974 年，由美国费城的科学信息研究所（ISI）编辑出版，收录世界各国 2700 余种科技期刊及 300 余种专著丛刊中有价值的评述论文。高质量的评述文章能够提供本学科或某个领域的研究发展概况、研究热点、主攻方向等重要信息，是极为珍贵的参考资料。

（4）A&HCI——《艺术人文引文索引》

A&HCI（arts&humanities citation index）　1978 年创刊，为美国费城的科学信息研究所（ISI）建立的综合性艺术与人文类文献数据库，包括语言、文学、哲学、亚洲研究、历史、艺术等内容。共收录 1400 多种国际权威的期刊，累计 200 余万条记录。

（5）JCR——《期刊引用报告》

JCR（journal citation reports）是美国费城的科学信息研究所（ISI）从 1975 年起，每年出版的期刊引用报告。它是对包括 SCI 收录的 3500 种期刊在内的 4700 种期刊之间的引用和被引用数据进行统计、运算，并针对每种期刊定义了影响因子（impact factor）等指数加以报道。一种期刊的影响因子，指该刊前两年发表的文献在当年平均被引用次数。一种刊物的影响因子越高，其刊载的文献被引用率越高，说明这些文献报道的研究成果影响力大，该刊物的学术水平高。论文作者可根据期刊的影响因子排名决定投稿方向。

（6）Web of Science——《科学引文索引》（SCI 网络版）

ISI 是世界闻名的从事科技信息研究、出版和服务的机构。著名的科技信息检索工具——《科学引文索引》（Science Citation Index，SCI）即是 ISI 的产品。SCI 通过独特的引文索引法揭示科技文献之间的内在逻辑与联系，反映文献之间引用与被引用的关系，体现了科学和技术的发展过程，同时帮助研究人员了解自己著作的被引用率和持续时间，从而估计其影响力。多年来，SCI 在科学界得到了广泛的应用，发表的学术论文被 SCI 收录或引用的数量，已被世界上许多大学作为评价学术水平的一个重要标准，大大促进了科学研究的发展。

1）SCI 主要发行三个版本：纸质版、光盘版及 Internet Web 版。Web of Science 即是《科学引文索引》（SCI）网络版。SCI 在 1997 年推出了网络版的数据库，一经推出即获得了用户的普遍好评。与 SCI 的光盘版相比，Web of Science 的信息资料更加翔实，其中的 Science Citation Index Expand 收录全球 5600 多种权威性科学与技术期刊，比 SCI 光盘增加 2100 种；Web of Science 充分地利用了网络的便利性，功能更加强大，彻底改变了传统的文献检索方式，运用通用的网络浏览器界面，全新的网络超文本格式，将所有的信息相互关联，只需轻按鼠标，即可获取想要的信息资料；Web of Science 更新更加及时，数据库每周更新，确保及时反映研究动态。

2）Web of Knowledge 是一个基于互联网所建立的新一代学术信息资源整合体系。目前，Web of Knowledge 平台的数据库还有会议录、德温特专利、现刊题录、化学数据库、生物科学数据库、期刊分析报告等七大类数据库。

①Web of Science（WOS，包括 SCI-Expanded、SSCI、A&HCI）。

②ISI Proceedings（包括 ISTP、ISSHP）。

③Derwent Innovations Index（德温特专利）。

④Current Contents Connect（CC，现刊题录）。

⑤ISI Chemistry（化学数据库）。

⑥BIOSIS Previews（BP，生物科学数据库）。

⑦Joumal Citation Reports（JCR，期刊引用报告）。

3）Web of Science 由三个独立的数据库构成。

①Science Citation Index ExpandedTM（科学引文索引，SCI），每周更新，收录 5600 多种权威性科学与技术期刊，可追溯至 1973 年。

⑦Social Science Citation Index（社会科学引文索引，SSCI），每周更新，收录 1700 多种社会科学期刊，可追溯至 1973 年。

③Arts&Humanities Citation Index（艺术与人文科学引文索引，A&HCI），每周更新，收录全球 1140 种艺术与人文科学期刊，可追溯至 1975 年。

它们既可以分库检索，也可以多库联检。如果需要跨库检索，可选择"CrossSearch"，即能在同一平台同时检索 5 个数据库。

4）最与众不同的功能。该库不仅将登载在期刊文章中的相关书目资料（如作者、篇名、出处、摘要等）完整呈现出来，而且包括了该篇文章所引用的参考文献。经由 ISI 公司独家设计的被引用文献检索（cited reference search）功能，可帮助研究人员迅速找到相关研究的文献资料。

5）引文检索独有的功能。

①跨学科检索来自科学技术、社会科学和人文科学三大领域 230 门学科的学术文献。

②查询引用过某一研究领域的文献，客观评估该项研究工作在全球学术界的影响力。

③查找某项重要理论或概念的由来。

④了解自己以及同行业竞争者研究工作的进展与影响，做到知己知彼。

⑤追踪当前的研究热点。

⑥查询某一理论是否仍然有效，而且已经得到证明；或者相反，该理论已经被修正过；考证基础理论研究如何转化到应用领域。

⑦证明某一理论或概念的独特性。

2. EI——美国工程信息公司的《工程索引》

《工程索引》（The Engineering Index，EI）创刊于 1884 年，是由美国工程信息公司（Engineering Information Inc）出版的著名工程技术类综合性检索工具。EI 每月出版 1 期，文摘 1.3 万~1.4 万条；每期附有主题索引与作者索引；每年还另外出版年卷本和年度索引，年度索引还增加了作者单位索引。收录文献几乎涉及工程技术各个领域，如动力、电工、电子、自动控制、矿冶、金属工艺、机械制造、土建、水利等。它具有综合性强、资料来源广、地理覆盖面广、报道量大、报道质量高、权威性强等特点。

EI 选用世界上几十个国家和地区 15 个语种的工程技术类 3500 余种期刊和 1000 余种会议录、科技报告、标准、图书等出版物，年报道文献量 16 万余条。

（1）EI 发展的几个阶段

EI 于 1884 年创办至今，拥有月刊、年刊的印刷版。20 世纪 70 年代，创办电子版数据库（Compendex），并通过 Dialog 等大型联机系统提供检索服务；80 年代，光盘版数据库（CD-ROM，Compendex）问世；90 年代，开始提供网络版数据库（EI Compendex Web），推出了工程信息村（Engineering Information Village）；2000 年 8 月，EI 推出 Engineering Information Village-2 版本（EV2），对文摘录入格式进行了改进。

（2）EI Compendex 网络版

EI Compendex 网络版（简称 EI 网络版）由 Elsevier Engineering Information Inc 编制，是目前全球最全面的工程检索数据库，收录文献来源于世界 50 余个国家、15 种文字的 5100 种出版物，文献类型主要为工程类期刊、会议论文集和技术报告的超过 700 万篇论文的参考文献和摘要，但不报道纯理论性文献和专利文献。数据库涵盖工程和应用科学领域的各学科，涉及核技术、生物工程、交通运输、化学和工艺工程、照明和光学技术、农业工程和食品技术、计算机和数据处理、应用物理、电子和通信、控制工程、土木工程、机械工程、材料工程、石油、航空、汽车工程以及这些领域的子学科与其他主要的工程领域。

EI 网络版可以检索到 1970 年至今的文献，数据库每年增加选自超过 175 个学科和工程专业的大约 25 万条记录；EI 网络版数据库每周更新数据，以确保用户可以跟踪其所在领域的最新进展。EI 网络版是全世界最早的工程文摘来源；EI 网络版收录的文献涵盖了所有的工程领域，其中大约 22% 为会议文献，90% 的文献语种是英文。

EI 在 1992 年开始收录中国期刊。1998 年 EI 在清华大学图书馆建立了 EI 中国镜像站。为了让中国用户与全球用户同步使用 EV2 数据库，美国工程信息公司实施 EV2 中国用户的平台转换工作，转换时间是 2011 年 4 月 27 日。平台转换后，成员全部通过国际站点访问 EV2 数据库，清华镜像站点停止使用。用户再登录清华镜像站点，将会弹出信息提醒用户使用国际站点。

2009 年以前，EI 把它收录的论文分为两个档次：

1）EI Compendex 标引文摘（也称为核心数据）。它收录论文的题录、摘要，并以主题词、分类号进行标引深加工。有没有主题词和分类号，是判断论文是否被 EI 正式收录的唯一标志。

2）EI Page One 题录（也称为非核心数据）。它主要是以题录形式收录，有的也带有摘要，但未进行深加工，没有主题词和分类号，所以 Page One 题录文摘不一定算作正式进入 EI。EI Compendex 数据库从 2009 年 1 月起，所收录的中国期刊数据不再分核心数据和非核心数据。

（3）EI 对稿件内容和学术水平的要求

1）具有较高学术水平的工程论文，涵盖的学科有：

①机械工程、机电工程、船舶工程、制造技术等。

②矿业、冶金、材料工程、金属材料、有色金属、陶瓷、塑料及聚合物工程等。

③土木工程、建筑工程、结构工程、海洋工程、水利工程等。

④电气工程、电厂、电子工程、通信、自动控制、计算机、计算技术、软件、航空航天技术等。

⑤化学工程、石油化工、燃烧技术、生物技术、轻工纺织、食品工业。

⑥工程管理。

2）国家自然科学基金资助项目、科技攻关项目、"863" 高技术项目等。

3）论文达到国际先进水平，成果有创新。

3. ISTP——美国费城的科学信息研究所的《科技会议录索引》

《科技会议录索引》（Index to Scientific&Technical Proceedings，ISTP）创刊于 1978 年，

由美国费城的科学信息研究所编辑出版。该索引收录生命科学、物理与化学科学、农业、生物和环境科学、工程技术和应用科学等学科的会议文献，包括一般性会议、座谈会、研究会、讨论会、发表会等。其中，工程技术与应用科学类文献约占35%，其他涉及学科基本与SCI相同。

ISTP收录论文的多少与科技人员参加的重要国际学术会议多少或提交、发表论文的多少有关。我国科技人员在国外举办的国际会议上发表的论文占被收录论文总数的64.44%。

在ISTP、EI、SCI这三大检索系统中，SCI最能反映基础学科研究水平和论文质量，该检索系统收录的科技期刊比较全面，可以说它集中了各个学科高质量优秀论文的精粹，该检索系统历来都是世界科技界密切注视的中心和焦点。ISTP、EI这两个检索系统在评定科技论文和科技期刊的质量标准方面相对较为宽松。

第二节　中国知网（CNKI）期刊检索

一、CNKI概述

1. CNKI主页

对于学校用户，可以先进入本校的图书馆首页，一般从电子资源列表中选择"中国知网数字图书馆——中国期刊网全文数据库"链接或者直接登录"中国期刊全文数据库"网址http：//www.cnki.net/，进入其主页，如图5-1所示。

图5-1　中国知网（CNKI）主页（文献检索页面）

中国知网主页上提供了"文献检索、知识元检索、引文检索"三个入口。

1）文献检索页面就是主页，如图 5-1 所示。现在的 CNKl 平台实现了中外文混检，CNKI 平台按照文献类型重新组织中外文资源，实现了中、外文文献的合并检索和统一排序。读者也可以按照自己的需求，在检索结果中切换显示"中文文献"或"外文文献"。文献检索既可选择跨库检索，也可选择单库检索。

2）知识元检索，如图 5-2 所示。

图 5-2　中国知网（CNKI）知识元检索页面

知识元检索的内容有：知识问答、百科、词典、手册、工具书、图片、统计数据、指数等。

3）引文检索，可以对"被引题名、被引作者、被引第一作者、被引单位、被引来源、被引文献关键词、被引摘要、被引文献分类号"等内容进行检索。

2. CNKI 的文献资源库及类型

这里介绍 CNKI 文献资源库及类型的目的，是告知读者，在中国知网（CNKI）上读者可以检索和利用的文献资源库及类型。建议读者在获取文献资源时，以 CNKI 检索平台为主并熟练掌握检索方法，其他的平台为辅助，以便在需要时进行快速检索与利用。

（1）主要源数据库

1）期刊：《中国学术期刊（网络版）》、中国学术辑刊全文数据库、世纪期刊。

2）学位论文：中国博士学位论文全文数据库、中国优秀硕士学位论文全文数据库。

3）报纸：中国重要报纸全文数据库。

4）会议：中国重要会议论文全文数据库、国际会议论文全文数据库。

5）医药：人民军医知识库、人民军医出版社图书数据库。

6）专利：中国专利全文数据库（知网版）、海外专利摘要数据库（知网版）。

7）标准：国家标准全文数据库、国内外标准题录数据库、中国行业标准全文数据库。

（2）特色资源

中国年鉴网络出版总库、中国经济社会发展统计数据库、中国经济信息文献数据库、中国法律知识资源总库法律法规库、中国科技项目创新成果鉴定意见数据库（知网版）、中国工具书网络出版总库 4.0 版公测版、中国工具书网络出版总库、汉语大词典 & 康熙字典（知网版）、商务印书馆·精品工具书数据库、建筑工程造价预算与规范数据库、中国规范术语：全国科学技术名词审定委员会公布名词（免费）、古籍（国学宝典）、CNKI 学术图片知识库、CNKI 外观专利检索分析系统、职业教育特色资源总库、国家职业标准、职业技能视频、职业技能图书等。

（3）国外文献资源

EBSCO ASRD-学术研发情报分析库、EBSCO BSC-全球产业（企业）案例分析库、EB-SCO EPS-国际能源情报分析库、EBSCO MGC-军事政治情报分析库、DynaMed-循证医学数据库、Springer 期刊数据库、Taylor&Franeis 期刊数据库、Wiley（期刊/图书）、Emerald 期刊、IOS 期刊数据库（知网版）、ProQuest 期刊、PubMed 期刊、IOP 期刊、美国数学学会期刊、英国皇家学会期刊、汉斯期刊、剑桥大学出版社期刊、Frontiers 系列期刊数据库、Academy 期刊、Annual Reviews 期刊、Bentham 期刊、伯克利电子期刊、Earthscan 期刊、Han 出版社期刊等。

二、CNKI 文献检索频道

1. 文献检索频道的跨库选择

打开 CNKI 主页（http：//www.cnki.net），进入主页的文献检索频道，如图 5-3 所示。

图 5-3　文献检索频道的跨库选择

1）关于跨库检索：可以选择控制在 1~8 个数据库中进行检索，系统默认的文献检索是在"学术期刊、博硕、会议、报纸"4 个数据库中进行检索。如果读者还想增加数据库，可添加"年鉴、专利、标准、成果"等，方法是用鼠标选中该数据库（即在数据库方框内打钩），如图 5-4 所示，最多可以添加 8 个数据库。如果读者很明确是在学术期刊中检索，则可以取消博硕论文、会议论文、报纸数据库等，取消的方法是单击一下数据库前面的方框，取消方框内的对钩。读者根据检索内容的需要，合理选择包含检索内容的数据库，会节省检索时间。全选 8 个数据库时，检索会在全部数据库中进行，会增加检索量，检索时间也相应延长。

2）关于单库检索：文献检索频道下面列出了可以单独进行的文献检索，有图书、古籍法律法规、政府文件、企业标准、科技报告、政府采购等数据库，如图 5-4 所示。

图 5-4　文献检索频道的单库检索

2. 文献检索频道的途径选择

通过上面文献频道的跨库选择之后，接着进行的是选择检索途径：系统提供了"主题、篇关摘、关键词、篇名、全文、作者、单位、摘要、被引文献、中国分类号、文献来源、

DOI"等 12 个检索途径，读者可通过下拉菜单选择，如图 5-5 所示。

如果读者不作任何选择，系统默认是主题，读者在检索框中输入中文文献或外文文献的主题词就可以检索了。

提醒读者注意：检索途径与检索词之间有严格的相关性，如检索途径选择"篇名"，检索词就填写"文章标题名称"；如检索途径选择"作者"，检索词就填写"作者姓名"。

文献检索频道的检索框中可以输入中文文献、外文文献或中外文混合检索，检索结果可选择按中文排序，或者按外文排序。

图 5-5　文献检索频道的途径选择

3. 文献频道的高级检索

在文献频道页面，检索框右边有"高级检索"，单击"高级检索"后，进入文献频道高级检索页面，如图 5-6 所示。

图 5-6　文献频道的高级检索页面

从主页进入高级检索页面，有"文献、期刊、博硕士、会议、报纸、图书、年鉴、百科、词典、统计数据、专利、标准"等频道。

文献检索的高级检索支持空检。所谓空检就是在检索框中不输入任何检索词，直接单击检索按钮，找到 153741473 条结果（2020 年 8 月 27 日数据），这个数据反映了文献资源池里的元数据量的多少，同时可以检验 CNKI 检索系统是否工作正常。

由图 5-6 还可知：文献频道检索支持"高级检索、专业检索、作者发文检索、句子检索、一框式检索"5 种。

由文献高级检索页面可知，系统设置了很多可选择的检索条件，目的是使检索结果更加精确。在 CNKI 的文献高级检索中，系统提供了"输入检索条件"。

输入检索条件有：主题、关键词、篇名、摘要、全文、被引文献、中图分类号等；检索框可根据检索内容多少按 + 增加，或按 − 减少，最多可增加到 7 个检索框，各检索框的检索词之间可用"与、或、非"三种布尔逻辑运算关联，这里是用"并含、或含、不含"代替"与、或、非"，还有"词频""精确""模糊"来控制检索结果。

输入检索条件还有：发表时间、文献来源、支持基金等选择控件条件。作者项和作者单位也可以按 + 增加，或按 − 减少，最多可增加到 5 位作者。

文献频道的高级检索全部条件页面如图 5-7 所示。

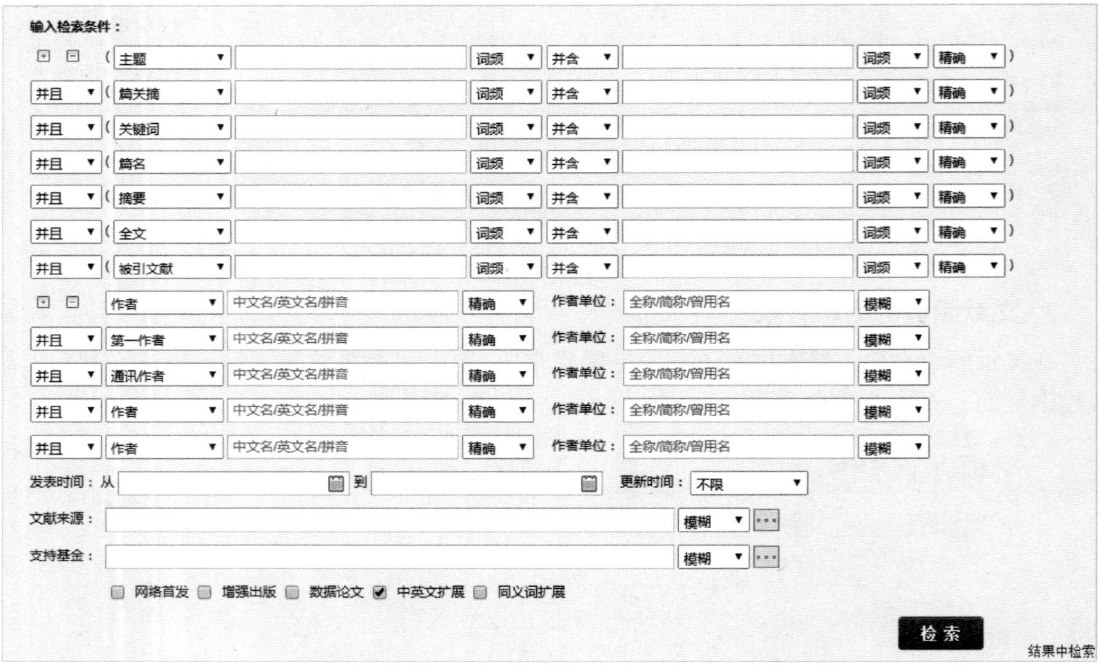

图 5-7　文献频道的高级检索全部条件页面

三、CNKI 学术期刊检索

在中国知网（CNKI）主页（cajn. cnki. net/cajn）中部，显示"中国学术期刊（网络版）& 中国学术期刊网络出版总库"图标，它是 CNKI 最重要的资源库，点击它后进入学术期刊总库主页，如图 5-8 所示。

图 5-8 CNKI 学术期刊总库主页

1. 一站式检索框

CNKI 期刊频道一站式检索框，如图 5-9 所示。

图 5-9 期刊频道的一站式检索框

CNKI 期刊频道一站式检索框的左边，学科导航提供了"优先出版、印后上网、全部"三个选项，其中优先出版期刊共 2011 种、印后上网期刊共 4950 种、全部学术期刊共 8819 种。系统默认是网络首发期刊，读者可以根据需要选择，或在全部期刊中检索。

通过检索框左侧"主题"右边的下拉菜单，可选择检索途径并在检索框中填写内容，系统为读者提供了 15 个检索途径："主题、关键词、篇名、全文、作者、单位、刊名、ISSN、CN、基金、摘要、被引文献、中图分类号、DOI、栏目信息"等，从中选择一个检索途径，在其后的检索框中输入对应的检索内容的关键词，就可以进行简单的期刊检索。系统默认是"主题"途径检索。

2. 期刊导航（期刊检索）

期刊导航在 CNKI 中国学术期刊主页上用"期刊检索"表示，用于在《中国学术期刊网络出版总库》中通过浏览途径查找期刊，特别适合集中查看某种已知刊名的期刊，就像是看历年的期刊合订本一样方便。

全球最大的连续动态更新的学术期刊数据库——《中国学术期刊网络出版总库》内容覆盖自然科学、工程技术、农业、哲学、医学、人文社会科学等各个领域，收录期刊大部分回溯至创刊，最早的回溯到 1915 年，如 1915 年创刊的《清华大学学报（自然科学版）》。读者可直接浏览期刊基本信息，按期查找期刊文章。

（1）进入期刊导航

中国学术期刊 & 中国学术期刊网络出版总库，收录全部期刊 11515 种（2019 年 7 月 18 日数据），是 CNKI 最重要的资源库，点击图 5-8 右边的"期刊检索"进入期刊导航页面，如图 5-10 所示。

图 5-10　期刊导航页面

期刊导航收录期刊共 11515 种，按照 CNKI 的分类排列，共 10 专辑，168 专题，单击所关心的专题，层层进入查找期刊。

期刊导航内容覆盖自然科学、工程技术、农业、哲学、医学、人文社会科学等各个领域，囊括了基础研究、工程技术、行业指导、党政工作、文化生活、科学普及等各种层次的期刊。收录期刊大部分回溯至创刊，最早的回溯到 1915 年。读者可直接浏览期刊基本信息，按期查找期刊文章。期刊导航中，核心期刊按 2017 年版《中文核心期刊要目总览》核心期刊表分类，只包括被 2017 年版《中文核心期刊要目总览》收录的期刊。世纪期刊按期刊的知识内容分类，只包括 1994 年之前出版的期刊。期刊的影响因子按《中国学术期刊影响因子年报（2017 版）》结果显示。

（2）期刊导航的途径

从图 5-10 页面可知：右边部分，从上到下依次是"检索框""期刊类型导航"；左边部分的"学科导航、数据库刊源导航、主办单位导航、出版周期导航、出版地导航、发行系统导航、核心期刊导航"等栏目。读者可从不同的途径进入查找期刊。

1）检索框：可以通过系统提供的刊名、主办单位、ISSN、CN 等途径检索期刊。

2）期刊类型导航：从图 5-10 中可知，期刊类型导航分为"全部期刊（11515 种）、学术期刊（8819 种）；网络首发期刊（1858 种）；独家授权期刊（1330 种）；世纪期刊（3802 种）；个刊发行（558 种）（2020 年 8 月 27 日数据）。读者可从不同的途径进入查找期刊。

3）专辑导航：在期刊导航页面左侧的专辑导航栏中，单击任何一个专辑（专题）的名称，可以显示该专辑（专题）下所有期刊。专辑分为："学科导航、数据库刊源导航、主办单位导航、出版周期导航、出版地导航、发行系统导航、核心期刊导航"7种。

①学科导航：CNKI的学科导航分为十大学科：基础科学（840种）、工程科技Ⅰ（1122种）、工程科技Ⅱ（1326种）、农业科技（639种）、医药卫生科技（1389种）、哲学与人文科学（1466种）、社会科学Ⅰ（1067种）、社会科学Ⅱ（2296种）、信息科技（669种）、经济与管理科学（1406种）（2020年8月27日数据）。再将十大学科分为188个分支学科（实际统计）。

②数据库刊源导航：收录了世界上著名的期刊资源数据库：CA化学文摘（美）（2014）（1672）、SA科学文摘（英）（2011）（262）；SCI科学引文索引（美）（2018）（158）；JST日本科学技术振兴机构数据库（日）（2018）（2134）；Pж（AJ）文摘杂志（俄）（2014）（511）；EI工程索引（美）（2019）（213）；CSCD中国科学引文数据库来源期刊（2019—2020年度）（856）；CSCD中国科学引文数据库来源期刊（2019—2020年度）（扩展版）（319）；CSSCI中文社会科学引文索引（2019—2020）来源期刊（569）；CSSCI中文社会科学引文索引（2019—2020）来源期刊（扩展版）（211）；CSSCI中文社会科学引文索引（2017—2018）学术集刊（162）（2020年8月27日数据）。各数据库后面括号内的数字是（年）和期刊（种）。

③主办单位导航：分为出版社（54）、211高校（879）、科研院所（133）、学会（481）等。

④出版周期导航：分为年刊、半年刊、季刊、双月刊、月刊、半月刊、旬刊、周刊等。

⑤出版地导航：分为华北、华东、华南、西北、西南、华中等。

⑥发行系统导航：分为邮发期刊、非邮发期刊、国际发行期刊等。

⑦核心期刊导航：核心期刊按2017年版《中文核心期刊要目总览》核心期刊表分类，只包括被2017年版《中文核心期刊要目总览》收录的期刊。第一编 哲学、社会学、政治、法律（271种）；第二编 经济（155种）；第三编 文化、教育、历史（303种）；第四编 自然科学（343种）；第五编 医药、卫生（255种）；第六编 农业科学（131种）；第七编 工业技术（521种）（2020年8月27日数据）。

读者可根据自己的兴趣，点击关心的专题，层层进入，查找自己所需期刊。

3. 期刊高级检索

在CNKI中国学术期刊（网络版）主页上，点击检索框右边的"高级检索"，进入期刊高级检索页面，如图5-11所示。

从图5-11中可知，为提高查准率，期刊高级检索增加了很多限制条件。

（1）检索步骤

高级检索过程可规范为三个步骤。

1）选择内容检索条件：可在主题、篇名、关键词、摘要、全文、参考文献、中图分类号等项中选择一个或数个。

注意：检索框可根据检索内容多少按 ⊞ 增加或按 ⊟ 减少，最多可增加到7个检索框；

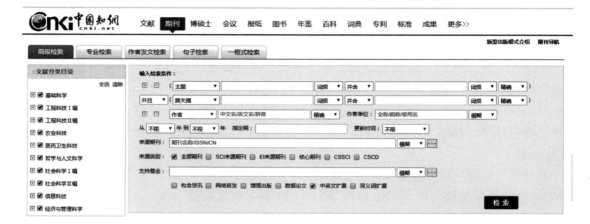

图 5-11 期刊高级检索页面

输入的检索词之间，用"并含、或含、不含"代替布尔逻辑关系"与、或、非"，并输出符合条件的检索结果。

2）选择检索控制条件：作者及作者单位、期刊年限、来源期刊、来源类别、支持基金。注意：这些项可选，可不选（系统默认条件），可多选，可少选，由检索者自主控制。

3）对检索结果的分组排序，反复筛选，修正检索式得到最终结果。

在实际检索中，可以从篇名途径去检索，并填写 2~3 个关键词，选择好关键词之间的布尔逻辑关系，就可以检索到相当多的相关度很高的文章。

（2）内容检索条件说明

设置内容检索条件目的，通过基于文献的内容特征，在主题、篇名、关键词、摘要、全文、参考文献、中图分类号之间进行简单的逻辑运算"并含、或含、不含"的运算。

1）在下拉框中，选择一种文献内容特征，在其后的检索框中填入一个关键词。

2）若一个检索项需要两个关键词做控制，它们的关系可选择"并含""或含""不含"，在第二个检索框中输入另一个关键词。

3）单击检索项前的 ![+]，增加逻辑检索行，添加另一个文献内容特征检索项；单击 ![-] 减少逻辑检索行。

4）精确与模糊检索，可控制该检索项的关键词的匹配方式。

精确：检索结果完全等同，或包含与检索字/词完全相同的词语。

模糊：检索结果包含检索字/词或检索词中的词素。

5）添加完所有检索项后，单击"检索"进行搜索。

6）中英文扩展，是由所输入的中文检索词，自动扩展检索相应检索项中英文词语的一项检索控制功能。仅在选择"匹配"中的"精确"时，此功能才可用。

7）结果中检索。在实施一次检索后，如想对本次检索结果进行进一步的筛选，可缩小所需的检索项内容，然后单击"在要结果中检索"。

（3）检索控制条件说明

设置检索控制条件目的，是为了通过对检索范围的限定，以便获得比较准确的检索结果，条件设置越多，检索范围就越小，检索速度就越快，检索结果就越精确。

CNKI 系统设置的检索控制条件有：作者及作者单位、期刊年限、来源期刊、来源类别、支持基金等 5 项。

1）作者及作者单位：在检索中可限定文献的作者和作者单位。在下拉框中选择限定"作者"或"第一作者"，在后面的检索框中输入作者姓名或作者单位（可使用模糊检索或精确检索）。

若要检索多个作者合著的文献，单击检索项前➕增加逻辑检索行，添加一个作者项，最多可加到 5 个作者项；单击➖减少逻辑检索行，去除一个作者项。

注意：所有检索框在未输入检索词时默认为该检索项不进行限定，将检出库中全部文献。

2）期刊年限：是限定检索期刊的年限范围（如近 5 年的期刊），检索从某年~某年的期刊。

3）来源期刊：在后面的检索框中填写期刊具体刊名，如果不记得了，可单击后面的┉按钮，链接"文献来源选择"页面去选择具体的刊名，共有 8708 条刊名记录（2019 年 7 月 18 日数据）可供选择，选择后单击"确定"，返回检索框，刊名已经填入在检索框中了。

4）来源类别：这里是复选框，系统提供了"全部期刊、SCI 来源期刊、EI 来源期刊、核心期刊、CSSCI、CSCD"等项；默认为"全部期刊"。

5）支持基金：在检索中，可直接在检索框中输入基金名称的关键词，也可以单击检索框后的┉按钮，在弹出的窗口中，共有 997 条记录，选择"基金名称"后，单击"确定"，返回检索框，支持基金已经填入检索框中了。

（4）熟练掌握高级检索页面可实现更多特殊检索技巧

各种各样的检索都可在高级检索页面实现。

1）查找某作者发表的文章。要完成这一功能，只需在高级检索页面中使用"作者"框就可以完成。如果作者有重名，再用"作者单位"限制检索结果。这就是后面要讲的"作者发文检索"。

这对于想考某导师的研究生，考前想了解导师的研究领域、曾经发表的文章，可用此检索功能检索下载该导师发表的文章进行全文阅读了解，或为面试做准备。

2）查找某作者发表有多少文章，且学术价值如何。要完成这一功能，只需在"作者"+"来源类别"中即可完成。来源类别提供了"全部期刊、SCI 来源期刊、EI 来源期刊、核心期刊、CSSCI"等项的复选组合，这足够满足对某作者发表文章进行学术价值筛选的需要。

3）查找在某特定期刊上，某单位哪些作者发表了文章。完成这一功能，只需在高级检索中使用"期刊名称或 ISSN 号"+"作者单位"即可完成筛选。

4）查找近 5 年内发表的文章。有的导师要求学生参考最新的论文或成果，则在检索时加年度"时间限制"条件就可以了。如时间设定在 2015~2019 年度，检索输出结果就是这个区间发表的文章。

5）推荐用篇名途径去检索文章。篇名就是文章的标题，也称题名（各数据库称法会不同）。篇名是以最恰当、最简明的词语反映论文中最重要的特定内容的逻辑组合。篇名中一般包含有几个关键词，且关键词排列有严格的顺序：第 1 关键词，论文所属学科名称；第 2 关键词，成果名称；第 3 关键词，所用方法名称；第 4 关键词，研究对象；第 5、6 关键词，便于检索和利用文献的名称。更重要的是，如果用逻辑"与"组合关键词，检索结果会出现篇名中包含了全部输入的关键词。这种相关度是最理想的和最高的。

【例5-1】 用期刊高级检索查找5年内且篇名中含有"文献检索"和"利用"的文章。

第一步，进入高级检索页面后，依题意检索途径都选择"篇名"，在后面的检索框中填写"文献检索"，在第二个检索框中填写"利用"，两个词的逻辑关系选"并含"（布尔逻辑"与"）。

第二步，设置控件条件，检索年限从2015年到2019年，其他条件采用系统默认条件。

实际上我们所做的工作，填写的高级检索内容只有两个词和时限设定，如图5-12所示。

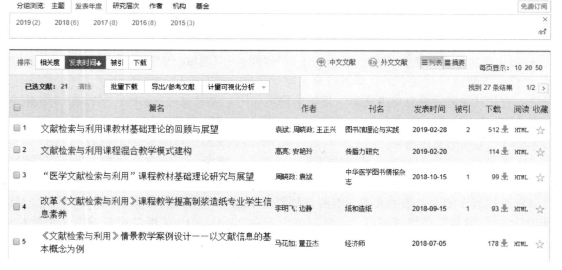

图5-12 例5-1期刊高级检索页面设置

单击"检索"按钮，得到检索结果页面，如图5-13所示的。

	篇名	作者	刊名	发表时间	被引	下载	阅读	收藏
1	文献检索与利用课教材基础理论的回顾与展望	袁斌; 周晓政; 王正兴	图书馆理论与实践	2019-02-28	2	512	HTML	☆
2	文献检索与利用课程混合教学模式建构	高滨; 安艳玲	传播力研究	2019-02-20		114	HTML	☆
3	"医学文献检索与利用"课程教材基础理论研究与展望	周晓政; 袁斌	中华医学图书情报杂志	2018-10-15	1	99	HTML	☆
4	改革《文献检索与利用》课程教学提高制浆造纸专业学生信息素养	李明飞; 边静	纸和造纸	2018-09-15	1	93	HTML	☆
5	《文献检索与利用》情景教学案例设计——以文献信息的基本概念为例	马花如; 董亚杰	经济师	2018-07-05		178	HTML	☆

图5-13 检索结果页面

在检索结果页面中可看到，近5年来发表的文章中，篇名中同时含有"文献检索"与"利用"的期刊文章共找到23篇。排序按主题排序；分组浏览：按发表年度降序排：2019（2），2018（5），2017（6），2016（8），2015（2）。

下载栏目箭头为绿色，表示可以下载到电脑上阅读。

【例5-2】 用高级检索找篇名中包含"5G移动通信网络"方面的文章。

分析：可以将"5G移动通信网络"分解成4个关键词："5G""移动""通信""网络"。

第一步，选择4项检索框，各关键词之间都用"并含"（布尔逻辑"与"）；都选用"篇名"途径检索：依次输入检索词"5G""移动""通信""网络"。

第二步，控制条件不选，采用系统默认条件。

实际上，高级检索页面设置如图5-14线框所示。

图5-14 例5-2高级检索页面设置

单击"检索"，系统找到328篇文章，篇名中同时包含有"5G""移动""通信""网络"等词。高级检索结果如图5-15所示。

	篇名	作者	刊名	发表时间	被引	下载	阅读	收藏
1	5G/B5G移动通信网络频谱资源分配研究	曹倩;王海玲	通信技术	2020-08-10			HTML	☆
2	5G移动通信网络的安全研究	朱嘉清;李玉;陈海萍	信息安全研究	2020-08-05	166		HTML	☆
3	5G移动网络口关键通信技术的演进探讨	裴勇	网络安全技术与应用	2020-07-15	229		HTML	☆
4	探讨5G移动通信网络中缓存与计算关键技术	何怡澜	信息通信	2020-07-15			HTML	☆
5	北京交通大学计算机学院信息通信网络研究所荣获IEEE ICC 2020最佳论文奖		信息网络安全	2020-07-10				☆
6	基于5G网络的军队野战与应急通信系统组网方案研究	黄志勇	数字通信世界	2020-07-01	25		HTML	☆
7	5G移动通信在煤矿场景中的网络构建	席红雷	通讯世界	2020-06-25	60		HTML	☆
8	融合移动边缘计算的未来5G移动通信网络的相关研究	陆伟忠	电子制作	2020-06-15	48		HTML	☆

图5-15 高级检索结果

根据检索到的篇名可以看出，这些文章都是与输入的关键词相关度很高的文章。如果要扩大检索范围，可以将"并含"改为"或含"，或者减少关键词。

如果要下载全文，可以单击文章右边的下载按钮获取全文。

注意：如果读者想要浏览、下载和打印检索到的文章全文，就需要下载并安装CNKI的专用CAJViewer浏览器（简称CAJ全文浏览器）。系统将全文浏览器软件以压缩文件格式存放在 CNKI 主页中左下角，如图 5-16 所示。用户可单击下载安装，这是阅读 CNKI 文献的必要条件（其他系统相似）。

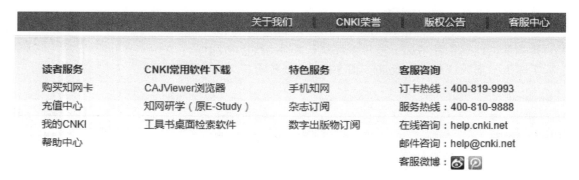

图 5-16　CNKI 主页中左下角 CAJViewer 浏览器下载链接

4. 期刊专业检索

专业检索是在检索框内写入特定的"检索字段"和"逻辑运算符"组合生成的检索表达式进行检索。专业检索框如图 5-17 所示。

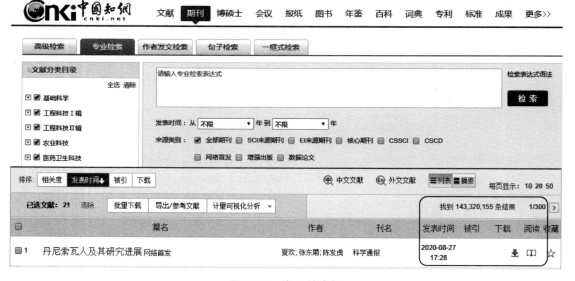

图 5-17　专业检索框

专业检索表达式语法：

专业检索常用于图书情报专业人员查新、信息分析等工作，使用逻辑运算符和关键词等构造检索式进行检索。

CNKI 专业检索支持空检，即不输入任何检索词，单击"检索"，找到 117864994 条结果。但它并非你需要的结果，只能作验证 CNKI 系统是否正常工作和资源池大小。

（1）构造专业检索表达式

1）专业检索表达式中检索项的规定。CNKI 的专业检索字段：SU＝主题，TI＝题名，KY＝关键词，AB＝摘要，FT＝全文，AU＝作者，FI＝第一作者，AF＝作者单位，JN＝期刊名称，

RF＝被引文献，RT＝更新时间，YE＝期刊年，FU＝基金，CLC＝中图分类号，SN＝ISSN，CN＝CN号，CF＝被引频次。

2）构造表达式的注意事项。

①所有符号和英文字母，都必须使用英文半角字符。

②"AND""OR""NOT"三种逻辑运算符的优先级相同；如要改变组合的顺序，请使用英文半角圆括号"（）"将条件括起。

③逻辑关系符号与（AND）、或（OR）、非（NOT）前后要空一个字节。

④使用"同句""同段""词频"时，需用一组西文单引号将多个检索词及其运算符括起，如'流体#力学'。

（2）专业检索表达式示例

【例5-3】"TI＝'生态'and KY＝'生态文明'and（Au%'陈'+'王'）"，可以检索到题名包括"生态"，并且关键词包括"生态文明"，并且作者为"陈"姓和"王"姓的所有文章。

【例5-4】"SU＝'北京'*'奥运'and FT＝'环境保护'"，可以检索到主题包括"北京"及"奥运"，并且全文中包括"环境保护"的信息。

【例5-5】"SU＝（'经济发展'+'可持续发展'）*'转变-'泡沫'"，可检索到主题包含"经济发展"或"可持续发展"有关"转变"的信息，并且可以去除与"泡沫"有关的内容。

【例5-6】"TI＝'电子'and TI＝'机械制造'and TI＝'应用'"，可以检索到题名中包括"电子"，并且包括"机械制造"，并且还包括"应用"的所有文章。

【例5-7】"TI＝'模具'and TI＝'制造'and TI＝'应用'"，可以检索到题名包括"模具"和"制造"，并且包括"应用"的文章。

【例5-8】"TI＝'模具'and TI＝'修理'"，可以检索到"题名"包括"模具"和"修理"的所有文章。

【例5-9】"TI＝'彩电'and KY＝'功率器件'and（AU%'饶'）"，可以检索到题名包括"彩电"，并且关键词包括"功率器件"，并且作者姓"饶"的所有文章。

5. 作者发文检索

作者发文检索是通过作者姓名、单位等信息，查找作者发表的全部文献及被引和下载情况。通过作者发文检索不仅能找到某一作者发表的文献，还可以通过对结果的分组筛选情况全方位的了解作者主要研究领域、研究成果等情况，作者发文检索页面如图5-18所示。

图5-18　作者发文检索页面

由图 5-18 可知，检索项包括作者、第一作者和作者单位，可在检索框中直接输入相关名称进行检索。对于作者单位检索项，单击检索项前 ⊞ 增加逻辑检索行，单击 ⊟ 减少逻辑检索行。

6. 句子检索

句子检索是通过用户输入的两个关键词，查找同时包含这两个词的句子。由于句子中包含了大量的事实信息，通过检索句子可以为用户提供有关事实的问题的答案。用这种方法可以检索到需要的句子，也可查到用户引用了某作者的什么文章等，如图 5-19 所示。

图 5-19　句子检索页面

关于句子检索的几点说明：

1）可在全文的同一句话（或同一段）中，检索"含有××和×××的文章"，同句指两个标点符号之间，同段指 5 句之内。

2）在检索框中输入检索词。

3）单击 ⊞ 增加一项逻辑检索行，单击 ⊟ 减少一项逻辑检索行，在每个检索项后输入检索词。

4）每个检索项之间可以进行三种组合：并含、或含、不含。

【例 5-10】　用句子检索查找，在同一句子中，含有"5G 移动通信关键技术主要体现在无线传输技术和网络技术两方面"的文章。句子检索结果如图 5-20 所示。

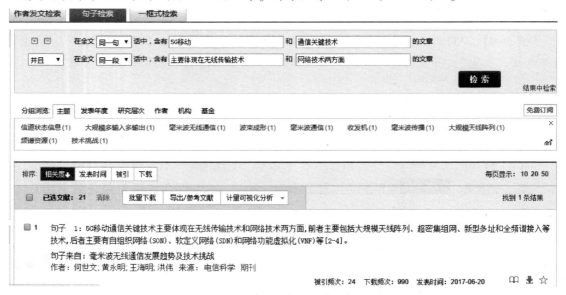

图 5-20　句子检索结果

从图 5-20 可知，在同一句子中，含有"5G 移动通信关键技术主要体现在无线传输技术和网络技术两方面"的文章，共找到 1 条结果。

7. 一框式检索

CNKI 高级检索页面上，最后面的"一框式检索"只是一个链接，点击"一框式检索"链接到 CNKI 的一框式检索页面，如图 5-21 所示。

图 5-21 CNKI 的一框式检索页面

CNKI 的这个一框式检索页面，可以检索 CNKI 的全部文献资源：文献、期刊、博硕士、会议、报纸、图书、年鉴、百科、词典、统计数据、专利、标准等。点击"更多"显示如图 5-22 所示的资源表，这实际上是 CNKI 的全部资源表。

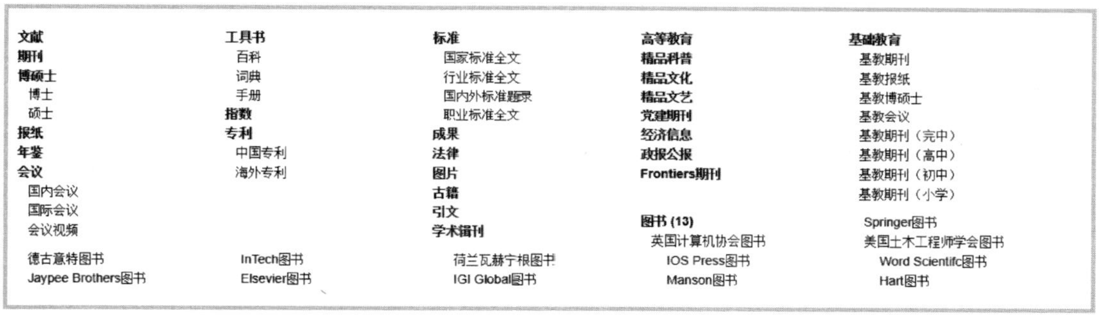

图 5-22 CNKI 的全部资源表

在这个 CNKI 的全部资源表中，上部分是 CNKI 的中文资源各数据库的名称及链接；下部分是 CNKI 的外文期刊数据库和外文图书数据库的名称及链接，点击可进入检索。

在一框式检索的页面右边，有"出版物检索、结果中检索、高级检索"链接。

点击"出版物检索"就链接到 CNKI 的出版来源导航及检索页面，如图 5-23 所示。

图 5-23 CNKI 出版来源导航及检索页面

出版来源导航主要包括期刊、学位授予单位、会议、报纸、年鉴和工具书的导航系统。每个产品的导航体系根据各产品独有的特色设置不同的导航系统。

每个产品的导航内容基本覆盖自然科学、工程技术、农业、哲学、医学、人文社会科学等各个领域，囊括了基础研究、工程技术、行业指导、党政工作、文化生活、科学普及等各种层次，以方便读者随时进入各种资源库检索。

四、检索结果处理

以检索某作者被 CNKI 数据库收录的文章为例，来说明检索结果处理的方式。检索结果页面如图 5-24 所示。

	题名	作者	来源	发表时间	数据库	被引	下载	阅读 收藏
1	政府招标采购下高职院校图书馆中文图书采购质量控制研究——以襄阳职业技术学院图书馆为例	王永	襄阳职业技术学院学报	2017-01-20	期刊	1	96	HTML ☆
2	政府招标采购下高校图书采购质量控制的思考	蔡时连	图书情报工作	2015-12-15	期刊	7	448	HTML ☆
3	高校图书馆政府招标采购图书的质量控制——以内蒙古农业大学图书馆为例	高琳	农业图书情报学刊	2015-10-30 17:18	期刊	3	145	HTML ☆
4	政府招标采购下公共图书馆图书采购质量控制	邱洁媛	科技与创新	2014-02-05	期刊	5	90	☆
5	论政府招标采购图书的质量控制	饶宗政;王刚;骆瑛;余敏	大学图书馆学报	2012-01-21	期刊	9	585	HTML ☆

图 5-24 检索结果页面

从图 5-24 可知，CNKI 期刊提供的检索结果处理有：

1. 分组浏览

分组浏览有学科、发表年度、基金、研究层次、作者、机构 6 种，供读者选择。如选择发表年度分组，则显示：2017（1）、2015（2）、2014（1）、2012（1）、2011（4）。它们的含义是：单击 2017 显示 2017 的分组结果为 1 篇文章，单击 2015 显示 2015 的分组结果为 2 篇文章，单击 2014 显示 2014 的分组结果为 1 篇文章……单击 2011 显示 2011 的分组结果为 1 篇文章。

2. 排序

排序有主题排序、发表时间、被引、下载 4 种，供读者选择，默认是"发表时间"排序。

此外，还有按中文文献、外文文献、列表、摘要等排序方式选择。

3. 获取原文

期刊论文检索的目的是要找到并下载全文；阅读并摘录有用字句；记录文献来源以便引用。

（1）阅读

直接单击文章后面的阅读按钮，就可以实现期刊论文在线阅读，但不能摘录文字。

（2）HTML 阅读

直接单击文章后面的 HTML 阅读按钮HTML，就可以实现期刊论文在线阅读，可以摘录文字。

（3）收藏

直接单击文章后面的收藏按钮☆，文章就可由藏到电脑，方便下次打开。

（4）下载、用户一般可以通过检索结果显示的篇名、作者、中文摘要、刊名等信息对检索出的文章进行初步筛选和取舍。若下载全文：

1）直接单击文章后面的下载按钮（⬇）进行下载。下载到本地计算机上详细阅读。

2）直接单击文章篇名，进入文章下载页面，再选择两种格式之一进行下载，如图 5-25 所示。

图 5-25　文章下载页面

下载文章有两种格式：CAJ 下载和 PDF 下载（推荐 CAJ 下载）。单击"CAJ 下载"，系统弹出"新建下载任务"对话框，如图 5-26 所示。

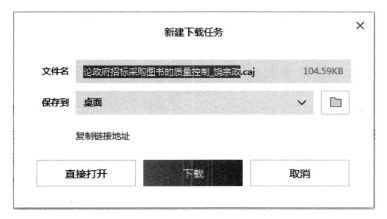

图 5-26　"新建下载任务"对话框

在"新建下载任务"对话框中，有文件名，保存位置可设定。系统默认保存到"桌面"。单击"下载"按钮，出现下载管理器，如图5-27所示。

下载管理器   ─ □ ×

  论政府招标采购图书的质量控制_饶宗政.caj
       已完成 - 104.59 KB 今天19:48

图5-27 下载管理器

同时，系统已将文章下载并保存在桌面，如图5-28所示。

按上述方法下载文章完成后，桌面上生成一个下载文章的快捷图标。双击桌面快捷图标，或单击"打开"按钮，CAJ全文浏览器会自动将全文以原貌的格式打开显示出来。

图5-28 下载到桌面的CAJ格式文章

4. 原文打印

需要打印文章时，单击浏览器页面左上方工具条中的打印机图标🖨，使用默认设置打印文章的全部页码（前提条件是电脑已经安装好了打印机），如图5-29所示。

图5-29 打印下载到桌面的CAJ格式文章

5. 摘录文字

阅读原文的同时，若有需要的句子，想摘录下来，则单击上方工具条中的"选择文字"图标▮后，去选中想摘录文字区域，如图5-30所示。

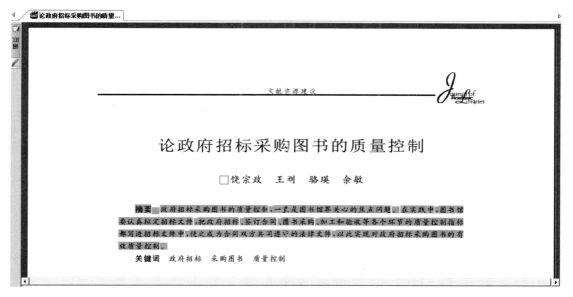

图5-30 选中想要摘录的文字

若想复制摘录的文字，按"Ctrl+C"组合键或者单击右键选择"复制"命令。

打开一个 Word 文档，按"Ctrl+V"组合键或者单击右键选择"粘贴"命令，就可以把摘录的文字粘贴在 Word 文档上，如图5-31 所示。摘录的这些文字是可以编辑的，将来写文章时可能被引用，读者在摘录文字的同时，要养成"注明文摘来源"的习惯。

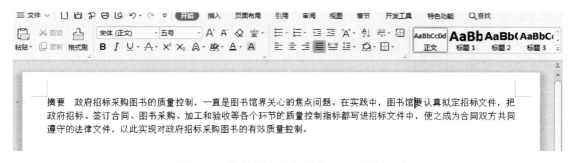

图5-31 把摘录文字复制在 Word 文档上

6. 导出/参考文献

写文章不是反对引用，而是反对引用了他人的文字却不注明来源。记录文摘来源的目的是以后引用到这段文摘时，知道是来自何处。准确标引参考文献，是防止抄袭、剽窃嫌疑的最好办法。

参考文献的相关要求，请参考文献及著录规则。参考文献的格式要求严格，内容很多，读者不易掌握。为解决这一问题，CNKI 专门设计了"导出/参考文献"功能，来解决这个问题。

CNKI 导出/参考文献的步骤如下。

（1）选中文章

选中需要导出参考文献的文章，如在检索结果页面中，选中（打勾）第 3 篇文章，如图 5-32 所示。

	篇名	作者	刊名	发表时间	被引	下载	阅读	收藏
1	政府招标采购下高职院校图书馆中文图书采购质量控制研究——以襄阳职业技术学院图书馆为例	王永	襄阳职业技术学院学报	2017-01-20	1	96	HTML	
2	政府招标采购下高校图书采购质量控制的思考	蔡时连	图书情报工作	2015-12-15	7	448	HTML	
3	高校图书馆政府招标采购图书的质量控制——以内蒙古农业大学图书馆为例	高琳	农业图书情报学刊	2015-10-30 17:18	3	145	HTML	
4	政府招标采购下公共图书馆图书采购质量控制	邱吉媛	科技与创新	2014-02-05	5	90		
5	论政府招标采购图书的质量控制	饶宗政；王刚；骆瑛；余敏	大学图书馆学报	2012-01-21	9	585	HTML	
6	政府招标采购下高校图书馆图书采访质量控制	王浩	农业图书情报学刊	2011-02-05	13	268	HTML	

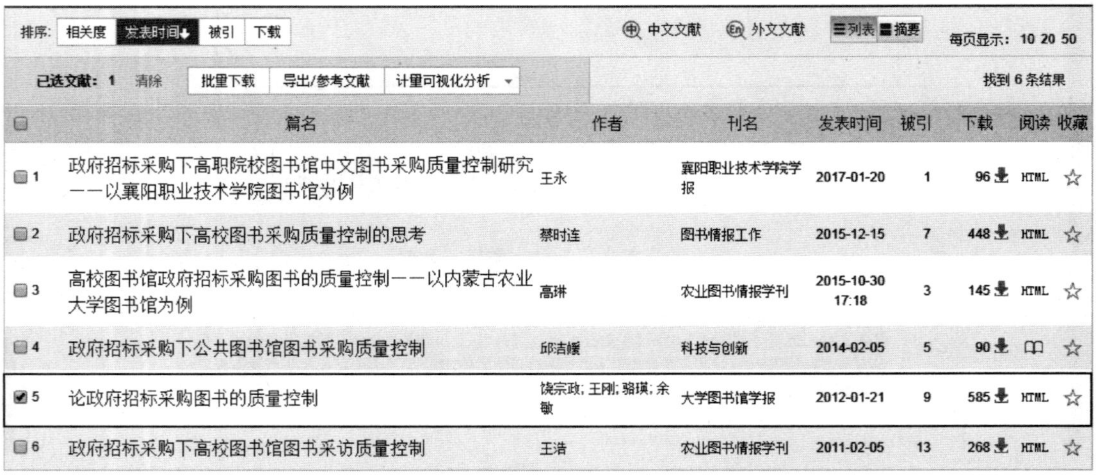

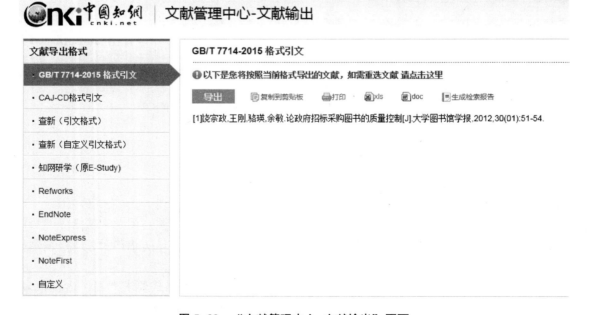

图 5-32　选中需要导出参考文献的文章

（2）导出参考文献

单击“导出/参考文献”，进入 CNKI“文献管理中心-文献输出”页面，系统默认参考文献为 GB/T 7714 — 2015 格式，如图 5-33 所示。

图 5-33　“文献管理中心-文献输出”页面

在“文献管理中心-文献输出”页面左边，系统给出了 10 种文献导出格式供读者选择，以适合不同期刊出版社的投稿要求。系统默认输出的文献导出格式为“GB/T 7714—2015 格式引文”。

这里参考文献导出方式系统给出了 5 种：①导出，导出工具对应的是 txt 格式；②复制到剪贴板；③打印；④Excel 表格方式；⑤Word 文档方式。

这里选择常使用的复制方法，将"GB/T 7714—2015 格式引文"复制到摘录的 Word 文档后面备用，如图 5-34 所示。

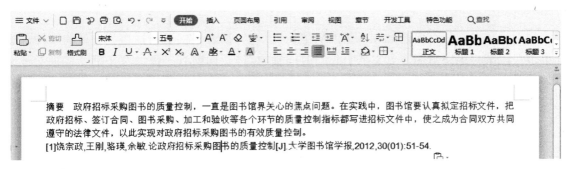

图 5-34　将参考文献复制到 Word 文档后面

（3）CNKI 导出/参考文献格式种类

CNKI 导出/参考文献格式有：①GB/T 7714-2015 格式引文，②CAJ-CD 格式引文，③查新（引文格式），④查新（自定义引文格式），⑤CNKI E-Study，⑥Refworks，⑦EndNote，⑧NoteExpress，⑨NoteFirst，⑩自定义（支持需输出更多文献信息的查新等用途）。

7. 生成检索报告

在图 5-33 "文献管理中心-文献输出"页面中，有一个"生成检索报告"按钮，点击后生成检索报告的基本模板，如图 5-35 所示。

检索报告
2020年8月27日

一、本次检索输入的条件：
检索主题：　请输入本次检索报告的主题．　　注：主题等带框显示内容可编辑
检索范围：　中国学术期刊网络出版总库,外文期刊
检索年限：　不限
检索时间：　2020年8月27日
检索式A：（主题=论政府招标采购图书的质量控制 或者 题名=论政府招标采购图书的质量控制 或者 v_subject=中英文扩展(论政府招标采购图书的质量控制) 或者 title=中英文扩展(论政府招标采购图书的质量控制)) (模糊匹配)

二、检索结果统计报表：列表模式
检索式A：经筛选，您选择了1条．
[1]饶宗政,王刚,骆瑛,余敏.论政府招标采购图书的质量控制[J].大学图书馆学报,2012,3001:51-54.

三、对本次检索的方法和结果的自我评价：
根据检索要求，构建了确定的检索表达式，基本实现了对目标文献的查全查准．

四、检索报告执行人：
检索员：　　　　　　　　　　报告审核人：

保存检索报告　打印检索报告

图 5-35　CNKI 系统生成检索报告模板

图 5-35 是检索报告的基本内容格式模板，读者要按照要求完成相关内容后，才可提交。

检索报告应包括课题名称、课题分析、检索词、检索过程描述、检索结果综述、文献摘

录等。CNKI 系统生成的检索报告结构要素：本次检索输入的条件（检索主题、检索范围、检索年限、检索时间、检索式 A）；检索结果统计报表；对本次检索的方法和结果的自我评价等。

五、知网节点文献

知网的节点文献页面是 CNKI 最出彩的部分，它为读者提供了查找相关文献的多种方法和渠道。以某一篇文章为节点文献中心（时间轴原点），向前有一级参考文献、二级参考文献，向后有一级引证文献、二级引证文献。通过对节点文献的追根溯源，把知识节点的前前后后搞清楚，有利于知识的发现与创造。

【例 5-11】 以文章《论政府招标采购图书的质量控制》（下面简称"本文"）为例说明知网节点文献。

通过 CNKI 期刊检索找到《论政府招标采购图书的质量控制》，如图 5-36 所示。

图 5-36　通过 CNKI 期刊检索找到本文

点击文章篇名，得到本文的知网节点文献页面，如图 5-37 所示。

从图 5-37 可知，本文的知网节点文献页面，提供了本文的详细信息、HTML 阅读、CAJ 下载、PDF 下载、导出参考文献、分享、创建引文跟踪、收藏、打印等。

页面右边还提供了文献出处：大学图书馆学报中文/英文刊名、年期、ISSN、中文核心期刊等。最重要的是左边"知识节点、知识网络"——构成了知网"节点文献"。

图 5-37　本文的知网节点文献页面

1. 本文的知识节点

知识节点，提供节点文献的"题名、作者、机构、文摘、关键词、分类号"等信息。

1）基本信息。包括题名：论政府招标采购图书的质量控制；作者：饶宗政、王刚、骆瑛、余敏；作者单位：成都电子机械高等专科学校（成都工业学院的前身）。

2）摘要。政府招标采购图书的质量控制，一直是图书馆界关心的焦点问题。在实践中，图书馆要认真拟定招标文件，把政府招标、签订合同、图书采购、加工和验收等各个环节的质量控制指标都写进招标文件中，使之成为合同双方共同遵守的法律文件，以此实现对政府招标采购图书的有效质量控制。

3）关键词。政府招标；采购图书；质量控制。

4）分类号。G253.1。

2. 本文的知识网络

知识网络，提供节点文献的"引文网络、关联作者、相似文献、读者推荐文献、相关基金文献"等信息。

1）引文网络。与本文相关的引文网络图，如图5-38所示。

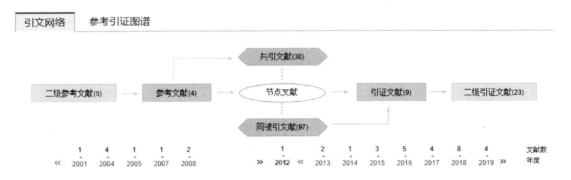

图 5-38　与本文相关的引文网络图

引文网络图解读：引文网络图就是以某一文章为中心，从时间坐标轴上，向前看，本文引用了哪些文献，向后看，本文又被哪些文献引用了。

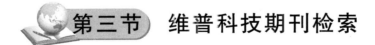

第三节　维普科技期刊检索

一、维普科技期刊服务平台简介

1. 维普期刊网

重庆维普资讯有限公司（简称：维普资讯）成立于1995年，前身为中国科技情报研究所重庆分所数据库研究中心，是中国第一家进行中文期刊数据库研究的机构。作为中国数据库产业的开拓者，自主研发并推出的《中文科技期刊篇名数据库》是中国第一个中文期刊文献数据库，也是中国最大的自建中文文献数据库，实现了中文期刊计算机检索。维普资讯网于 2000 年上线，针对全国高等院校、公共图书馆、情报研究机构、医院、政府机关、大中型企业等各类用户的需求，重庆维普资讯有限公司又陆续推出了《中文科技期刊数据库》《中文科技期刊数据库（引文版）》《外文科技期刊数据库》《中国科学指标数据库》以及智立方文献资源发现平台、中文科技期刊评价报告、维普考试资源系统、维普期刊资源整合服务平台、维普论文检测系统等系列产品。维普资讯网（http：//www.cqvip.com）主页如图 5-39 所示。

图 5-39　维普资讯网主页

《中文科技期刊数据库》诞生于 1989 年，累计收录期刊 15000 余种，现刊 9000 余种，期刊文献总量 69910576 篇（2020 年 8 月 27 日数据），是我国数字图书馆建设的核心资源之一，是高校图书馆文献保障系统的重要组成部分，也是科研工作者进行科技查证和科技查新的必备数据库。期刊年限同溯至 1989 年，部分期刊回溯至创刊年。这些数据表明，维普资讯是国内收录期刊最多的公司。随着时代进步，维普的服务领域也在拓展，由原来的单一数字科技期刊服务，扩大到论文检测、考试服务等，数据检索平台由原先的"期刊大全"扩展到"维普期刊资源整合平台"和"中文期刊服务平台"等，这些服务平台主页上都有链接。

维普资讯网上，数字资源的分类按《中国图书馆分类法》，设有"医药卫生、农业科学、机械工程、自动化与计算机技术、化学工程、经济管理、政治法律、哲学宗教、文学艺术"等 35 个学科大类，457 个学科小类。著录标准分别按照《中国图书馆分类法》《文献主题标引规则》（GB/T 3860—2009）、《信息与文献参考文献著录规则》（GB/T 7714—2015）执行。

2. 维普期刊大全

维普资讯的期刊大全最早是用来浏览查看期刊的一种方法，至今仍为读者保留着浏览查看期刊的功能，栏目名称变成"期刊导航"了，但是基本内容和方法是相同或相似的。点击图 5-39 维普资讯网主页上的"期刊大全"，进入期刊大全页面，如图 5-40 所示。

图 5-40　维普资讯的期刊大全页面

　　这是最早的数字期刊服务平台，提供查找期刊的途径有"期刊名、ISSN 号（国际标准期刊号）、CN 号（国内统一刊号）"，还提供了按期刊名称的首字母拼音序列查找，也有按照分类法浏览的，后面有专门介绍。

3. 维普期刊资源整合服务平台

　　点击图图 5-40 中的"高级检索"，进入维普期刊资源整合服务平台页面，如图 5-41 所示。

图 5-41　维普期刊资源整合平台页面

　　维普期刊资源整合服务平台是面向高校图书馆推出的，此平台主要提供期刊检索服务和全文下载，以及与国际期刊评价标准——JCR 期刊引用报告一致的《中文科技期刊评价报告》，这是国内做得最早、较好的，并与国际接轨的期刊评价报告。

维普期刊资源整合服务平台自 2009 年上线，至 2020 年，已累计为用户提供了数十亿次文献检索和文献保障服务。

4. 维普资讯中文期刊服务平台 7

2014 年 10 月，维普资讯中文期刊服务平台 7 正式上线。这是维普期刊资源整合服务平台的升级版本。在维普期刊资源整合服务平台上，有中文期刊服务平台 7 的链接，两个平台同时使用。

中文期刊服务平台 7 是以中文期刊资源保障为基础，以数据整理、信息挖掘、情报分析为路径，以数据对象化为核心，面向知识服务与应用的一体化服务平台。

平台上方有"期刊导航、学科导航、地区导航、期刊评价报告、期刊开放获取"，但是这个平台使用起来没有那么方便，高级检索页面设计不太合理，导致读者不太喜欢使用。

5. 维普中文期刊服务平台

2018 年 10 月，维普中文期刊服务平台（qikan. cqvip. com）正式上线，如图 5-42 所示。维普中文期刊服务平台已经收录期刊文献总量 69910576 篇（2020 年 8 月 27 日数据）。

图 5-42　维普中文期刊服务平台

维普资讯中文期刊服务平台是维普资讯中文期刊服务平台 7 的改进版本，最大的改进之处是在检索框前面增加了一个下拉菜单，默认是任意字段。系统设置的菜单内容有"任意字段、题名或关键词、题名、关键词、文摘、作者、第一作者、机构、刊名、分类号、参考文献、作者简介、基金资助、栏目信息"等 14 个字段供读者选择。这样改进后，读者使用该平台检索文献的目的性就比较明确了，并可提高检索效率。

此中文期刊服务平台上方，提供了"期刊导航、期刊评价报告、期刊开放获取、下载APP"等栏目。单击右边的"高级检索"按钮，可进入高级检索页面。该平台简捷实用，功能完善。维普资讯从 2019 年 1 月起全面推广使用这个新的维普中文期刊服务平台。因此，下面将以这个新平台为主加以介绍。

二、期刊文献检索

1. 期刊基本检索

维普中文期刊服务平台上，默认字段是"任意字段"，此时，只要在检索框中输入任意检索词或符号，就可以检索，并得到与检索词相关的结果。这里的"任意字段"的含义，包括了"题名或关键词、题名、关键词、文摘、作者、第一作者、机构、刊名、分类号、参考文献、作者简介、基金资助、栏目信息"等13个字段内容。如果读者检索目的明确，可选择13个字段之一进行检索，如查某作者的文章，则在下拉菜单中选择作者字段，输入作者姓名，检索就得到该作者所发表的期刊文章。这样目的性更强，效率更高。

【例5-12】 查找含有"5G网络"与"5G应用"方面的文章。

我国华为公司在5G通信方面是世界的排头兵，出于想了解或好奇，想查找关于"5G网络、5G应用"方面的文章来看看。

方法一：①采用系统默认的任意字段；②输入检索词"5G网络、5G应用"，两个关键词之间留一个空格；③点击"检索"按钮；④共找到18,420篇文章。

方法二：①选择"题名"字段；②输入关键词"5G网络、5G应用"，两个关键词之间留一个空格；③点击"检索"按钮；④共找到20篇文章，如图5-43所示。

图5-43 期刊基本检索页面

显然，在方法二中，因选择了题名字段，检索结果虽然只有20篇文章，但是题名中都包含了"5G网络"和"5G应用"，搜索到的文章都是与检索词相关度非常高的文章。

在这个基本检索平台上，建议读者分别选择"题名或关键词、题名、关键词、文摘、作者、第一作者、机构、刊名、分类号、参考文献、作者简介"等作为检索字段，输入相应的检索词，试检索一下，看看检索结果怎样。这是熟悉和掌握维普中文期刊服务平台最有效的方法。

2. 期刊高级检索

在图5-42中文期刊服务平台主页，点击右边"高级检索"按钮，就进入高级检索页面，如图5-44所示。

（1）期刊高级检索页面功能说明

①检索字段选择：有"任意字段、题名或关键词、题名、关键词、文摘、作者、第一作者、机构、刊名、分类号、参考文献、作者简介、基金资助、栏目信息"等14个字段供

高级检索 检索式检索 ⑦ 查看更多规则

①	
② 题名或关键词 ▼	请输入检索词 同义词扩展＋ 模糊 ▼ ③
与 ▼ 文摘 ▼	请输入检索词 同义词扩展＋ 模糊 ▼ ④
与 ▼ 作者 ▼	请输入检索词 模糊 ▼ ⊕ ⊖

⑥ 时间限定 ∧

◉ 年份：收录起始年 ▼ - 2020 ▼   ⑤ ○ 更新时间：一个月内 ▼

⑦ 期刊范围 ∧

☑ 全部期刊 □ 核心期刊 □ EI来源期刊 □ SCI来源期刊 □ CAS来源期刊 □ CSCD来源期刊 □ CSSCI来源期刊

⑧ 学科限定 全选 ✓ ＞

Q检索   清空   检索历史 ⑨

图 5-44 中文期刊服务平台的高级检索页面

读者选择。

②逻辑运算符号选择：前后检索词之间的逻辑关系有"与、或、非"，可选其一。

③如要精确检索请使用检索框后方的"精确"选项，默认模糊。

④检索框数量可以增加或减少（+或-）：最多可以增加到 5 项，最少可以减少到 3 项。

⑤中英文扩展，同义词扩展是否需要（可复选）。

⑥时间限定：系统默认是"收录起始年~现年"。如果需要有时间限定时，可以从右边箭头展开，通过菜单选择（1989 年—现年）某一起始年；通过菜单选择（现年—1989）某一截止年。还有更新时间（单选）：一个月内、三个月内、半年内、一年内、当年内等。

⑦期刊范围：系统默认是全部期刊。如果需要限定时，可以单击右边箭头展开，选择全部期刊、核心期刊、EI 来源期刊、SCI 来源期刊、CAs 来源期刊、CSCD 来源期刊、CSSCI 来源期刊（后面的 6 种来源期刊可单选或复选）。

⑧学科限定：系统默认是全选。如果需要限定某学科时，可以单击右边箭头展开，在医学、农业、一般工业等 45 个学科中选择。

⑨检索历史，记录了曾经检索过的检索表达式。

（2）期刊高级检索示例

【例 5-13】 用高级检索查找题名中包含"5G 网络、5G 应用"方面的文章。

检索过程：①在主页上点击检索框右边的"高级检索"进入高级检索页面；②选择"题名"途径；③可以分为"5G 网络、5G 应用" 2 个词；④逻辑关系选择"与"；⑤其他为默认条件。其实这是将做的工作转化为检索式："题名＝5G 网络"与"题名＝5G 应用"，单击"检索"按钮，得到检索结果，检索页面如图 5-45 所示。

高级检索 检索式检索　　　　　　　　　　　　　　　　　　　　　　　　　⑦查看更多规则

	题名 ▼	5G网络	同义词扩展+	模糊 ▼
与 ▼	题名 ▼	5G应用	同义词扩展+	模糊 ▼
与 ▼	作者 ▼	请输入检索词		模糊 ▼ ⊕⊖

时间限定 ︿

◉年份: 收录起始年 ▼ － 2020 ▼　　　　○更新时间: 一个月内 ▼

期刊范围 〉

学科限定 全选 ✓ 〉

Q检索　　　清空　　　检索历史

二次检索 ▼　　　　共找到17篇文章　　　　　　　　　　　　　每页显示 **20** 50 1

图5-45 高级检索页面

　　共找到17篇文章，且题名中都包含有关键词"5G网络、5G应用"，因此，虽然文章数量少，但是相关度很高。

　　（3）检索结果页面信息与操作

　　1）检索结果页面信息：①检索结果共找到12篇文章；②系统生成检索式：题名=5G网络 AND 题名=5G应用；③每篇文章信息有：题名、作者、出处、发文年、被引量；④操作：在线阅读、下载全文。

　　2）导出题录：选中检索结果题录列表前的复选框，单击"导出"，可以将选中的文献题录以文本（默认）、参考文献、XML、NoteExpress、Refworks、EndNote 的格式导出。导出形式有复制、导出打印等。

　　3）引用分析：参考文献、引证文献。

　　4）统计分析：检索结果、已选文献。

　　5）检索结果排序：相关度排序、被引量排序、时效性排序。

　　6）显示方式：文摘方式、详细方式、列表方式。

　　（4）高级检索框支持简单逻辑运算

　　1）检索框中可支持"并且"（AND）、"或者"（OR）、"不包含"（NOT）三种简单逻辑运算；

　　2）逻辑运算符 AND、OR、NOT 必须大写，且前后必须空一格；逻辑运算符优先级为：NOT>AND>OR，且可通过英文半角（）进一步提高优先级。

　　3）精确检索请使用检索框后方的"精确"选项。

【例5-14】 验证检索框中可支持"并且"（AND）简单逻辑运算。

验证过程：在一个检索框前面选择"题名"；在后面的检索框中输入"5G网络 AND 5G应用"；检索结果共找到12篇文章；如图5-46所示。

图 5-46 验证检索框中可支持"并且"（AND）简单逻辑运算页面

检索结果与例5-13结果相同，说明检索框中可支持"并且"（AND）简单逻辑运算。

【例5-15】 验证检索框中可支持"或者"（OR）简单逻辑运算。

验证过程：在一个检索框前面选择"题名"；在后面的检索框中输入"5G网络 OR 5G应用"；检索结果共找到1930篇文章，如图5-47所示。

图 5-47 验证检索框中可支持"或者"（OR）简单逻辑运算页面

检索结果说明检索框中可支持"或者"（OR）简单逻辑运算，且逻辑或扩大检索范围。

【例5-16】 验证检索框中可支持"不包含"（NOT）简单逻辑运算。

验证过程：在一个检索框前面选择"题名"；在后面的检索框中输入"5G网络 NOT 5G应用"：其含义是检索结果中，题名中只含有"5G网络"，不包含"5G应用"的文章；检索结果共找到1527篇文章，如图5-48所示。

高级检索　检索式检索　　　　　　　　　　　　　　　　　　　　　　　　⑦查看更多规则

题名 ▼	5G网络 NOT 5G应用	同义词扩展+	模糊 ▼
与 ▼ 题名 ▼	请输入检索词	同义词扩展+	模糊 ▼
与 ▼ 作者 ▼	请输入检索词		模糊 ▼ ⊕⊖

时间限定　　　　　　　　　　　　　　　　　　　　　　　　　　　　　　　∧

◉年份：收录起始年 ▼ － 2020 ▼　　　　　○更新时间：一个月内 ▼

期刊范围　　　　　　　　　　　　　　　　　　　　　　　　　　　　　　　>

学科限定　全选 ✓　　　　　　　　　　　　　　　　　　　　　　　　　　>

Q检索　　　青空　　　检索历史

二次检索　　　共找到1,527篇文章　　　　　　　　每页显示 **20** 50 100 < **1**
▼

图5-48　高级检索框中支持"不包含"（NOT）简单逻辑运算页面

题名中只含5G网络，不包含5G应用的文章共找到1527篇。

检索结果说明检索框中可支持"不包含"（NOT）简单逻辑运算；"不包含"（NOT）可缩小检索范围。

3. 期刊专业检索

期刊专业检索（检索式检索）是在检索框中直接输入检索表达式进行检索的方法。检索表达式由检索字段标识符、逻辑运算符连接组合而成的，且符合检索意图的一个完整检索表达式。

（1）专业检索步骤

1）正确写入检索表达式。读者可以在检索框中使用正确的检索字段及代码、布尔逻辑运算符对多个检索词进行组配形成检索表达式。

2）检索条件限定。执行检索前，读者可以根据需要，选择合适的时间范围、学科范围、期刊范围等限制条件。

3）调整检索式。每次调整检索策略并执行检索后，均会在检索区下方生成一个新的检索结果列表，方便读者对多个检索策略的结果进行比对分析。使用检索条件限定，可以进一步缩小检索范围，获得更符合需求的检索结果。

（2）专业检索规则

1）关于逻辑运算符。

常用3种逻辑运算符对照表，如表5-1所示。

表5-1 逻辑运算符对照表

逻辑关系	并且、与	或者	不包含、非
运算符	AND/ *	OR/+	NOT/-

书写规则：逻辑运算符 AND、OR、NOT 必须大写，逻辑运算符优先级为：（ ）>NOT>AND>OR；所有运算符号必须在英文半角状态下输入，且前后必须空一格，英文半角" "表示检索词不做分词处理，作为整个词组进行检索，以提高准确性。

2）关于检索字段及代码。

检索字段及代码对照表如表5-2所示。

表5-2 检索字段及代码对照表

代码	字段	代码	字段
U	任意字段	S	机构
M	题名或关键词	J	刊名
K	关键词	F	第一作者
A	作者	T	题名
C	分类号	R	文摘

4. 期刊导航

在维普资讯中文期刊服务平台主页上，点击上方的"期刊导航"进入期刊导航页面，如图5-49所示。

期刊导航页面显示，目前收录的期刊总计15000余种，这是我国数字图书馆建设的核心资源之一，是高校图书馆文献保障系统的重要组成部分，也是科研工作者进行科技查证和科技查新的必备数据库。从期刊导航页面可知，期刊导航分为检索方式和浏览方式两种：

（1）检索方式

期刊导航页面的左上方是期刊检索区。系统提供的检索途径有"刊名、任意字段、ISSN、CN、主办单位、主编、邮发代号"等7个途径。

通常选择"刊名"途径，例如输入"中国图书馆学报"，点击"期刊检索"按钮，可得《中国图书馆学报》页面，如图5-50所示。

图 5-49　期刊导航页面

《中国图书馆学报》 CSSCI 北大核心　　　　　　　　　　投稿经验

作品数：4798　　被引量：47149　　H指数：94

《中国图书馆学报》创刊于1957年。50多年来，紧跟时代步伐，适应时代要求，肩负读者重托，为繁荣中国图书情报学研究，为推动图书情报事业发展，做出了自己的贡献。《中国图书馆学报》坚持从严选稿，刊登文… 　查看详情>>

曾用名：图书馆学通讯；
主办单位：中国图书馆学会；国家图书馆
国际标准连续出版物号：ISSN 1001-8867
国内统一连续出版物号：CN 11-2746/G2
出版周期：双月刊

期刊详情	收录汇总	发表作品	发文分析	评价报告

	刊期	2020年 第3期

- 2020　　　　　　　专题:数字记忆和数字人文
  1　　2　　3　　数字记忆:文化记忆的数字宫殿 ·· 冯惠玲 (4-16)
- 2019　　　　　　　数字人文的理论化趋势前瞻 ·· 王丽华,刘炜,刘圣婴 (17-23)
- 2018　　　　　　　面向人文研究的"数据基础设施"建设--试论图书馆学对数字人文的方法论贡献 ········· 夏翠娟 (24-37)
- 2017　　　　　　　新时代图书馆专业性的追问与思考--以武汉地区公共图书馆的抗疫实践为例 ···· 李静霞,李真吾 (38-49)
- 2016　　　　　　　公众信息素养教育:全球进展及我国的对策 ······· 黄如花,冯婕,黄雨婷,石乐怡,黄颖 (50-72)

图 5-50　《中国图书馆学报》页面

对检索到的期刊，可按年度、期数查看该刊的收录文章，像看合订本一样查看历年的期刊。

如果想看点击 2020 年 3 期，进入 2020 年 3 期目录页面，如图 5-51 所示。

图 5-51　《中国图书馆学报》2020 年 3 期目录页面

这里左上角系统提供的检索框，仅限于查找本刊内历年发表的文章。

2020 年 3 期目录页面显示，本期共有 9 篇文章，如果看第 2 篇文章，点击题名进入文章的详细描述页面，如图 5-52 所示。

图 5-52　文章详细描述页面

文章详细描述页面，相当于 CNKI 的知网节点文献，除了图示的"题名、摘要、作者、机构地区、出处、基金、关键词、分类号、作者简介、相关文献"外，还有"分享、导出"等内容。文章详细描述页面提供了"在线阅读、下载 PDF"。读者可在线阅读，也可下载后阅读。

单击"导出"进入导出页面，文献导出格式有：文本、查新格式、参考文献等 10 种方式可选择，一般以"参考文献"格式导出，如图 5-53 所示。

导出题录

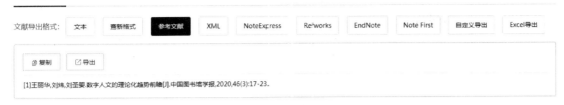

文献导出格式：　文本　查新格式　**参考文献**　XML　NoteExpress　ReWorks　EndNote　Note First　自定义导出　Excel导出

⊘ 复制　☑ 导出

[1]王丽华,刘炜,刘圣婴.数字人文的理论化趋势前瞻[J].中国图书馆学报,2020,46(3):17-23.

图 5-53　导出页面

导出的参考文献格式：

[1] 王丽华，刘炜，刘圣婴．数字人文的理论化趋势前瞻 [J]．中国图书馆学报，2020，46（3）：17-23．

（2）浏览方式

系统提供 6 种浏览方式："按首字母查找、期刊学科分类、核心期刊、国内外数据库收录、地区、主题"等。

在图 5-49 期刊导航页面左侧，聚类筛选面板系统提供"核心期刊、国内外数据库收录、地区、主题"多种期刊聚类方式，方便按需进行切换。期刊导航可以多渠道快速定位期刊，可以做年、卷、期的内容浏览及相关期刊或文献的漫游浏览。

1）按首字母查找期刊。这是按期刊名首字拼音字母顺序查找，按刊名首字母查找入口如图 5-54 所示。

按首字母查找： A B C D E F G H I J K L M N O P Q R S T U V W X Y Z　学科导航 ▶

图 5-54　按刊名首字母查找入口

2）按学科分类导航查找期刊。这是最传统的方法，读者得先知道查找的期刊归在哪个学科。期刊分类多数是按照《中国图书馆分类法》进行学科分类，因此，熟悉《中图法》的读者会很快找到自己需要的期刊。通过学科分类方式浏览期刊，如图 5-55 所示。

图 5-55　按学科分类导航查找期刊页面

每个类目有链接，有期刊数量，可指导读者进入类目浏览期刊。

3）按核心期刊导航查找期刊。上述都是在维普期刊大全的 14631 种查找期刊，如果读者只想关注高质量的文章，则可从期刊导航主页左边的核心期刊导航进入，方法是选中想要进入的核心期刊库，如选中"北大核心期刊（2017 版）"，如图 5-56 所示。

图 5-56　核心期刊导航

选中"北大核心期刊（2017 版）"之后，右侧的首字母查找和学科分类导航都缩小到北大核心期刊（2017 版）2001 种范围之内查找，与全部期刊相比查找范围缩小很多，而且都是北大核心期刊。

三、中文科技期刊评价报告

中文科技期刊评价报告是国内同行业中做的最早，它的指标是与国际指标接轨的，它提供了"被引次数、影响因子、立即指数、被引半衰期、引用半衰期、期刊他引率、平均引文率"等 7 个指标，完全与美国费城的科学信息研究所的期刊引用报告（JCR）统计方法一致，是读者对期刊进行判断和比较的重要参数。

从维普资讯中文期刊服务平台主页（qikan.cqvip.com），点击上方"期刊评价报告"进入中义科技期刊评价报告页面，如图 5-57 所示。

中文科技期刊评价报告是以 9700 余种期刊作为来源期刊进行引文加工，涉及学科领域包括工业技术综合、医药卫生、农业、数理科学及化学、天文地球、环境安全、交通运输、航空航天、经济、政治法律、文史哲综合等。

页面左边提供了检索框，可直接查找期刊，系统提供了"刊名、ISSN、CN"3 种途径。

中文科技期刊评价报告

图 5-57　中文科技期刊评价报告页面

【例 5-17】 查找《大学图书馆学报》期刊的评价报告。

在中文科技期刊评价报告页面，选择"直接查找""刊名"后，直接输入刊名"大学图书馆学报"，点击"检索"得到《大学图书馆学报》期刊的评价报告，如图 5-58 所示。

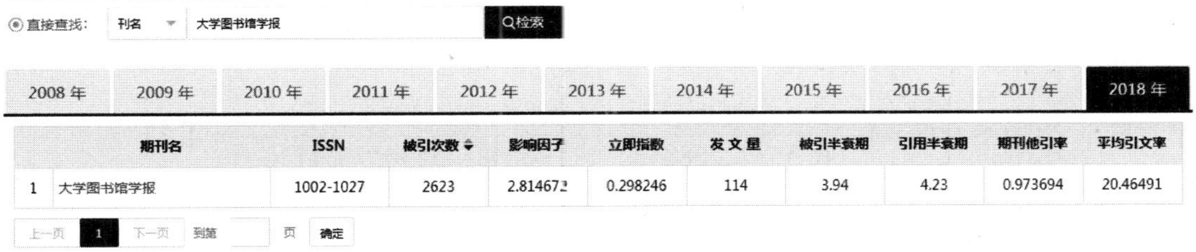

图 5-58　《大学图书馆学报》期刊评价报告页面

该刊页面上列出了《大学图书馆学报》期刊 2008—2018 年的评价报告，默认是最新（2018 年）的期刊评价报告，报告显示：期刊名、ISSN、被引次数、影响因子、立即指数、发文量、被引半衰期、引用半衰期、期刊他引率、平均引文率等评价参数指标。点击"大学图书馆学报"，展开"影响因子走势"栏目，系统对下列 6 项评价指标的定义和参数计算如下：

1. 影响因子

影响因子是指该期刊近两年文献的平均被引用率，即该期刊前两年发表的论文在评价当年每篇论文被引用的平均次数，用以反映近年该期刊的学术影响力及近期在科学发展和文献交流中所起的作用。

该刊 2017 年的文章在 2018 年的被引次数 340；该刊 2016 年的文章在 2018 年的被引次数 389，总计 729 次。

该刊 2017 年的发文量 129 篇；该刊 2016 年的发文量 130 篇；总计 259 篇。

则该刊 2018 年的影响因子为：

$$影响因子 = \frac{729}{259} = 2.81467$$

2. 立即指数

立即指数是表征期刊即时反应速率的指标，即该期刊在评价当年发表的论文，每篇被引用的平均次数。

例如，该刊 2018 年的文章在 2018 年的被引次数 34 次，该刊 2018 年的发文量为 114 篇。

该刊 2018 年的立即指数为：

$$立即指数 = \frac{34}{114} = 0.298246$$

3. 被引半衰期

被引半衰期是衡量期刊老化速度快慢的一种指标，指某一期刊论文在某年被引用的全部次数中，较新的一半被引论文发表的时间跨度。

$$被引半衰期 = 3 + \frac{(0.5 - 0.37590545\ 17727793)}{(0.5074342356080823 - 0.3759054517727793)} = 3.94$$

4. 引用半衰期

引用半衰期指某种期刊在某年中所引用的全部参考文献中较新的一半是在最近多少年时段内发表的。

$$引用半衰期 = 4 + \frac{(0.5 - 0.48105436573311366)}{(0.5634266886326195 - 0.48105436573311366)} = 4.23$$

5. 期刊他引率

期刊他引率是期刊被他刊引用的次数占该刊总被引次数的比例，用以测度某期刊学术交流的广度、专业面的宽窄以及学科的交叉程度。

$$期刊他引率 = \frac{被他刊引用次数}{被引用总次数} = \frac{2554}{2623} = 0.973694$$

6. 平均引文率

平均引文率是在给定的时间内，期刊篇均参考文献量，用以测度期刊的平均引文水平，考察期刊吸收信息的能力以及科学交流程度的高低。

$$平均引文率 = \frac{期刊参考文献总数}{期刊论文总数} = \frac{2333}{114} = 20.46491$$

四、期刊开放获取

1. 期刊开放获取简介

期刊开放获取（Open Access，OA）是指科研人员将论文、专著、图书、演示手稿等研究成果发表在开放式学术期刊或存储在开放式知识库中，以免费的方式提供给读者检索、下载和复制。开放获取是国际学术界为推动科技成果利用网络自由传播而发起的运动，通过网络技术，任何人可以免费获取各类文献。随着开放获取运动的开展，开放期刊、开放知识库和开放论文数量大幅增加，并且有多家知名出版商宣布旗下期刊采用开放获取出版模式。同时，开放期刊的质量正在逐步提升，权威性数据库收录的 OA 期刊的数量逐步扩大。

2. 维普期刊开放获取平台简介

从维普资讯中文期刊服务平台主页，点击上方的"期刊开放获取"，进入期刊开放获取页面，如图 5-59 所示。

图 5-59　开放获取（OA）期刊、期刊开放获取平台页面

维普的期刊开放获取平台资源由两部分组成：

（1）开放获取（OA）期刊

位于页面上方的是开放获取（OA）期刊，共找到 1555 种期刊，多数是中文期刊。

（2）期刊开放获取平台

位于页面下方的是期刊开放获取平台，列出了 29 个期刊开放获取平台数据库名称和链接。这些期刊开放获取平台都有链接，点击平台名称就链接到期刊开放获取平台。

3. 部分开放数据库简介

（1）中国科技论文在线

中国科技论文在线是经教育部批准，由教育部科技发展中心主办，利用现代信息技术手段，打破传统出版物的概念，针对论文发表困难，学术交流渠道窄，不利于研究成果快速、高效地转化为现实生产力等问题而创建的科技论文网站。该网站给科研人员提供了一个方便、快捷的交流平台，一条及时发表科研成果和新观点的有效渠道，从而使新成果得到及时推广，科研创新思想得到及时交流。

在线学术期刊免费全文库是国内唯一免费的全文期刊库，由中华人民共和国教育部主管，中国科技论文在线发起，期刊上网工程历时多年，得到广大学术期刊的支持，目前已收录近千家科技期刊、逾130万篇各领域科技论文全文，全部提供给广大科研工作者及爱好者进行免费下载。

（2）国际开放知识库联盟

开放获取知识库联盟（COAR）是一个年轻的、迅速成长的知识库联盟。COAR 成立于2009年10月，联合了全球100多家机构。它的使命是通过开放获取知识库的全球网络，扩大研究成果的可见度，促进研究成果的广泛应用。

（3）SpringerOpen

进入 SpringerOpen 后，有这样介绍："SpringerOpen 项目组合自 2010 年推出以来，发展迅猛，因此我们现在为来自科学、技术、医学、人文和社会科学所有领域的研究人员提供一个在期刊和书籍方面发布公开访问的平台。使用 SpringerOpen 进行发布可以让您的作品在发布后立即免费在线提供给每个人，并且我们的高水平专业评审和生产过程保证了作品的质量和可靠性。"

第四节　万方期刊检索

万方数据知识服务平台（http：//www. wanfangdata. con. cn），如图 5-60 所示。

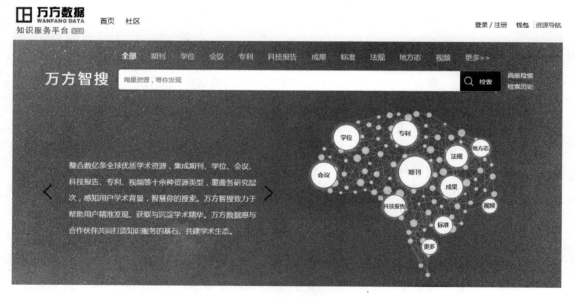

图 5-60　万方数据知识服务平台页面

万方数据知识服务平台上，万方智搜可实现一站式检索。万方资源频道分为：全部、期刊、学位、会议、专利、科技报告、成果、标准、法规、地方志、视频等，读者要检索哪种文献，就先点击相应的频道，然后在检索框中输入检索词，点击"检索"按钮就可找到相应的文献。

　　检索框的下面有多个圆圈，与检索框上的频道是一一对应的，点击对应的圆圈就进入相应的文献频道。如点击"期刊"圆圈可进入期刊导航页面。

一、万方数据知识服务平台简介

1. 万方数据文献资源

　　从万方数据主页右上角"资源导航"进入，可查到万方数据文献类型与数量，如表 5-3 所示。

表 5-3　万方数据文献类型与数量（2019 年 7 月 19 日摘录）

序号	数据库名称	数据量（条）
1	中外期刊论文	133548748
2	学位	6125417
3	会议	13859042
4	专利	104420684
5	科技报告	1175441
6	科技成果	911456
7	标准	2301748
8	法律法规	1173556
9	地方志	7719380
10	视频	26075

2. 万方数据知识服务平台

　　万方数据知识服务平台，如图 5-61 所示。

图 5-61　万方数据知识服务平台

　　万方数据知识服务平台提供的文献种类很多，有期刊论文、学位论文、会议论文、专利、科技报告、成果、标准、法规、地方志、视频等资源。新版平台的美观性和易操作性都有明显提高，并且平台向全社会免费开放，提供免费检索服务，但下载全文是不免费的。目前，做到这步的还只有 CNKI 和万方数据两家。

二、期刊文献检索

1. 期刊导航

在图 5-60 中点击检索框下面的"期刊"圆圈进入期刊导航页面，如图 5-62 所示。

中国学术期刊数据库（China Online Journals，COJ），收录始于1998年，包含8000余种期刊，其中包含北京大学、中国科学技术信息研究所、中国科学院文献情报中心、南京大学、中国社会科学院历年收录的核心期刊3300余种，年增300万篇，周更新2次，涵盖自然科学、工程技术、医药卫生、农业科学、哲学政法、社会科学、科教文艺等各个学科。

本周更新期刊

图 5-62　万方数据期刊导航页面

中国学术期刊数据库，期刊资源包括中文期刊和外文期刊，其中中文期刊共 8000 余种，核心期刊 2300 种左右，涵盖了哲学政法、社会科学、经济财经、教科文艺、基础科学、医药卫生、农业科学、工业技术等 8 个大类；外文期刊主要来源于 NSTL 外文文献数据库以及牛津大学出版社等国外出版机构，收录了 1995 年以来世界各国出版的 20900 种重要学术期刊。

从图 5-62 所示的万方数据期刊导航页面可知，左侧显示系统提供了学科分类；页面中部提供了按"刊首字母、核心收录、收录地区、出版周期、优先出版"检索期刊，右下方还可按照刊名、ISSN 号或 CN 号检索期刊。

（1）按学科分类导航

左侧学科分类将所有期刊分为：哲学政法（596）、社会科学（873）、经济财经（998）、教科文艺（2028）、基础科学（1113）、医药卫生（1485）、农业科学（643）、工业技术（2839）等 8 个大类，每个大类的括号内显示了本学科收录的期刊数量，又按《中国图书馆分类法》细分若干个小类。浏览查看时，一级一级单击进入，在相关类目下找到所需刊物名称。

（2）按刊首字母导航

该检索方式是按刊名首汉字的汉语拼音的第一个字母排序和查找期刊的一种方法。如图5-63所示。

读者可以按系统提供的刊名首字母排序进入，查找需要的期刊，进行阅读浏览、下载等操作。

（3）按核心收录导航

可选择"全部、CSTPCD、北大核心、CSSCI、EI、SCI"，默认是全部。

图 5-63　刊首字母导航页面

（4）按收录地区导航

期刊所属地域查询在"收录地区"栏，可选其中所列任一省市，便可看到本系统所收录的该省市出版的期刊名录。

（5）按出版周期导航

读者可以选择"全部、周刊、旬刊、双周刊、半月刊、月刊、双月刊、季刊、半年刊、年刊、不定期"，默认是全部。

2. 期刊文献检索

在万方智搜检索框中，期刊频道提供的检索途径有：题名、作者、作者单位、关键词、摘要、刊名、基金，如图5-64所示。

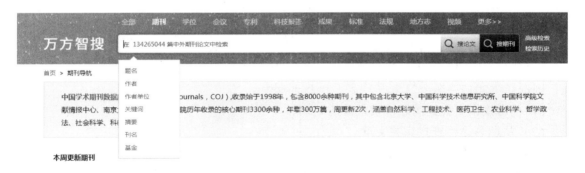

图 5-64　期刊频道提供的检索途径页面

读者可以选择这七种途径之一进入检索。输入检索词后，后面有两个选项：搜论文、搜期刊。如果是搜索论文，就点击"搜论文"按钮，搜索期刊就点击"搜期刊"按钮。

3. 高级检索

在万方数据知识服务平台主页，点击检索框右边的高级检索，便进入万方数据高级检索页面，如图5-65所示。

（1）高级检索步骤

1）选择文献类型。文献类型有"全部"，选择"全部"即选择全部文献类型，选择不当可以"清除"重新选择，也可选择一个或多个文献进行检索。

2）选择检索途径。在期刊论文的高级检索中，检索途径有：全部、主题、题名或关键

图 5-65 万方数据高级检索页面

词、题名、第一作者、作者单位、作者、关键词、摘要、DOI、期刊名称/刊名、期刊、ISSN/CN 等，检索框可以增加或减少，默认是 3 个，最多可增加到 6 个，即高级检索可以同时用 6 个检索条件去确定检索内容，使其精确定位检索结果。

　　3）输入检索词。输入与检索途径相关度很高的检索词。

　　4）选择逻辑关系。各个检索途径之间的逻辑关系"与、或、非"。

　　5）选择发表时间。不选择就是默认时间，从"不限—至今"，如选择近 5 年的期刊论文，则选择"2015—至今"。

　　6）单击检索。找到满足检索条件的结果。

　　（2）从题名途径查找相关文章

【例 5-18】 从题名途径查找"激光武器照射"的相关文章。

　　检索过程：①从期刊频道进入高级检索页面，选择"期刊论文"；②选择"题名"途径搜索；③分解输入检索词"激光、武器、照射"；④在题名之间选择逻辑"与"；⑤发表时间默认；检索信息设置页面，如图 5-66 所示；⑥点击"检索"按钮，找到 1 篇题名中同时含有"激光、武器、照射"的文章，如图 5-67 所示。

检索信息：	+	−	题名	▼	激光	模糊	▼
	与	▼	题名	▼	武器	模糊	▼
	与	▼	题名	▼	照射	模糊	▼

图 5-66 检索信息设置页面

图 5-67 高级检索结果页面

本例提示：选择"题名"途径，关键词之间选择逻辑"与"，这些条件决定检索结果的题名中同时含有检索词"激光、武器、照射"，这是提高检准率和文章相关度的一种技巧。

4. 专业检索

万方数据专业检索支持逻辑运算符、双引号以及特定符号的规则，如表 5-4 所示。读者可以使用如下运算符构建检索表达式。

表 5-4 专业检索支持逻辑运算符

运算符	检索与含义	检索举例
AND/and/ *	逻辑与运算，同时出现在文献中	题名：（激光） *题名：（武器） * 题名：（照射）
OR/or/+	逻辑或运算，其中一词或两词同时出现在文献中	题名：（信息素养）+题名：（文献检索）
NOT/not/^	逻辑非运算，后面的词不出现在文献中	题名：（电子 * 对抗）not 题名：(电子通信)
" "	精确匹配，引号中词作为整体进行检索	题名：（量子纠缠）
( )	限定检索顺序，括号内容作为一个了查询	题名：（（卫星） * （纠缠） *量子）

注：运算符优先级：( ) >not/^>and/ * >or/+，运算符建议使用英文半角形式。

【例 5-19】 试用专业检索查找题名中同时含有"激光、武器、照射"的文章。

检索过程：①依题意检索式可写为：题名：（激光） *题名：（武器） *题名：（照射）；或题名：（（激光） * （武器） * （照射））；②在万方数据高级检索页面上，点击"专业检索"；③在检索框中输入"题名：（（激光） * （武器） * （照射））"；④其他条件默认；⑤点击"检索"按钮，找到 1 条结果，与例 5-18 高级检索结果相同，如图 5-68 所示。

图 5-68　专业检索页面

 思考练习

1. 简述 ISSN 号的含义。

2. 简述核心期刊及其含义。

3. 简述影响因子及其意义。

4. 简述 SCI 的含义。

5. 简述 CNKI 的含义，它提供了哪些数字文献资源？

6. 试用 CNKI 平台检索几篇本专业的期刊论文。

7. 什么是知网节点文献？它的意义何在？

8. 试用维普中文期刊服务平台检索几篇期刊论文。

9. 试用万方数据知识服务平台检索几篇期刊论文。

第六章　数字特种文献检索

第一节　学 位 论 文

一、学位论文概述

学位论文是高等院校及科研机构的学生在导师的指导下完成科学试验或研究后，为取得学位而撰写的具有一定学术性的研究报告。根据学位制度的级别，一般分为学士、硕士、博士论文。以前学位论文一般不公开出版，除在学位授予单位被收藏外，一般还在国家指定单位专门进行收藏。如中国科学技术信息研究所和国家图书馆。目前，各学位论文授予单位都将学位论文数字化，建立了本单位学位论文数据库。也有数据商建立了大型的学位论文数据库。

二、国内学位论文检索

1. 全文型学位论文数据库

国内学位论文的全文数据库主要有中国知网（CNKI）和万方数据知识服务平台，其中万方还收录博士后论文。此外，各学位授予点自建的学位论文数据库或机构知识库，也向本单位读者提供学位论文全文的检索、浏览和下载服务。

（1）高校图书馆学位论文数据库

学位论文不同于图书、期刊论文、专利、标准等公开的文献，其存储和获取途径较为特殊。学位论文的传播利用在一定程度上受到了限制。为此，学位授予机构，或一些社会机构致力于通过开放存取平台解决这一问题。学位授予机构的图书馆，一般都收录本校学位论文纸质版本和电子版本，建立本校学位论文数据库。这类数据库在本校校园网 IP 范围内提供数据检索和全文下载。也有部分高校为外网用户提供题录检索，读者可在本馆自建数据库或特色数据库中找到链接。也有部分图书馆建立本校机构知识库，把学位论文整合在机构知识库中，个别图书馆在 OPAC 中提供纸质学位论文检索。

以海南大学图书馆为例，读者在海南大学图书馆主页的"数字特藏"中点击"学位论文"，在弹出的页面中选择"海南大学硕士学位论文数据库"，进入学位论文检索界面，即可检索下载本校博硕士论文。

在校园网中可下载全文，浏览全文之前应下载安装阅读器。

（2）北京大学学位论文库/燕京大学学位论文库

网址：http：//162. 105. 138. 175/dlib/List. asp？lang＝gb&DocGroupID＝11

简介：北京大学学位论文库和燕京大学学位论文库在同一平台检索，该数据库提供了多种检索途径和浏览功能，读者在校园网内即可查看全文。

北京大学学位论文库主要收录该校 2003 年后的全部学位论文和 1985—2003 年期间的部分学位论文题录和电子版全文。

燕大论文库主要收录了燕京大学的学士和硕士论文，共 2600 多篇，其中包括许多当代著名学者的论文手稿真迹，十分珍贵。燕大论文内容涉及的学科范围也较广，对研究近代中国社会、历史、政治等方面的情况有重要作用。

其他高校学位论文数据库，可通过该校图书馆主页相关链接检索。

（3）CASTD 中国科学院学位论文数据库

网址：http：//sciencechina. cn/paper/search_ pap. jsp

简介：该数据库收录了 1983 年以来中国科学院授予的博士、硕士学位论文，提供论文名称、作者、指导老师、培养单位和学位等检索点。文摘检索面向全部用户开放，前 16 页服务面向中科院单位开放，全文服务面向所属培养单位开放。

2. 文摘型学位论文数据库及其他学位论文网站

国内学位论文文摘数据库主要有 CALIS 高校学位论文数据库、国家科技图书文献中心（NSTL）、读秀学术搜索等。读者可以通过文献传递获取学位论文资源。

（1）CALIS 高校学位论文数据库

网址：http：//etd. calis. edu. cn/ipvalidator. do

简介：CAUS 高校学位论文数据库面向全国高校师生提供中外文学位论文检索和获取服务。目前博硕士学位论文数据逾 384 万条。该系统采用 e 读搜索引擎，检索功能便捷灵活，提供简单检索和高级检索功能，可进行多字段组配检索，也可从资源类型、检索范围、时间、语种、论文来源等多角度进行限定检索。

该系统检索界面直接为 e 读搜索引擎，录入检索词后，选择入口。通过个人注册可获得更多的检索功能。

（2）中国国家图书馆学位论文数据库

网址：http：//210. 37. 32. 30/xinban/show. asp？typeid＝17&id＝143

简介：国家图书馆是教育部指定的全面收藏学位论文的专门机构，二十多年来，国家图书馆收藏博士论文近 12 万种。此外，还收藏台湾博士学位论文和部分海外华人华侨学位论文。

（3）中国科学技术信息研究所与国家工程技术图书馆——学位论文数据库

网址：http：//www. istic. ac. cn/rabid/69/NavBy/6/Default. aspx

简介：中国科学技术信息研究所同时收藏中外文学位论文，中文学位论文从 1963 年开始收藏，国外学位论文从 1983 年开始收集，是我国自然科学领域硕士以上学位论文法定收藏单位。

（4）中国台湾博硕士学位论文数据库

网址：http：//ndltd. ncl. edu. tw/

简介：该数据库主要是由中国台湾各校博硕士班毕业生所提供的论文摘要建档磁片所转录汇整而来，并通过网络免费提供给各界使用。

（5）中国香港大学学位论文数据库

网址：http：//hub. hku. hk/handle/10722/1057/

简介：该数据库收藏了自 1941 年以来香港大学的学位论文。包括了艺术、人文、教育和社会科学、医学以及自然科学的多方成果，许多论文是与香港有关的课题研究。收藏的论文以英文为主，有少部分是中英文或纯中文约。有 11662 篇包含全文的电子版论文。

（6）OAU 博硕士论文联邦查询系统

网址：http：//fedetd. mis. nsysu. edu. tw/FED-db/cgi-bin/FED-search/search

简介：OAI 博硕士论文联邦查询系统收集、查询全球利用 OAI（Open Archives Initiative）界面所提供博硕士论文书目资料，并提供超链接至原单位获取全文和其他更详细的资料。该系统由台湾"分布式学位论文共建共享计划"（eThesys）开发和维护，并参与了美国 NDLTD（Digital Library of Theses and Dissertations）项目，加入 OCLC 的 Union Catalog，有利于各个高校学位论文的公开。

三、国外学位论文数据库检索

1. ProQuest Dissertations&Theses

网址：

CALIS——http：//pqdt. caiis. edu. en/

上交大——http：//pqdt. lib. sjtu. edu. cn/

中信所——http：//pqdt. bjzhongke. com. cn/

（1）简介

ProQuest Dissertations&Theses（PQDT）。原名 PQDD（ProQuest Digital Disserrations），在 2004 年 12 月正式更名为 PQDT。ProQuest 是美国国家图书馆——国会图书馆指定的全美国博硕士论文收藏机构，也是加拿大国家图书馆指定的全加拿大博硕士论文收藏机构，全球 700 多所大学定期向 ProQuest 提交博士论文。PQDT 提供了 1861 年至今的超过 200 万篇博硕士论文的文摘或索引，用户可以访问超过 90% 的北美地区每年获得通过的博硕士论文以及许多国际性的博硕士论文的文摘，是目前世界上最大和最广泛使用的学位论文文摘索引库。PQDT 包含两个分册：人文社科卷和科学工程卷，两卷共收录欧美 1000 余所大学文、理、农、工、医等领域的 150 万篇博士和硕士论文的摘要及索引，30 余万篇全文文献。

（2）检索方法与实例

1）检索方法：有基本检索、高级检索和导航检索。

2）检索实例：检出香蕉镰刀菌的学位论文。

检索词：banana、fusariam wilt。

采用高级检索，检索框如图 6-1 所示。

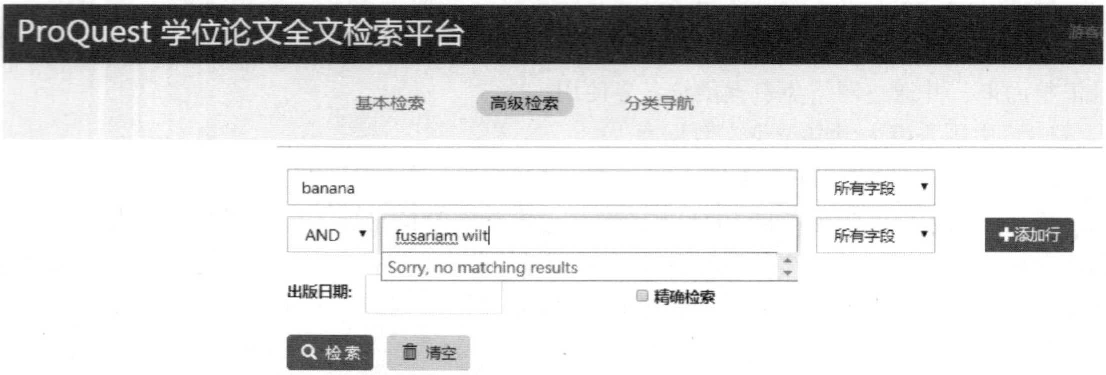

ProQuest 学位论文全文检索平台

基本检索　　高级检索　　分类导航

| banana | 所有字段 ▼ |

AND ▼　fusariam wilt
Sorry, no matching results

出版日期：　　　　　　　　□ 精确检索

🔍 检索　　🗑 清空

图 6-1　ProQuest 学位论文高级检索页面

结果处理：可以收藏、查看摘要，下载 PDF 全文。

2. DISSERTATION. COM

网址：http：//www. dissertation. com/

简介：英国学位论文库，提供关键词、作者等检索途径，并设有浏览功能。

3. Australian Digital Theses Program

网址：http：//adt. caul. edu. au/

简介：澳大利亚数字论文计划，由澳大利亚大学图书馆员协会发起，包含澳大利亚 40 余所大学的硕博论文，涵盖各个学科。

4. The Theses Canada

网址：http：//www. bac-lac. gc. ca/eng/services/theses/Pages/theses-canada. aspx

简介：该网站提供了加拿大学位论文信息查询的集中入口，可免费检索 AMICUS 的学位论文及相关信息。AMICUS 为全加拿大公共书目信息检索系统，其学位论文库建立于 1965 年。收录加拿大 1300 多个图书馆的学位论文信息，另外还可免费检索和获得加拿大 1998—2002 年出版的部分论文信息。

5. 部分国外学位论文数据库

（1）MIT Theses

网址：http：//dspace. mit. edu/handle/1721. 1/7582

简介：MIT Theses 收录麻省理工学院 1888 年至今的博硕士学位论文，提供了目次检索，多数有全文。

（2）伍斯特工学院电子学位论文

http：//www. wpi. edu/Pubs/ETD

（3）诺丁汉大学电子学位论文

http：//etheses. nottingham. ac. uk

（4）弗吉尼亚公共资产大学免费博硕论文数据库

http：//etd. vcu. edu/ETD-db/ETD-search/search

（5）俄亥俄州立大学电子学住论文全文数据库

http：//www. ohiolink. edu/etd/search. cgi

（6）田纳西大学电子学位论文数据库

http：//diglib. lib. utk. edu/cgi/b/bib/bib-idx？ c=etd-bib；cc=etd-bib；page=index

（7）加拿大 AMlCUS 学位论文检索系统

http：//www. coIIectionscanada. gc. ca/thesescanada/index-e. html

（8）比勒陀利亚大学的电子学位论文

http：//upetd. up. ac. za

（9）NDLTD 学位论文库

网址：http：//www. ndhd. org/

简介：NDLTD 学位论文库是美国国家自然科学基金的一个网上学位论文共建共享项目，利用 Open Archives Initiative-OAI 的学位论文联合目录，目前包含全球十几家成员。多数有全文。

10. DIVA Portal

网址：http：//www. diva-portal. org/smash/search. jsf？ dswid=9520

简介：DIVA Portal 是 40 所大学和研究机构的研究出版物和学位论文的发现工具。

第二节　会议文献检索

一、会议文献概述

会议文献是指在国内外各类学术会议上发表的论文、研究报告、调查报告和统计资料等文献信息，是了解各国科技水平动态、跟踪和预测科技的发展趋势、进行情报分析和情报研究、交流科技成果与经验方面的重要科技情报源之一，具有内容新颖、学术水平高、专业性强、出版形式多样且不规范等特点。

按会议文献出版的先后时间可分为会前、会中、会后文献 3 种类型。

（1）会前文献

包括征文启事、会议通知书、会议日程表、预印本和会前论文摘要等，大多不对外发行，没有正式出版物。其中预印本是在会前几个月内发给与会者或公开出售的会议资料，比会后正式出版的会议录要早一两年，但内容完备性和准确性不及会议录。大约50%的会议只出版预印本，会后不再出版会议录。在这种情况下，预印本就是唯一的会议资料，故预印本就显得更加重要。

（2）会中文献

包括开幕词、讲演词、讨论记录、会议简报、会议决议和闭幕词等。

（3）会后文献

包括会议录、汇编、论文集、报告、学术讨论会报告、会议专刊等。其中会议录是会后将论文、报告及讨论记录整理汇编而公开出版或发表的文献。会后文献的出版周期比会中文献要长些，但它排版规整，又往往附有著者及主题索引，所以便于读者查找使用。一般所说的会议文献主要指这类文献。

二、国内会议文献检索

国内会议文献的全文数据库主要有中国知网（CNKI）和万方数据知识服务平台。文摘数据库主要有国家科技图书文献中心（NSTL）、读秀学术搜索等，这几个数据库已经在前面有关章节中介绍，这里不再赘述。

以下介绍几个学术会议网站。

1. 中国学术会议在线

网址：http：//www. meeting. edu. cn/

简介：中国学术会议在线是经教育部批准，由教育部科技发展中心主办，面向广大科技人员的科学研究与学术交流信息服务平台，分阶段实施学术会议网上预报及在线服务、学术会议交互式直播/多路广播和会议资料点播三大功能，为用户提供学术会议信息预报、会议分类搜索、会议在线报名、会议论文征集、会议资料发布、会议视频点播、会议同步直播等服务。

2. 上海图书馆、上海科技情报研究所会议资料数据库

网址：http：//www. library. sh. cn/skjs/hyzi/

简介：上海图书馆、上海科技情报研究所会议资料数据库提供与上海图书馆合并的上海科技情报所1986年至今约40万件资料网上篇名检索服务，包括国内各科学技术机构、团体和主管机关举办的专业性学术会议及一些地方小型会议，每年新增数据3万条。读者可按照篇名、作者、会议名、会议地名、会议时间等进行检索，并且提供全文复印服务。

3. 中国会议网

网址：http：//www. china meeting. com/

简介：中国会议网由北京金谷田经济顾问有限公司主办，是专门针对会议产业的资讯服务平台。

三、国外会议文献检索

1. CPCI 会议文献引文索引数据库

简介：美国科学情报研究所（ISI）基于 ISI Web of Knowledge 检索平台，将原科学技术会议录索引 ISTP（Index to Scientific&Technical Proceedings）和社会科学及人文科学会议录索引 ISSHP（Index to Social Science&Humanities Proceedings）两大会议录索引集成为 CPCI（Conference Proceedings Citation Index）数据库。CPCI 汇集了全世界1990年以来60000个会

议的会议录资料，包括专著、丛书、预印本以及来源于期刊的会议论文，提供了综合、全面、多学科的会议论文资料及其引用情况，分为两个子库：一个是 CPCI-S（Conference Proceedings Citation Index-Science），另一个是 CPCI-SSH（Conference Proceedings Citation Index-Social Sciences&Humanities）。CPCI 是 Web of Science 核心合集子库。

2. 全球学术会议发布网

网址：http：//www. allconferences. com/

简介：全球学术会议发布网提供按学科检索或者浏览会议信息，可链接至会议网站，还可以免费上传会议信息。

3. Conference Alerts

网址：http：//www. conferencealerts. com/

简介：Conference Alerts 提供世界上即将召开的学术会议日程信息，可以按学科主题或国家进行浏览，也可以进行检索，还可以免费订制最新的相关学科会议日程信息。

3. 欧洲研究会议网

网址：http：//www. esf. org/home. html

简介：欧洲研究会议网是由欧洲科学基金会维护的网页，主要提供各学科已经召开与即将召开的会议信息及内容。

5. 国际工程会议网

网址：http：//services. bepress. com/eci/

简介：国际工程会议网提供该会议 2002 年至今专题会议论文的全文。

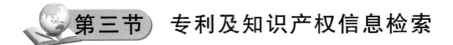

第三节 专利及知识产权信息检索

一、专利文献概述

1. 专利概念

专利文献是实行专利制度的国家及国际性专利组织在审批专利过程中产生的官方文件及其出版物的总称。广义的专利文献包括各种专利申请、专利证书、专利公报，专利检索工具、专利分类表等。狭义的专利文献就是专利说明书。专利说明书是申请人向专利局申请专利时所提交的说明发明创造内容及指明专利权利要求的书面文件。专利文献是技术情报、法律情报和经济情报的重要来源，具有内容新颖、报道迅速、涉及技术领域广泛、实用性强、具有法律效力、技术工作具有单一性、结构严谨、著录规范等特点。同时，专利文献由于数量大、重复量大、内容晦涩难懂，在检索中漏检和误检率很高。

2. 专利的种类

不同国家对专利的种类有不同规定。中国和日本的专利包括发明专利、实用新型专利和外观设计专利（表6-1）。

表6-1　中国专利的种类

名　称	发明专利 （有效期：20年）	实用新型专利 （有效期：10年）	外观设计专利 （有效期：10年）
要　求	对产品、方法及其改进提出的新的技术方案	对产品形状、构造及其结合提出的实用方案	对产品形状、图案、色彩或者其结合所作出的富有美感并适合于工业上应用的新设计
特　点	具有突出的实质性特点和显著进步	具有实质性特点和进步	具有实质性特点和进步
专利权获得过程	申请—初审（18个月）—公开—实审—授权	申请—初审—授权	申请—初审—授权

发明专利技术含量高，保护期长，但由于实用新型获得授权比较容易，所以有些专利同时申请实用新型专利和发明专利。

3. 专利的特点

专利具有排他性、地域性和时间性的特点。

排他性又称独占性。它是指在一定时间（专利权有效期）和区域（法律管辖区）内，任何单位或个人未经专利权人许可都不得实施其专利，即不得为生产经营目的制造、使用、许诺销售、销售、进口其专利产品，或者使用其专利方法以及制造、使用、许诺销售、销售、进口其专利产品，否则属于侵权行为。

区域性是指专利权是一种有区域范围限制的权利，它只有在法律管辖区域内有效。一般情况下，技术发明在哪个国家申请专利。就由哪个国家授予专利权，而且只在专利授予国的范围内有效。

为了获得更大范围的保护，同一发明可以同时在两个或两个以上的国家或地区申请专利，获得批准后其发明便可以在所有申请国获得法律保护。

时间性是指专利只有在法律规定的期限内才有效，专利权的有效保护期限结束以后，专利权人所享有的专利权便自动丧失，发明便成为社会公有的财富，其他人便可以自由地使用该发明来创造产品。专利受法律保护的期限的长短由有关国家的专利法或有关国际公约规定。

4. 专利的法律状态

专利法律状态是指专利或专利申请的当前状态或所处的阶段。专利申请要经过一系列的审查、公开、维护程序，在审查过程中会有许多变化，比如申请人主动撤回申请、被宣告无效、专利授权、专利权转让等。一般来说，法律状态大致有三种：第一种是处于等待审查或审查正在进行之中，如发明专利申请的"公开""实质审查"；第二种是审查之后的"授权"状态；第三种是无效状态，如公开后的"撤回"、审查过程中的"视为撤回""驳回"、授权后不按时交费的"终止"、被宣告无效。其中，撤回、视为撤回、放弃、视为放弃、驳回，届满等，意味着这一专利为失效专利，已经不受到法律保护，任何人都可以使用而不必承担侵权责任。

有些专利检索系统把法律状态简化为"有权"和"无权"两种。

5. 专利授予实质条件

我国《专利法》授予专利权的发明和实用新型，应当具备新颖性、创造性和实用性。

新颖性，是指该发明或者实用新型不属于现有技术，也没有任何单位或者个人就同样的发明或者实用新型在申请日以前向国务院专利行政部门提出过申请，并记载在申请日以后公布的专利申请文件或者公告的专利文件中。

我国专利法规定，申请专利的发明创造在申请日（享有优先权的指优先权日）之前六个月内有下列情况之一的，不丧失新颖性：①在中国政府主办或者承认的国际展览会上首次展出的；②在规定的学术会议或者技术会议上首次发表的。以上情况应当在申请专利时提交证明材料。

在实践中，有些科研工作者先在期刊上发表论文，再申请专利，导致专利丧失新颖性。无法通过新颖性审查。

创造性，是指与现有技术相比，该发明具有突出的实质性特点和显著的进步，该实用新型具有实质性特点和进步。

实用性，是指该发明或者实用新型能够制造或者使用。并且能够产生积极效果。

本法所称现有技术，是指申请日以前在国内外为公众所知的技术。

6. 专利文献的特殊检索途径

专利检索途径除了名称、摘要、关键词等检索途径外，还有与其他文献不同的检索途径。

（1）号码和日期

1）专利申请号和申请日：专利申请在提交时，获得专利申请号，对应的日期为申请日。专利申请号用12位阿拉伯数字表示，包括申请年号、申请种类号和申请流水号三个部分。为了完整地标识一篇专利文献的出版国家，在检索中常加上专利申请国代码，如 CN201310291742.X。

申请日在法律上具有十分重要的意义：它确定了提交申请时间的先后，按照先申请原则，在有相同内容的多个申请时，申请的先后决定了专利权授予谁；它确定了对现有技术的检索时间界限，这在审查中对决定申请是否具有新颖性关系重大；申请日是审查程序中一系列重要期限的起算日。

2）专利公开号（公告号）和公开（公告）日：在专利审查过程中，会产生不同的专利文献及相应的文献号，依次分为公布说明书、专利说明书和专利证书，相应的文献号为公开号、公告号、专利号。对应的日期为专利公开日和授权公告日。

3）专利号：获得授权专利的原申请号。如 201310291742.X。

4）优先权号和优先权日：优先权是指专利申请人就同一项发明在一个缔约国提出申请之后，在规定的期限内又向其他缔约国提出申请，申请人有权要求以第一次申请日期作为后来提出申请的日期，这一申请日就是优先权日，第一次申请的专利号即为优先权号。

基于同一优先权文件，在不同国家或地区，以及地区间专利组织多次申请、多次公布或批准的内容相同或基本相同的一组专利文献，称为同族专利。在同族专利中拥有最早优先权的专利文献称基本专利。

5）专利分类号：专利分类表是使各国专利文献得到统一分类的一种工具。是专利文献检索时的一种有效检索工具。我国的专利采用国际专利分类法（international patent classification，IPC）分类，这是目前唯一国际通用的专利文献分类和检索工具。

IPC 采用等级分类体系。按照技术主题设立类目，把整个技术领域分为 6 个不同等级：部、分部、大类、小类、大组、小组，其中分部只有类名，没有类号。

IPC 共有 8 个部：

A 部　人类生活需要（农、轻、医）；

B 部　作业、运输；

C 部　化学、冶金；

D 部　纺织、造纸；

E 部　固定建筑物；

F 部　机械工程、照明、加热、武器、爆破；

G 部　物理；

H 部　电学。

（2）责任者

1）发明人、设计人：指对发明创造的实质性特点做出创造性贡献的人。发明人应该是个人，不能是单位或集体。

2）申请人：就一项发明创造向专利局申请专利的人或单位。当发明为职务发明时，申请人为单位；当发明为非职务发明时，申请人为发明人。

3）专利权人：专利权的所有人及持有人的统称。专利申请被批准时，被授予专利权的专利申请人。专利权人既可以是单位也可以是个人。专利转让后，要办理专利权人变更手续。

在专利检索中，申请人和专利权人通常为同一检索字段。

4）代理人：代为办理专利权申请的人。专利申请不仅是一种手续复杂、专业性强的法律行为，而且涉及技术、经济、法律等各方面的知识，因此一般都需要聘请专门的代理人代为申请。专利代理人为申请专利提供咨询；代理撰写专利申请文件、申请专利以及办理审批程序中的各种手续以及批准后的事务；代理专利申请的复审、专利权的撤销或者无效宣告中的各项事务，或为上述程序提供咨询；办理专利技术转让的有关事宜，或为其提供咨询。

（3）权利要求

发明或者实用新型专利要求保护的内容，具有直接的法律效力，是申请专利的核心，也是确定专利保护范围的重要法律文件。由于专利文献所具有的法律性质，以及专利申请人为了有效地保护其发明创造，在专利文献中往往会用一些繁复晦涩、意义含混的专用术语，因此在专利文献检索中，权利要求是必检的途径。

二、国内专利文献检索

国内有关专利文献的检索平台比较多。中国知网、万方数据知识服务平台、国家科技图书文献中心、读秀学术搜索等都可检索专利。免费的专利检索平台有中国国家知识产权局专利检索系统等。

1. 国家知识产权局检索平台（SIPO）

网址：http：//www.pss-system.gov.cr/

（1）简介

中国国家知识产权局（State Intellectual Property Office of PRC，SIPO）提供免费的专利检索与全文浏览服务，收录 1985 年 9 月 10 日至今公布的全部中国专利信息，包括发明、实用新型和外观设计三种专利的著录项目及摘要。同时也收录了 103 个国家、地区和组织的专利数据。以及引文、法律状态等数据信息，其中涵盖了美国、日本、韩国、英国、法国、德国、瑞士、俄罗斯、欧洲专利局和世界知识产权组织等（图 6-2）。

图 6-2　国家知识产权局检索平台

检索功能包括常规检索、表格检索、药物专题检索、检索历史、检索结果浏览、文献浏览、批量下载等。

分析功能包括快速分析、定制分析、高级分析、生成分析报告等。

（2）检索方法与实例

检索方法包括常规检索、高级检索、导航检索、药物检索、命令检索、专利分析等。

1）常规检索：可智能判断检索词的字段，空格相当于"AND"。

2）高级检索：专利检索和文献检索一样，也支持逻辑运算符、截词检索等检索技术，在国家知识产权局专利检索系统中，空格相当于逻辑"或"，这和一般的文献检索不同。

说明：

在发明名称、摘要、权利要求、说明书和关键词字段中，使用空格代表逻辑"或"，例如，手机移动电话，代表手机 OR 移动电话，这一点和其他检索系统使用空格代表逻辑"与"不同。

该检索平台涉及多个国家，申请号、公开号或公告号、优先权号都涉及各国的专利号代码，IPC 分类涉及分类号，各国代码及 IPC 分类号点击检索框后的问号即可获得解释。

3）检索式编辑区，即专业检索。如果要进行比较复杂的检索，必须用到高级检索下的检索式编辑区，即专业检索。

4）IPC 分类号导航检索。检索系统的左侧提供 IPC 导航检索，点击左侧的八大部类，层层展开 IPC 分类号，点击相关分类号边上的"检索"，即可得到检索结果。

5）分段检索。注册用户每次检索都会在检索页面上方保留检索历史，用户可以调出检索历史查看检索结果，也可以把检索历史进行组合检索。

6）检索结果处理。根据以下检索结果。显示格式可选择搜索式、列表式、多图式，可选择申请日升降序进行排列。对检索结果进行过滤。可以把专利加入分析库进行分析，或利用左侧的统计栏对检索结果进行统计分析。查看法律状态、申请详细信息，专利说明书下载等。在此平台中药物检索、命令行检索、专利分析等功能需进行注册或成为高级会员方可使用。

进入专利详览，可查看该专利的著录项目，浏览全文文本或全文图像，查看法律状态和引证、同族情况。全文文本不能显示附图、表格，全文图像下载后是一张张图，不能进行复制、粘贴等操作。

7）专利分析。点击每篇专利下方的"十分析库"，即可把某项专利或全部检出专利加入分析库。加入的方式有"追加"或"覆盖"，然后进入分析库进行分析。分析库提供申请人分析、发明人分析、区域分析、技术领域分析、中国专项分析、高级分析等内容。高级会员才能使用高级分析等分析项目。

2. 广东专利大数据应用服务系统

网址：http：//www.cnipsun.com/

简介：该系统是广东省知识产权局、广东省知识产权研究与发展中心及广州奥凯信息咨询有限公司联合开发，以海量中外专利数据为依托，提供专业、简单、便捷的专利检索与分析工具。该系统检索提供包括说明书在内的18种检索字段，检索字段可任意增加或删除。检索方式有智能检索、高级检索、分类检索、检索式检索、批量检索，其中批量检索为其特有的检索方式，用户可以批量输入或导入专利的申请号、公开（公告）号进行专利信息检索。提供全文图像下载，提供基于综合、申请人、发明人、地域、技术领域和专利代理等30多个分析模板。分析结果以图形和表格的样式展现，单次分析专利量多达一万件。提供两项以上的专利对比。

3. 专利信息服务平台

网址：http：//search.cnipr.com/

简介：该平台包括中、日、英三个版本，囊括全世界100余个国家、地区和组织的专利数字资源，集专利检索、分析、预警、信息管理和机器翻译等功能于一身。该系统需注册才能使用。

4. 超凡专利检索平台

网址：http：//pt.chofnipr.com/

简介：该平台提供193个国家7300万项的专利文献检索。

5. 粤港澳知识产权资料库

网址：http：//www.ip-prd.net/db_patents_s_b17.htm

简介：粤港澳知识产权资料库由广东省、香港特区及澳门特区多个政府部门，包括广东省知识产权局、广东省工商行政管理局、广东省版权局、香港知识产权署及澳门经济局知识产权厅共同制作，涵盖了粤港澳三地知识产权制度的网上信息。用户可以检索粤港澳三地的知识产权制度资料，包括版权、商标、专利和外观设计，检索三地的相关法例、注册制度和政府机构等。

6. SooPAT

网址：http：//www. soopat. com/Home/Index

简介：SooPAT 致力于做"专利信息获得的便捷化，努力创造最强大、最专业的专利搜索引擎，为用户实现前所未有的专利搜索体验"。提供简单检索、表格检索（含高级检索和专业检索）、IPC 分类搜索三种方式，检索方式多样，具有免费分析功能。付款成为会员后，可用金币下载含有多个字段的 Excel 格式专利元数据，方便保存和分析以及下载专利全文。

三、国外专利文献检索

1. 欧洲专利局 esp@tenet

网址：https：//worldwide. espacenet. com/

（1）简介

esp@ cenet 专利检索系统是欧洲专利局（EPO）和各成员国战略合作的产物，包括 4 个数据库：英国专利、法国专利、德国专利、Worldwide 专利。其中，Worldwide 专利拥有 1920 年至今世界上 100 多个国家超过上亿篇专利文献，以美国、英国、法国、德国、EPO、WIPO 的收藏最全。每个国家所含数据收录的范围不同，数据类型也不同，数据类型包括著录数据、文摘、机读形式存储的专利全文说明书及权利要求，还包括扫描图像（PDF 格式）存储的专利说明书的首页、附图、权利要求及检索报告等。对于 1970 年以后公开的文献，数据库中每件专利同时都包括一件带有可检索的英文发明名称和文摘的专利文献。

（2）检索

1）智能检索。最多输入 20 个搜索词。节或不带字段标识符（系统可自动判断检索字段），检索词由空格或逻辑运算符分开。

2）高级检索。提供十多种检索字段组合检索，是一种直接、方便的检索方式。

3）分类检索。提供国际专利分类表分类导航检索，除 8 个大部外，还增加 Y 新技术标签。

4）检索结果处理。

①检索结果导出：提供 CSV/XLS 格式导出，导出的字段多达 24 个，方便分析。

②查看著录数据信息和全文：点击专利名称，可打开专利著录项目数据。可查看著录项目数据、说明书、权利要求、附图、原始文献、引证文献、被引文献、INPADOC 法律状态、INPADOC 专利家族等信息。

2. 美国专利商标局

网址：http：//patft. uspto. gov/

简介：美国专利商标局（United States Patent and Trademark Office，LISPTO）提供 1790 年至今所有美国专利检索，1790~1975 年专利仅能用专利号和美国专利分类号检索，用户可以查看 1790 年至今的全文图像说明书以及 1976 年至今的全文文本说明书。USPTO 数据库的专利类型包括发明专利（utility）、外观设计专利（design）、植物专利（plant）、再版专利（reissue）、防卫公告（defensive）、依法发明注册（sir）。

美国专利商标局专利检索系统提供快速检索、高级检索和号码检索三种检索方式。

3. 日本专利局的工业产权数字图书馆

网址：https：//www. j-platpat. inpit. go. jp/web/all/top/BTmTopPage

简介：工业产权数字图书馆（Industrial Property Digital Library，IPDL）可以检索日本专利局的 290 多万件专利文献，提供日文和英文两种检索界面。日文版界面可以检索日本专利文献及浏览全文说明书，英文版仅包括 1976 年至今的日本专利英文文摘数据库（Patent Abstracts of Japan，PAJ）。PAJ 从 1993 年开始包括法律状态信息。PAJ 数据每月更新，法律状态信息每周更新一次。

4. 世界知识产权组织 PATENTSCOPE 专利检索

网址：https：//patentscope. wipo. int/search/en/search. jsf

简介：世界知识产权组织（WIPO）是联合国下设的第 14 个专门机构。负责通过国家间的合作促进对全世界知识产权的保护，管理建立在多边条约基础上的关于专利、商标和版权方面的 23 个联盟的行政工作，并办理知识产权法律与行政事宜。PATENTSCOPE 是 WIPO（）提供的一个在线专利信息检索服务，可以检索 1997 年至今以 PCT 申请形式首次公开的专利信息。

5. 加拿大专利数据库

网址：http：//www. ic. gc. ca/opic-eipo/cpd/eng/introduction. html

简介：加拿大知识产权局（The Canadian Intellectuai Property Office，CIPO）建立的专利检索网站，提供 1920 年至今超过 150 万篇加拿大专利的检索。提供全文，包括专利的著录项目数据、文本信息和扫描图像。

6. 德温特（Derwent）专利数据库

网址：http：//ipscience. thomsonreuters. com/product/derwent/

简介：德温特是商业数据库，将德温特世界专利索引（Derwent World Patent Index）和德温特专利引文索引（Derwent Patent Citation Index）的内容整合在一起，用户可以检索到全球 40 多个专利机构授权的发明的记录及其引用信息。该数据库最大的特点是由技术专家对专利信息进行重新编写，如描述性的标题和摘要、新颖性、技术关键。其优点是避免了专利本身原有的描述隐晦、摘要概括不当等造成的漏检。此外，还有及时提供最新的小语种（德、日、法、西、阿等）专利的英文摘要。目前德温特的一系列出版物已成为查找世界主要国家专利文献的最权威和最系统的检索工具。该数据库为商业数据库。

7. 韩国专利局网站专利检索

网址：http：//www. kipris. or. kr/enghome/main. jsp

简介：韩国知识产权局下属的韩国工业产权信息服务中心（Korean Intellectual Property Office，KIPO）提供的 1948 年至今审定/授权公告以及 1983 年至今公开的发明、实用新型专利申请的著录项目、摘要、附图、说明书全文、法律状态等专利信息检索，包括韩国专利、实用新型的英文专利文摘（KPA）、韩国外观设计和商标专利的英文检索，其中 KPA 仅包括用英文公布的韩国专利文摘。收录 1997 年至今经审查专利公告和 2000 年至今未经审查公开的专利文献。

8. IBM 专利数据库

网址：http：//www.ibm.com/ibm/licensing/

简介：IBM 专利数据库是 IBM 公司提供的免费专利信息检索数据库，包括美国专利、世界知识产权组织（WIPO）的 PCT 数据、欧洲专利局（EPO）的 EP-A 和 EP-B 专利。

四、知识产权信息检索

知识产权是基于创造性智力成果和工商业标记依法产生的权利的统称，是公民、法人和其他组织依法对其智力活动所创造的成果享有的民事权利。知识产权包括专利权，著作权（含邻接权），商标权，地理标记权，知名商品特有名称、包装、装潢权等，植物新品种权，集成电路布图设计权（拓扑图权）等。这里主要讲述著作权、商标权、地理标记产品的信息检索。

1. 著作权信息检索

著作权又称版权，对象是作品，是指文学、艺术和科学领域内具有独创性并能以某种有形形式复制的智力成果，包括文字作品；口述作品；音乐、戏剧、曲艺、舞蹈、杂技艺术作品；美术、建筑作品；摄影作品；电影作品和以类似摄制电影的方法创作的作品；工程设计图、产品设计图、地图、示意图等图形作品和模型作品；计算机软件；法律、行政法规规定的其他作品。

检索系统：中国版权保护中心。

网址：http：//www.ccopyright.com.on/

（1）简介

中国版权保护中心是我国唯一的计算机软件著作权登记、著作权质权登记机构，负责计算机软件著作权登记，作品著作权和合同登记，数字作品版权登记（DCI）。它也是我国著作权查询的权威机构。

（2）检索

登录"中国版权保护中心"网站首页，在右侧"登记公告"栏目下，选择"软件公告""作品公告"或"DCI 公告"进入即可检索（图 6-3）。

1）软件检索实例：检索"广州图创计算机软件开发有限公司"开发的软件。

进入"软件公告"。在"著作权人"中输入"广州图创计算机软件开发有限公司"，可检出该公司开发的 40 种软件。

2）作品检索实例：检索"十里桃花"文艺作品的著作权登记。

进入"作品公告"，在"作品名称"中输入"十里桃花"，检出包括歌词、曲谱、美术等在内的多项著作权登记。

图6-3　中国版权保护中心主页

3）数字作品版权（DCI）检索：检索"珠穆朗玛"数字作品的版权。

数字作品的版权包括海内外电子书、音频书、数字音乐等数字作品的版权，进入"DCI公告"，在作品名称中输入"珠穆朗玛"进行检索。

2. 商标信息检索

商标是用以区别商品和服务不同来源的商业性标志。由文字、图形、字母、数字、三维标志、颜色组合、声音或者上述要素的组合构成。商标权是指商标主管机关依法授予商标所有人对其注册商标受国家法律保护的专有权。

（1）中国商标网

网址：http：//sbj. saic. gov. cn/sbcx/

简介：中国商标网由国家工商行政管理总局商标局主办，为社会公众提供商标注册申请信息查询，提供商标近似查询、商标综合查询、商标状态查询、商标公告查询服务。

1）商标近似查询。按图形、文字等商标组成要素分别提供近似检索功能。用户可以自行检索在相同或类似商品上是否已有相同或类似的商标。

2）商标综合查询。提供国际分类、申请/注册号、商标名称、申请人名称（中文）、申请人名称（英文）字段组合检索。

3）商标状态查询：提供商标注册号检索。如检索注册号为22015536"椰树国饮"商标的状态，输入注册号检索，获得"业务名称""环节名称""结论"等商标状态。

（2）美国商标搜索系统TESS

网址：http：//tmsearch. uspto. gov/

简介：美国专利商标局商标检索系统，使用商标电子搜索系统（TESS）对USPTO数据库进行免费的在线搜索，提供对注册商标的文本和图像的访问，以及待处理和放弃的应用程序中的商标状态。

TESS 检索方式与中国商标检索系统相同：

1）Basic Word Mark Search（New User）关键字搜索（新用户）：搜索最常用的字段有单词、序列号或注册号码、商标所有者。

实例：搜索微软公司的商标，直接输入检索词"Microsoft"检出微软公司所有注册商标。

2）Word and/or Design Mark Search（Structured）：关键字"and"/"or"设计标记搜索（结构化）。此选项用于搜索单词和/或设计标记，必须首先使用"设计搜索代码手册"（Design Search Code Manual）查找相关设计规范，该规范相当于前文所述的"图文编码"。

3）Word and/or Design Mark Search（Free Form）。Word 关键字"and"/"or"设计标记搜索（免费表单），此选项允许使用布尔逻辑和多个搜索字段构建检索式，相当于专业检索。

3. 地理标志产品搜索

地理标志产品，是指产自特定地域，所具有的质量、声誉或其他特性本质上取决于该产地的自然因素和人文因素，经审核批准以地理名称进行命名的产品。国内的地理标志产品检索网站主要有以下两个。

（1）中国国家地理标志保护产品网站

网址：http：//www.cgi.gov.cn/

1）简介。该网站由国家质量监督检验检疫总局主办，国家质检总局已对 1992 个地理标志产品实施了保护，其中在华保护的国外地理标志产品 16 个，核准 6107 多家企业和组织使用地理标志产品专用标志。产品类别涉及白酒、葡萄酒、黄酒、茶叶、水果、花卉、工艺品、调味品、中药材、水产品、肉制品以及其他加工食品等多个领域。

2）检索方法。进入网站，点击"国内保护产品"。有两种检索方式。①产品类目：进入"产品类目"，选择大米/小麦、杂粮等十六个类目中浏览。②按地域查询：直接点击中国地图中的省市，浏览各省市相关产品。

（2）全国农产品地理标志查询系统

网址：http：//www.anluyun.com/

1）简介。该系统利用物联网、云计算、地理信息 GIS 等现代信息技术，以"互联网+农业"为手段，构建服务于企业、公众两个层面的农产品地理标志产品追溯平台；实现追溯数据共享，互联互通，全面提升农产品质量追溯信息化管理工作水平；收录全国种植业、畜牧业、水产业三类地理标志农产品，收录全面，更新快。

2）检索方法。直接在全国地图中选择相关省市，浏览各省市相关产品。

4. 植物新品种检索

中国种业大数据平台提供农作物新品种检索，中国林业知识产权网提供林木新品种检索。

第四节 标准文献检索

一、标准文献

1. 标准的概念

国家标准 GB 3935.1—83 标准化基本术语第一部分对标准作如下定义："标准是对重复性事物和概念所傲的统一规定。它以科学、技术和实践经验的综合成果为基础。经有关方面协商一致，由主管机构批准，以特定形式发布，作为共同遵守的准则和依据。"

标准文献有狭义与广义之分。狭义的标准文献指按规定程序制订，经公认权威机构（主管机关）批准的一整套在特定范围（领域）内必须执行的规格、规则、技术要求等规范性文献，简称标准。广义的标准文献指与标准化工作有关的一切文献，包括标准形成过程中的各种档案，宣传推广标准的手册及其他出版物，揭示报道标准文献信息的目录、索引等。

2. 标准的类型

（1）按标准的使用范围划分

1）国际标准。指经国际标准组织通过，或在一定情况下经从事标准化活动的国际组织所通过的标准，适用于世界范围。如国际标准化组织标准，代号为"ISO"；国际电工委员会标准，代号为"IEC"。

2）区域性标准。经世界某一区域标准化组织通过，或在一定情况下经从事标准化活动的区域组织所通过的标准，适用于世界某一区域。如欧洲标准委员会标准，代号为"CEN"。

3）国家标准。经国家标准化组织通过，适用于全国范围的标准。如我国国家标准，代号为"GB"。

4）行业标准。指没有国家标准而又需要在全国某个行业范围内统一的技术要求。如我国化工行业标准，代号为"HG"；教育行业标准，代号为"JY"。

5）地方标准。对没有国家标准和行业标准而又需要在省、自治区、直辖市范围内统一的工业产品的安全、卫生要求，可以制定地方标准。地方标准由省、自治区、直辖市标准化行政主管部门制定，并报国务院标准化行政主管部门和国务院有关行政主管部门备案，在公布国家标准或者行业标准之后，该地方标准即应废止。

6）企业标准。是由企事业单位和部门或上级批准发布的适用于企事业单位和部门内的标准。我国企业标准的代号为"Q/企业代号"。

（2）按约束力划分

1）强制性标准。在一定范围内通过法律、行政法规等强制性手段加以实施的标准，具有法律属性。我国法律规定：保障人体健康、人身财产安全的标准和法律，行政法规规定强制执行的标准属于强制性标准。

2）推荐性标准。又称为非强制性标准或自愿性标准。是指生产、交换、使用等方面。

通过经济手段或市场调节而自愿采用推荐性标准的一类标准。这类标准，不具有强制性，任何单位均有权决定是否采用，违犯这类标准，不构成经济或法律方面的责任。

3）指导性技术文件。为仍处于技术发展过程中（如变化快的技术领域）的标准化工作提供指南或信息，供科研、设计、生产、使用和管理等有关人员参考使用而制定的标准文件。包括技术尚在发展中，需要有相应的标准文件引导其发展或具有标准化价值，尚不能制定为标准的项目；或采用国际标准化组织、国际电工委员会及其他国际组织（包括区域性国际组织）的技术报告的项目。

3. 标准编号

标准编号有国际标准编号和我国的国家标准编号两种。

国际及国外标准号形式各异。但基本结构为：标准代号+专业类号+顺序号+年代号。其中，标准代号大多采用缩写字母，如 ISO 代表国际标准化组织，IEC 代表国际电工委员会、ASTM 代表美国材料与实验协会等；专业类号因其所采用的分类方法不同而各异；标准号中的顺序号及年号的形式与我国基本相同。

国际标准 ISO 代号及混合格式为 ISO+标准号+［杠+分标准号］+冒号+发布年号（方括号中的内容可有可无），如 ISO 2789：2006。

我国标准的编号由标准代号、标准发布顺序和标准发布年代号构成。

（1）国家标准的代号有大写汉字拼音字母构成。强制性国家标准代号为 GB，推荐性国家标准的代号为 GB/T。

（2）行业标准代号由汉语拼音大写字母组成，再加上斜线 T 组成推荐性行业标准，如《QC/T 417.1~5—2001 车用电线束插接器》是汽车行业的推荐标准。

（3）地方标准代号由大写汉语拼音 DB 加上省、自治区、直辖市行政区划代码的前面两位数字，再加上斜线 T 组成推荐性地方标准（DBXX/T），不加斜线 T 为强制性地方标准（DBXX）。如《DBll/T 825—2011 绿色建筑评价标准》为北京市推荐标准。

（4）企业标准的代号有汉字大写拼音字母 Q 加斜线再加企业代号组成（Q/XXX），企业代号可用大写拼音字母或阿拉伯数字或者两者兼用所组成，如《Q/YSJY 0001 S—2015 榆树市金雨食品有限公司 米线》。

（5）指导性技术文件在编号上表示为"/Z"，如《SJ/Z 11352—2006 集成电路 IP 核测试数据交换格式和准则规范》。

4. 标准文献的特点

1）每个国家对于标准的制订和审批程序都有专门的规定，并有固定的代号，标准格式整齐划一。

2）它是从事生产、设计、管理、产品检验、商品流通、科学研究的共同依据，在一定条件下具有某种法律效力，有一定的约束力。

3）时效性强，它只以某时间阶段的科技发展水平为基础，具有一定的陈旧性。随着经济发展和科学技术水平的提高，标准不断地进行修订、补充、替代或废止。

4）一个标准一般只解决一个问题，文字准确简练。

5）不同种类和级别的标准在不同范围内贯彻执行。

6）标准文献具有自己的检索系统和检索标志，一篇标准文献通常包括标准级别、分类号、标准号、标准名称、标准提出单位、审批单位、批准年月、实施日期、具体内容等著录项目。

5. 我国标准的分类

我国标准采用《中国标准文献分类法》分类，该分类法由一、二两级类目组成，一级类目以专业为主，设 24 个大类，以字母作为标记符号。二级类目用两位阿拉伯数字作为标记符号。

《中国标准文献分类法》24 个大类如下：

A 综合

B 农业、林业

C 医药、卫生、劳动保护

D 矿业

E 石油

F 能源、核技术

G 化工

H 冶金

J 机械

K 电工

L 电子元器件和信息技术

M 通信、广播

N 仪器、仪表

P 工程建设

Q 建材

R 公路、水路运输

S 铁路

T 车辆

U 船舶

V 航空、航天

W 纺织

X 食品

Y 轻工、文化与生活用品

Z 环境保护

二、国内标准文献检索

国内标准可利用《中国标准化年鉴》《中国国家标准汇编》等纸本工具书手工检索，使用数据库或网络资源检索更加方便快捷。

中国知网、万方数据知识服务平台为主要标准全文数据库，中国知网《标准数据总库》是国内数据量最大、收录最完整的标准数据库，分为《中国标准题录数据库》（SCSD）、《国外标准题录数据库》（SOSD）、《国家标准全文数据库》和《中国行业标准全文数据库》。万方数据知识服务平台的《中外标准数据库（WFSD）》，收录 37 万余条，全文数据来源于国家指定标准出版单位，专有出版，文摘数据来自中国标准化研究院国家标准馆。在知网和万方平台上可检索上述标准的题录，标准全文需要另外购买。

国家科技图书文献中心、读秀学术搜索等数据库也有标准题录数据库，检出的标准需要通过文献传递方式获取。

此外，国内还有众多的标准服务网络可以检索国内标准。

1. 国家标准全文公开系统

网址：http：//www.gb688.on/bzgk/gb/index

简介：该系统公开了质检总局、国家标准委 2017 年 1 月 1 日前已批准发布的所有强制性国家标准及基础类推荐性国家标准（非采标），其他推荐性国家标准（非采标）在 2017 年底前陆续完成公开。其中非采标可在线阅读和下载，采标只可在线阅读。

2. 国家标准文献共事平台（NSIL）

网址：http：//www.cssn.net.cn/

简介：国家标准文献共享平台又称中国标准服务网，是国家标准馆的门户网站，是国家级标准信息服务门户，是世界标准服务网的中国站点，中国国家标准数据直接从国家质量技术监督局标准化司获取，国外标准数据从国外标准组织获取，确保信息的完整性和权威性。可提供国际标准（ISO）、欧洲标准（EN）、欧共体法规（EC）、美国标准（ANSI）、中国国家标准（GB）、英国标准（BS）、韩国标准等 60 多个标准数据库的检索，目前，标准文献题录数据库量已达 130 万余条。

提供标准动态跟踪、标准文献检索、标准文献全文传递和在线咨询等功能。在检索结果列表中，点击标准文献后"订购"即可购买该标准。检索方法和获取方法见第八章第四节。

3. 标准网

网址：http：//www.standarden.com/

简介：标准网是由机械科学研究院中机生产力促进中心建设并维护的我国工业行业的标准化门户网站。网站设置十个主要栏目：标准动态、标准公告、标准计划、工作平台、组织机构、信息查询、文章精选、标准书市、专题栏目和相关产品。网站主要内容包括轻工、纺织、黑色冶金、有色金属、石油、石化、化二、建材、机械、汽车、锅炉压力容器、电力、煤炭、包装、制药装备、黄金、商业、物流和稀土十九个行业的行业标准管理与服务信息。该网络提供标准号和标准名称两个检索字段。

4. 标准网——免费标准分事、下载网

网址：http：//www.biaozhuns.com/

简介：该网站提供国家标准、行业标准、企业标准、工程标准、计量标准、地方标准、国际标准、机械标准、化工标准的免费下载。

5. 标准下载网

网址：http：//www. bzxz. net/

简介：该网站提供国家标准、行业标准和地方标准的检索与免费下载。

6. 标准文献网

网址：http：//www. bzwxw. com/

简介：标准文献网及时收录各行业标准、国家标准、国外标准等资讯、公告及标准更替信息，与搜索完美结合，及时为企业提供各种标准化信息，提供标准查询与免费下载服务。

7. 国家标准频道

网址：http：//www. chinagb. org/

简介：国家标准频道已成为国际互联网上最大的中国国家标准咨询服务门户网站，提供中国国家标准、行业标准、地方标准及国际标准、国外标准的全方位咨询服务。百万余条国内外标准数据索引，在国内首屈一指。包括国标、行标、地标等国内标准 ISO、IEC、DIN、ASTM、EN、BS、JIS 等国际国外标准。数据库内容涵盖分类号、标准编号、中英文标题等18 个题录项，数据全面、权威，使用简单，更新及时，可满足客户全方位多角度的查询。

8. 中国标准在线服务网

网址：http：//www. spc. org. cn/

简介：中国标准在线服务网向国内外用户提供及时、准确、权威的各类标准信息查询和全文服务，提供一框式检索和高级检索，免费下载国家强制标准。

9. 国家标准网

网址：http：//www. zjsis. on/

简介：国家标准网又称标准信息平台，提供 400 个国内外标准组织的海量标准题录和文本检索，为国内企事业单位、科研院所、检测机构等提供最权威标准查询、阅览、打印、翻译等服务。

三、国际国外标准文献检索

目前世界上国际性和区域性的标准化组织数量很多，即使选其中重要的和著名的机构也有数十家之多。下面介绍几个主要的国际性和区域性标准化组织。

1. 国际标准化组织

网址：http：//www. iso. org/iso/home. html

（1）简介

国际标准化组织（International Organization for Standardization，ISO）是成立于 1947 年的世界性联盟，目前已有 160 多个国家和地区加入 ISO，ISO 官方网站上可检索 ISO 所有已颁布的标准，涉及除电气、电子领域以外的所有技术领域，检索结果提供相关标准的标准名称、标准号、版次、页数、编制机构、订购全文的价格等信息。国内"国家标准文献共享平台"等标准服务网站亦可检索 ISO 标准。

（2）检索

在 ISO 主页的左上角有快速检索框，在检索框中输入检索词或标准编号即可检出。点击检出标准"More details"，进入标准详细信息。点击详细信息"Preview"，即可浏览标准全文。

高级检索：在快速检索结果列表页面，有高级检索"Adavanced Search"，点击进入高级检索界面。高级检索提供标题、文摘或标准全文的关键词与短语检索（keyword or phrase）、ISO 编号（ISO mumber）、ISO 部分编号（ISO part numhe）、文献类型（document type）、语言（language）、补充类型（supplement type）、国际标准分类法（ICS）、标准状态（stage code）、到达当前状态的日期（Date stage reached）、其他日期（other date）、委员会（committee）、小组委员会（subcommittee）等多个字段的组合检索。

在检索页右侧，提供 Browes by ICS（国际标准分类表浏览）或 Browes by TC（技术委员会浏览），用户点击"Browes by ICS"，可浏览国际标准分类表，为使用分类号检索提供依据；用户点击"Browes by TC"，进入技术委员会列表，点击相关技术委员会，可检出该委员会的所有标准。

在 ISO 商店（store），用户可申请购买 ISO 标准。

2. 国际电信联盟

网址：http：//www.itu.int/ITU-T/index.htmi

简介：国际电信联盟（International Telecommunication Union，ITU）目前有 191 个成员国和 700 多个部门成员及部门准成员。国际电联因标准制定工作而享有盛名。来自世界各地的行业、公共部门和研发实体的专家定期会面，共同制定错综复杂的技术规范，以确保各类通信系统可与构成当今繁复的 ICT 网络与业务的多种网元实现无缝的互操作。该网站为 ITU 的门户网站，可以检索 Radiocommunication（ITU-R）、Standardization（ITU-T）、Development（ITU-D）的标准信息。

3. 国际电工委员会

网址：http：//www.iec.ch/

简介：国际电工委员会（International Electrotechnical Commission，IEC）成立于 1906 年，它是世界上成立最早的国际性电工标准化机构，负责有关电气工程和电子工程领域中的国际标准化工作，IEC 门户网站上提供两周内最新出版的标准，提供 IEC 全部出版物的检索，包括已经出版和即将出版的 IEC 标准，检索方法为快速检索和高级检索。国内也有多家标准服务网可提供 IEC 标准检索。

4. IEEE 标准

网址：http：//standards.ieee.org/

简介：IEEE Xplore 为美国电气电子工程师学会（Institute of Electrical and Electronics Engineers，IEEE）和英国工程技术学会（The Institution of Engineering and Technology，IET）共同出版的标准全文信息系统，提供 IEEE 工业标准的电子全文，内容涉及电子工程、计算机

工程、空间技术、生物工程等多个学科领域，提供快速检索（find a standard）、主题浏览（browse all standards by topic）、项目或工作组检索。

5. 全球标准化资料库

网址：http：//www.nssn.org/

简介：全球标准化资料库（NSSN）是美国国家标准化组织（ANSI）、美国各私营标准组织、政府机构以及国际标准组织合作创建的一个标准搜索引擎，可以搜索全球超过600家标准组织与专业协会制订的现有和被提案的标准。通过关键词或标准编号可检索到ANSI、ISO、IEC、ASTM和其他标准出版商的标准，可使用信用卡或网上银行在线购买标准。

6. Techstreet 标准数据库

网址：http：//www.techstreet.com/

简介：Techstreet标准数据库提供了世界上50万余条工业技术标准文献及规范，其中包括AGA（美国煤气协会）、API（美国石油学会）、ASCE（美国土木工程师协会）、ASHRAE（美国采暖、制冷与空调工程师学会）、ASME（美国机械工程师学会）、ASTM（美国材料实验协会）、BSI（英国标准学会）、CSA（加拿大标准协会）、DIN（德国标准化学会）、IEEE（美国电气电子工程师学会）、IEC（国际电工委员会）、lSO（国际标准化组织）、NSF（美国全国卫生基金会）、SAE（美国机动车工程师学会）等组织制定的标准，可以浏览简要说明，其中约5000条标准为PDF格式的标准全文，可付费下载。

7. 国内的外国标准检索系统

中国知网、万方数据知识服务平台、国家科技图书文献中心、读秀学术搜索等数据库，均可提供国外标准检索。

第五节　科技报告检索

一、科技报告概述

科技报告又称研究报告，也有部分数据库将其称为科技成果，是在科研活动的各个阶段，由科技人员按照有关规定和格式撰写的，完整而真实地反映其所从事科研活动的研究进展、技术内容、科研经验和研究成果的特种文献。科技报告具有内容新颖、专业性强、反映科技成果迅速、出版形式特殊、保密性强等特点。

按科技报告反映的研究阶段，科技报告大致可分为两大类：一类是研究过程中的报告，如现状报告、预备报告、中间报告、进展报告、非正式报告；另一类是研究工作结束时的报告，如总结报告、终结报告、试验结果报告、竣工报告、正式报告、公开报告等。

按报告的文献形式，科技报告可分为：①报告书，是一种比较正式的文件；②札记，研究中的临时记录或小结；③论文，准备在学术会议上或期刊上发表的报告；④备忘录，供同一专业或同一机构中的少数人沟通信息用的资料；⑤通报，对外公布的、内容较为成熟的摘要性文件；⑥技术译文，本教材主要讲述报告书检索。

　　按报告的使用范围，科技报告可划分为：绝密报告、机密报告、秘密报告、非密限制发行报告、非密报告、解密报告等。本教材主要讲述非密报告或解密报告的检索。

二、国内科技报告检索

　　国内科技报告检索工具主要为中国知网（CNKI）、万方数据知识服务平台和国家科技图书文献中心（NSTL）。它们均提供科技成果题录检索，在前面的章节中我们已经讲述过这三个数据库的检索方法，下面是国内常用的其他科技报告检索网站。

1. 国家科技报告服务系统

　　网址：http：//www.nstrs.cn/

　　简介：国家科技报告服务系统于 2014 年 3 月 1 日正式上线。该系统开通了针对社会公众、专业人员和管理人员三类用户的服务。社会公众栏目向社会公众无偿提供科技报告摘要浏览服务，社会公众不需要注册，即可通过检索科技报告摘要和基本信息，了解国家科技投入所产出科技报告的基本情况。该系统向专业人员提供在线全文浏览服务，专业人员需要实名注册，通过身份认证即可检索并在线浏览科技报告全文，不能下载保存全文。科技报告作者实名注册后，将按提供报告页数的 15 倍享有获取原文推送服务的阅点。向各级科研管理人员提供面向科研管理的统计分析服务。管理人员通过科研管理部门批准注册，免费享有批准范围内的检索、查询、浏览、全文推送以及相应统计分析等服务。

2. 中国科学技术信息研究所——科技报告数据库

　　网址：http：//www.istic.ac.cn/suoguan/KJBG.htm？lan＝en

　　简介：科技报告数据库提供国外 150 多个国家（地区）科技报告 180 多万件。包括 1058 年至今美国政府四大科技报告即 AD 报告、DE 报告、NASA 报告、PB 报告的免费题录信息检索，每年新增 2 万余份。

3. 国家科技成果网

　　网址：http：//www.tech110.net/porta.php

　　简介：国家科技成果网是由国家科技部创建的国家级科技成果创新服务平台，它建成的全国科技成果数据库收录全国各地区、各行业经省、市、部委认定的科技成果 80 余万项，每年新增 3 万~5 万项，提供免费检索服务，还可进行全国科研单位查询，发布科技成果供求信息等。国家科技成果网提供初级检索和高级检索两种检索，可检索成果、专家、机构。

4. 国防科技成果推广转化网

　　网址：http：//www.techinfo.gov.cn/

　　简介：国防科技成果推广转化网由军工各大集团公司、中物院和七所委属高校等单位共同创建。发布与国防科技工业相关的各类信息，如科技资讯类、技术成果类、需求类等。提供信息分类、新闻资讯、科技成果、技术需求等栏目供用户查询成果和需求。

5. 中国科学院文献情报中心网

　　网址：http：//www.las.ac.cn/

简介：中国科学院文献情报中心网站"资源服务"提供图书、期刊、学术论文、国防、科技报告、标准等文献检索，其中"科技报告"，即可直接对美国政府四大科技报告（即NTIS 的 AD、PB、DE 和 NASA 研究报告）、兰德公司报告、加拿大国防科技报告进行题名检索。也可进入国防科技信息服务系统对上述报告进行高级检索。国防科技信息服务系统目前收录西文科技报告共 117 万余篇。中国科学院用户可以通过该系统进行检索，并通过文献情报中心原文传递服务系统进行文献传递服务。

6. 国研网研究报告平台

网址：http：//report. drcnet. com. cn/www/report/

简介：该平台收录国务院发展研究中心专门从事综合性政策研究和决策咨询的专家不定期发布的有关中国经济和社会诸多领域的调查研究报告，内容丰富，具有很高的权威性和预见性。具体检索方法有三种。①进入国研网主页。在检索输入框中输入关键词，如果有多个关键词。关键词间可以使用逻辑算符连接。在该检索系统中，表示"且"的关系。使用空格、"+"或"&"；表示"非"的关系，使用字符"－"；表示"或"的关系，使用字符"｜"；表示表达式是一个整体单元，使用字符"（）"。②点击"检索"按钮，系统显示题名与摘要。③选择需要查看全文的报告，点击标题名称就可以看到报告的全文。

三、国外科技报告检索

1. 美国政府报告数据库

网址：https：//ntrl. ntis. gov/NTRL/dashboard/searchResuhs. xhtml

简介：美国政府报告（National Technical Information Service，NTIS）是美国商务部下属的国家技术情报服务局创建的文摘题录数据库，收录了 1964 年至今美国国防部、能源部、内务部、宇航局、环境保护局、国家标准局等国家、州及地方政府部门立项研究完成的项目报告，少量收录世界各国（如加拿大、法国、日本、芬兰、英国、瑞典、澳大利亚、荷兰、意大利等）和国际组织的科学研究报告，包括项目进展过程中所做的初期报告、中期报告和最终报告等，涉及数、理、化、生物、天文、地理、农、医、工程、航空航天、军工、能源、交通运输、环境保护及社会科学等众多学科领域。

NTIS 主要有四大报告：

PB 是美国商务部出版局（publication board）的缩写，PB 报告的内容已逐步从军事科学转向民用，现主要侧重于民用工程技术、城市规划、环境污染和生物医学方面。

AD 是入藏报告（accession document）的缩写，AD 报告是美国陆海空三军科研机构的报告，也包括公司企业及外国的科研机构和国际组织的研究成果及一些译自苏联等国的文献。其内容不仅包括军事方面，也广泛涉及许多民用技术，包括航空、军事、电子、通讯、农业等 22 个领域。

NASA 是美国国家航空和宇航局（National Aeronautics&Space Administration）的缩写，NASA 报告的内容侧重于航空和空间技术领域，同时广泛涉及许多基础学科和技术学科。

DOE 是美国能源部（Department of Energy）的缩写，DOE 报告内容主要包括核能、化学能、水能、太阳能、地热能、风能、海洋能，以及能源基础科学、能源科学技术应用、能源管理和政策、能量转换、大气环境科学、地面环境科学、生物医学科学、地球科学、材料、化学、工程等。非核能方面的科技报告所占比例很大，约占 50%。

2. DOE Scientific and Technical Information

网址：https：//www. osti. gov/scitech/

简介：该网站由美国能源部（Department of Energy，DOE）下属的科技信息办公室（Office of Scientific and Technical Information，OSTI）创建，可以免费检索 1991 年至今的美国能源部（Department of Energy）提供的研究与发展报告全文，包括物理、化学、材料、生物、环境、能源等领域近 300 万件报告。其中 40 多万件可下载全文。

3. NASA Techenical Repors Server

网址：http：//ntrs. nasa. gov/search. jsp

简介：NASA Techenicai Repors Server（简称 NTRS）是 NASA 技术报告服务中心的综合性网站，提供有关航空航天方面的科技报告摘要，可以在 20 个数据库中免费检索并浏览，部分有全文。

4. NASA Scientiflc and Technical Information Program

网址：http：//www. sti. nasa. gov/STI-public-homepage. html

简介：NASA Scientific and Technical Information Program 拥有丰富的航空航天方面的科技报告全文，其中 Scientific and Technical Aerospace Reports（STAR）可以免费下载。

5. DTIC online

网址：http：//www. dtic. mil/dtic/search/tr/index. html

简介：DTIC online 是美国国防科技信息中心（The Defense Technical Information Center，DTIC）的数据库，是检索 AD 报告的主要数据库。涉及国防及其相关领域，部分可下载全文。

6. 美国国家经济研究局研究报告服务

网址：http：//www. nber. org/

简介：美国国家经济研究局研究报告服务（National Bureau of Economic Research Working Paper，NBER Working Paper）是美国国家经济研究局（National Bureau of Economic Research）的研究报告文摘。

7. FED World

网址：http：//www. fedworld. gov/

简介：FED World 由 NTIS 于 1992 年创建，可以检索 1964 年至今 NTIS 的文摘题录。

8. Science. gov 或 Science Accelerator

网址：https：//www. science. gov/

简介：该网站可以检索并浏览原 GrayLIT NetWork 提供的报告，部分有全文。

9. STINWT

网址：http：//stinet. dtic. mil/dtic/

简介：这是美国国防技术情报中心报告数据库，可检索和浏览文摘信息，可下载全文。

10. NBER Working Paper

网址：http：//www. nber. org/

简介：这是美国国家经济研究局（National Bureau of Economic Research）的研究报告文摘。

11. Economics WPA

由华盛顿大学经济系提供的经济学科的报告，其中包括许多大学的研究成果，多数可以免费得到全文。

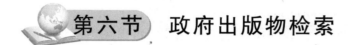

第六节 政府出版物检索

一、政府出版物概述

根据《图书情报辞典》的定义，"政府出版物"又称"官方出版物"，是指各国政府部门及其下属机构出版的文献，具有参考价值大、权威性强、可靠性强等特点。

政府出版物按出版物的性质可分为两大类：

行政性文献：包括政府法律、经济方面的国会和议会记录、议案、决议、司法资料、听证记录、法律、法令、规章制度、政策、调查统计资料等。

科技性文献：包括政府出版的科研报告、标准、专利文献、科普资料、科技政策、技术法规等。

本节讲述的政府出版物，主要为行政性文献，也包括政府科技政策、技术法规。

二、国内政府出版物检索

简介：北大法宝是由北京大学法制信息中心与北大英华科技有限公司联合推出的智能型法律检索系统，法规内容采用全国人大常委会、国务院法制办、最高人民法院等有关机关提供的或《中华人民共和国立法法》及有关规定认可的法规文本，学术内容由北大法学院著名教授编讲。目前北大法宝已拥有"法律法规""司法案例""法学期刊""专题参考""英文译本""法宝视频"六大检索系统，全面涵盖法律信息的各种类型。

2. 北大法意网

网址：http：//www. lawyee. org/

简介：北大法意网由北京大学实证法务研究所联合北京大学图书馆共同研发和维护的法律数据库网站，旨在提供专业、全面、持续的法律信息服务，目前已经构筑起全球最大的中文法律信息数据库。北大法意网教育频道包含在线司法考试模考系统、实证研究平台、案例数据库群、法规数据库群、法学词典、法学文献、法学家沙龙、法学核心期刊目录、高校热点关注、免费电子期刊等模块及栏目。它是国内唯一以法学教育、学习与科研应用为目的自主服务平台。

3. 中华人民共和国中央人民政府门户网站

网址：http：//www.gov.cn/

简介：中华人民共和国中央人民政府门户网站（简称"中国政府网"）是国务院和国务院各部门，以及各省、自治区、直辖市人民政府在国际互联网上发布政府信息和提供在线服务的综合平台。其中政策栏目包括"文件库""公报""法律法规"等。

文件库包括国务院各类公文，用户可以根据公文种类（国令、国发、国函、国办发、国办函、国办发明电及其他文件）浏览，或按主题分类浏览，提供初级检索和高级检索。

"公报"为《中华人民共和国国务院公报》检索系统，提供初级检索和高级检索，亦可按期浏览。

法律法规包括法律、行政法规、国务院部门规章、地方政府规章等内容，附有"法律法规全文检索系统"和"地方政府法制"链接。可检索到全国各级法律法规。

4. 中国人大网

网址：http：//www.npc.gov.cn/

简介：中国人大网是全国人大常委会门户网站，由全国人大常委会办公厅主办，全面报道全国人大及其常委会的主要工作和活动、地方人大的重要动态，即时发布全国人民代表大会及其常务委员会会议通过的法律文件、决议决定、任免、报告等。

5. 万方数据知识服务平台——法规资源

简介：万方法规资源收录自 1949 年以来全国各种法律法规，包括国家法律法规、行政法规、地方法规、国际条约及惯例、司法解释、案例分析等。

6. 北大法律信息网

网址：http：//vip.chinalawinfo.com/

简介：北大法律信息网是北大英华公司和北大法制信息中心共同创办的法律综合型网站，并推出了北大法宝——中国法律信息总库，该库拥有中国法律检索系统、中国法律英文检索系统、中国司法案例检索系统、中国法学期刊检索系统等多个检索系统，内容全面涵盖法律法规规章、司法解释、司法案例、仲裁裁决、裁判文书、中外条约、合同范本、法律文书、法学教程、法学论文、法学期刊、参考数据及 wT（）法律文件等中国法律信息各个方面。

7. 国家法规数据库

网址：http：//flfg.hylandslaw.com/web/index.html

简介：国家法规数据库由全国人大法工委、国务院法制局、最高人民法院、最高人民检察院、国家信息中心共同开发，并联合各省市信息中心及有关部委信息中心共同维护的数据库，收录了包括自 1949 年以来的全国人大法律、国务院行政法规、最高人民法院和最高人民检察院司法解释等内容的法律法规。除此之外，数据库还收录了各种案例、惯例、合同范本等内容。分为更新法规库、国家法律与部委规章库、司法解释库、地方法规与规章库、裁判文书库、国际条约库、各国（地区）市场惯例库等。

三、国外政府出版物检索

1. Westlaw Next 法律数据库

网址：http：//www. westlaw. com/

简介：该库提供来自全球的大量法律信息以及时事新闻和商业资讯，包括美国、英国、欧盟、澳大利亚、加拿大、韩国、中国香港的判例；美国、英国、欧盟、加拿大、韩国、中国香港、开曼的成文法；近 20 多个国家和地区的期刊评论。还有专著教材、词典、新闻和商业信息等。其中的特色功能有 Key Number：West 钥匙码系统是最令人推崇的美国法律分类系统，其将某一案例与美国所有法律中的相关内容相连接，是 Westlaw 数据库核心的知识产权。

2. Lexis Nexis（律商联讯）

网址：http：//www. lexisnexis. com. cn

简介：LexisNexis 是世界著名的数据库，该数据库连接至 40 亿个文件、11439 个数据库以及 36000 个来源，资料每日更新。

法律研究内容：美国联邦与州政府的案例（收录约 300 年之全文案例）；美最高法院案例（1790 年至今）；美最高法院上诉案例；美地方法院及州法院的案例及判决书；所有联邦律法及规则；50 州法规；法律评论（论文来自 450 多种评论杂志）；欧洲联邦律法；专利数据库（收录 1980 年以来的欧、美、日之专利全文）、英联邦国家法律法规和案例、WTO 之相关案例和条文、其他律法主题等。

新闻报纸、杂志、学术期刊：LexisNexis 新闻服务的资料来自世界各地 9000 多个数据源。资料种类包括主要的报纸，国际性的杂志、学术期刊等。学术期刊包括全套的 ABIInform 全文资料。

企业界信息内容包括工业、公司、财务等方面信息；公司信息包括 SEC 美国证管会档案比例分析、子公司相关事务、员工、管理人员、股价设定与并购等。

第七节　产品信息检索

一、产品信息概述

产品信息是市场竞争的产物，它集技术情报、市场情报和管理情报于一体，具有综合、简明、直观等特性。产品信息不仅对企业的生存和发展具有重要意义，对经济教学和研究也具有重要意义。

按产品信息的内容进行划分，产品信息可大致分为以下几类：

1. 产品样本

产品样本是厂商为向用户宣传和推销产品而印发的介绍产品情况的文献，主要介绍产品的品种、样式、规格、型号、商标、等级、性能、质量和各种技术数据，有些还提供了产品的标准、专利号、设计手册和报价单等。产品样本介绍的多是已投产和正在行销的产品，反映的技术比较成熟，数据也较为可靠，是获取产品信息的最主要资料。其价值最高，数量也最多。

2. 产品目录

产品目录是按照产品的规格、性能、特点、外观、价格等方面特性，依一定次序排列起来的简明产品信息，它所提供的产品信息比产品样本所提供的信息更详细，专业性更强，查找也更容易。用户可以较快地从产品目录中了解到该公司所生产的所有产品、产品所属系列、各产品之间的主要差异、产品最主要的一些性能参数、大致价格、经销机构等信息，因而更适合产品用户和采购人员查阅。产品目录通常都汇编成册，并经常根据老产品的淘汰、新产品的推出和价格的变动而不断更新。

3. 产品手册

产品手册是比产品样本和产品目录更详细地对产品性能和产品使用各方面所作的全面、权威描述，一般含有产品图片、相关数据表格等，对产品的构造、性能、规格尺寸、安装及操作程序、维修办法等均有较详细的介绍。对用户来说，产品手册往往是产品使用中最重要也最有价值的资料。

4. 产品广告

产品广告以宣传、评价公司企业形象及产品为主，技术数据资料含量较少，广告占有较大篇幅，但大多含有产品图片及简单说明。为了推销产品。有些企业不惜捏造或夸大产品的功能，并千方百计地避开产品的缺陷，因而，产品广告中不乏虚假之词，也可以算是一种不太严谨的产品信息。但是许多产品广告所提供的信息对消费者来说还是有积极的指导意义和参考价值的，许多人正是从中了解到了他所想了解的产品信息。

二、产品信息数据库

1. 尚唯产品样本数据库

网址：http://gpd.sunwayinfo.com.cn/

简介：尚唯产品样本数据库（Global Product Database，GPD）由科技部西南信息中心——重庆尚唯信息技术有限公司研制开发，主要收录欧美地区大型知名企业的产品样本是我国第一个上规模的、深度建设的针对工业生产制造领域的产品样本数据库。GPD 收录了丰富的产品样本数据，包括：企业信息、企业产品目录、产品一般性说明书、产品标准图片、产品技术资料、产品 CAD 设计图、产品视频/音频资料等。GPD 覆盖的产品范围包括：材料与物资、通用设备、家装建材、日用百货、专用设备、交通运输设备、电气机械和器材、通信设备、计算机及其他电子设备、仪器仪表及文化、办公用机械、数码家电等十大类。目前收录企业近 2 万家，收录产品 400 多万件，产品样本 350 万件。

尚唯产品样本数据库提供快速检索、高级检索、分类导航、学科导航、企业导航五种检索方式。

2. 中国企业·产品库

网址：http：//www. ceie. com. cn/

简介：中国企业·产品库收录近 10 万家企业及其产品，该数据库提供企业名称检索，点击检索企业，可查看该企业生产的产品名称。

3. 中国机构数据库

网址：http：//www. wanfangdata. com. cn/

简介：中国机构数据库是万方数据知识服务平台子系统，收录中国企业、公司、科研机构、高校图书情况单位、中高等教育机构近 20 万家。在万方数据知识服务平台上，选择"机构"进行检索。

4. DIALOG 产品数据库

网址：http：//www. dialogweb. com/

简介：DIALOG 国际联机系统是世界上最大的联机检索系统，在其"Research and Development"大类下设有"Products"子类，内容包括品牌名称（brand names）、买家指南（buyers' guides）、化工产品目录（chemical product directories）和软件目录（software directories）。

5. 中国商品网

网址：http：//ccn. mofcom. gov. cn/

简介：中国商品网是由国家公共商务信息服务指导委员会组织实施的信息交流和贸易促进平台。服务内容包括查询中国商品、产品宣传推广、发布企业供求合作信息、获取采购商信息、提供国内外贸易和市场信息等。

中国商品数据库是中国商品网的基础数据库，收录国内企业 60 余万家，企业产品涵盖我国国民经济领域内的各个行业。凡具备生产经营能力、重合同、守信用的国内企业，都可以随时加入中国商品数据库。企业所提供的相关产品资料经编委会审定合格后，即可免费加入中国商品数据库，同时也获得中国商品网所提供的产品推广等各种服务。该库以中、英文两种文字编辑，并在中国商品网上以中、英文两种文字形式对外发布。

6. 中国政府采购供应商网

网址：http：//www. zfcg. com/

简介：中国政府采购供应商网以供应商数据库、产品库、采购入库为核心。以行业信息为立足点，帮助政府采购机构了解相关行业资讯、供应商及商品等信息。

7. 中华企业录

网址：http：//www. qy6. com/

简介：中华企业录直属于上海商禄网络科技有限公司，是集企业名录、供求商机、产品信息、行业资讯为一体的信息平台。

8. 中国化工信息网

网址：http：//www. cheminfo. on/

简介：中国化工信息网是国内第一家专业化工网站，也是目前国内客户量最大、数据最丰富、访问量最高的化工网站。中国化工网建有国内最大的化工专业数据库，内含40多个国家和地区的20000多个化工站点，含25000多家化工企业。20多万条化工产品记录；建有包含行业内上百位权威专家的专家数据库。

第八节 档案信息检索

档案是指过去和现在的国家机关、社会组织以及个人从事政治、军事、经济、科学、技术、文化、宗教等活动直接形成的对国家和社会有保存价值的各种文字、图表、声像等不同形式的历史纪录。"直接形成"说明档案继承了文件的原始性，"历史纪录"说明档案在继承文件原始性的同时，也继承了文件的记录性，是再现历史真实面貌的原始文献。正因为档案继承了文件原始记录性，具有历史再现性，所以档案才具有凭证价值的重要属性，并以此区别于图书情报资料和文物。

一、中外主要档案数据库

1. 清代外交档案文献汇编续编

网址：http：//guji. unihan. com. cn/

简介：该数据库包括《清代外交档案文献汇编初编全文检索数据库》和《清代外交档案文献汇编续编全文检索数据库》两种。

《清代外交档案文献汇编初编全文检索数据库》选自大陆及台湾目前已经公开的清政府官修筹办夷务档案，以及清末对日对俄重要外交档案共计万件。整个数据库参考已公开影印出版档案有《筹办夷务始末》《清光绪朝中日交涉史料》《清宣统朝中日交涉史料》《光绪乙巳~丁未年交涉要览》等文献，以及清代官员所记载的交涉、出访、勘界等一系列外交书稿实录等史料文献。

《清代外交档案文献汇编续编全文检索数据库》收录总理衙门直属机构即英、法、俄、美国所集存之极其重要的"四国档案"（含前期"办理抚局档案"），内容记载涉及自道光三十年至同治二年该衙门诏谕、奏疏、函扎、咨文、照会等宝贵档案。此外，东边的邻居朝鲜日益受到日本的威胁直至侵略，衙门编存的《朝鲜档》也是这个时期对外交涉的重要内容。清末另外一个棘手的对外问题就是各地不断出现的教务/教案的发生，此类事件令清廷当局非常头痛。因此该选题将这些档案同样予以收录，以增强其内容的广泛性。

2. 剑桥档案编研在线（Cambridge Archive Editions Online）

网址：http：//dlib. eastview. com/browse/udb/1670

简介：剑桥档案编研（Cam'bridge Archive Editions，CAE），完整地为学者提供珍贵且不被人知晓的历史原发性参考资料，是一个可及时获取可靠原始资料且能够方便检索的大型数据库。其内容包括 18—20 世纪的民族遗产、国家政治、社会、历史、领土和民族等方面问题的大量传真文件、地图等原始资料，资料来源为外交档案和大英博物馆档案。

3. Foreign Office Files，China：1919—1980（英国外交部档案，中国：1949－1980）

网址：http：//www. archivesdirect. amdigital. co. uk/Introduction/FO_ China/default. aspx

简介：该数据库资料来源丰富多样，包括政府备忘录，官方信函，非官方信函（来自商业公司、法定代理人和起诉人等），地图，法庭案件纪录，会议、调查或考察报告，个人、地方和组织的简介，经济统计和分析，汉语文件等。数据库内容不仅包括标题、参考书目和日期，还包括正文中的关键人物、地点和话题。所有内容均可实现全文检索，便于读者的参考研究工作。

本数据库内容涵盖了 1919 年至 1980 年间英国外交部在这一时期有关中国、香港地区与台湾地区的重要档案资料：

4. Digital National Security Archive（DNSA）——解密后的数字化美国国家档案

网址：http：//search. proquest. com/dnsa

简介：Digital National Security Archive（简称 DNSA）数据库提供来源于美国国家保密档案馆（National Security Archive）的原始文件的访问。收录了从 1945 年开始的美国对其他国家外交、军事政策等大量珍贵的第一手资料，它是目前该领域内收录信息最全面的数据库。涵盖了 10 多万份、70 多万页最重要的解密文件，许多都是第一次出版。DNSA 收录了大量珍贵的第一手资料，内容包含多种政府文件，是研究战后美国政治与历史的不可或缺的重要资源。

5.《大清五部会典》全文检索数据库

网址：http：//data. unihan. com. cn/

简介：《清代档案文献数据库》是中国第一历史档案馆重点清史档案文献数字化工作项目，该《数据库》的第一期为全文数字化《大清历朝实录》和《大清五部会典》，由中国第一历史档案馆提供馆藏珍本。北京书同文数字化技术有限公司提供技术支持。它是记载大清国国家体制和各部、院职责权限的权威文献，在清史研究中占有重要的地位。

二、中外主要档案网站

1. 北京市档案信息网

网址：http：//www. bjma. gov. cn/dafw/wscd. ycs

简介：北京市档案信息网提供 6 个数据库 81 万余卷、81 万余条目录检索，6 个数据库 1.5 万余卷、19664 条原文检索。档案资料形成时间大多为民国初年至 20 世纪 80 年代，以后形成的档案、资料目录数据将陆续发布上网。

2. 浙江档案网

网址：http：//www. zjda. gov. cn/dadb/dzda/qdda/

简介：浙江档案网包括以下内容：

（1）清代档案

（清代官员履历表数据库共有文件级目录1245条。每个条目由"姓名""籍贯""职官""年代""出处"5个字段所组成。

（2）民国档案

民国档案按内容不同，分为党团、军警、政府、政法、文教、财贸、金融、工交邮电、农林水利、汪伪等大类。民国档案较系统地反映了民国时期浙江省级各单位的主要活动和浙江境内发生的重大事件。是民国时期浙江省政治、军事、经济、文化、教育诸方面的原始记录。它是研究浙江历史的珍贵史料。

（3）《民国档案案卷目录》

数据库共有文件级条目87966条。每个条目由"题名~责任者""时间""主题词"等4个字段所组成。

（4）革命历史档案

馆藏浙江革命历史档案，包括建党初期，第一、二次国内革命战争时期，抗日战争时期和解放战争时期浙江党组织以及党领导下的军队、政权和群众团体的档案，共1011卷，起止年代为1922~1949年5月。

其主要内容包括浙江党组织的建立和发展的档案、浙江团组织的建立和发展的档案、各级党组织领导下各地进行武装斗争与建立政权情况的档案和各级党组织领导下浙江省各地工会、农会、妇联、学联组织的建立和活动情况的档案。

（5）《浙江革命历史档案目录》

数据库共有文件级条目1427条，每个条目由"题名""责任者""时间""主题词"等4个字段所组成。

（6）新中国成立后档案

收录浙江省自中华人民共和国成立至20世纪60年代的档案近40万件。

此外，还有清代人物图库、清代历史图库等。

数据库可以选用"任意词"检索，也可用单项或多项的组合"高级检索"。

3. National Archives（NARA，美国国家档案与文件署）

网址：https：//www. archives. gov/

简介：NARA下辖美国国家档案馆和国家第二档案馆2个中央级档案馆、15个文件中心、13个地区档案馆、9个总统图书馆和2个总统资料部。NARA的网站中包含本机构及其下属各个档案机构的档案信息，保存有美国外交及军事档案，白宫档案及联邦政府机构档案等，网络档案信息资源种类齐全，内容极为丰富，有五大板块：①Research Our Records（研究本站档案）：通过本站提供的文件、照片和档案来探索美国历史。②Veterans' Service Records（退伍军人服役记录）：索取军事档案，了解本站为你和你的家庭成员提供的其他相关服务。③Educator Resources（教学资源）：为学生提供课程计划和其他的课堂材料。④VISIT US（访问我们）：实地访问最近的博物馆、总统图书馆等机构，查询地址和服务。该板块分别提供了 2D 和 3D 版本的地图，并且该板块按照不同的档案机构的特点或馆藏内容对其进行了分类，方便用户按照自己的需求进行选择。⑤AMERICA'S FOUNDING DOCUMENTS（美国开国文档）：包括《独立宣言》《宪法》《人权法案》等文件。在首页底部，提供了类似网站地图的检索分类。

4. Library and Archives Canada（加拿大国家图书馆与档案馆）

网址：http://www.bac-lac.gc.ca/

简介：加拿大图书馆和档案馆（LAC）网站是多类型机构整合的网站，其网站上整合了加拿大国家图书馆与国家档案馆的文献信息，保存并提供加拿大的遗产纪录，这些遗产包括出版物、档案记录、声音和视听资料、照片、作品和电子文件。

5. the National Archives（英国国家档案馆）

网址：http://www.national archives.gov.uk

简介：该网站收集从莎士比亚遗嘱到唐宁街推文各种记录，尽可能地为公众提供获取和使用这些记录的服务。

6. 澳大利亚国家档案馆

网址：http://www.naa.gov.au/

简介：澳大利亚国家档案馆被描述为国家的记忆。它收集和保存反映澳大利亚历史和身份的政府记录。以图书目录形式组织该网站内信息，其目录级次达到了六级。每条目录都是超媒体链接，可以直接链接入相关网页内容当中。这样，档案网站用户可以一目了然地获悉澳大利亚国家档案馆的网站的整体架构，轻松自如地点击地图节点链接到相关信息内容。

7.（日本）国立公文书馆

网址：http://www.archives.go.jp/

简介：该网站是日本国家档案馆网站，提供有关档案和目录数据，并允许在网上搜索馆藏信息。网站提供英语和日语版本。网站还有一些有简要说明和文档以及一些书籍图片和文化介绍。数字体验馆可以使用关键字或不同类别进行搜索，获取滚动开放的数字化图像、地图、照片、图纸、海报和文档。杂志和年度报告出版物的英文摘要可从网站下载。

8. 亚洲历史资料中心（日本）新南群岛

网址：https://www.jacar.go.jp/chinese/index.html

简介：该中心是由日本国立公文书馆、外务省外交史料馆、防卫省防卫研究所提供的亚洲历史资料（近现代日本与亚洲近邻各国相关的资料）的数字化版本建立的数据库，通过互联网公开。

思考练习

1. 检索国内外近 5 年来有关免疫疗法抗肿瘤（immunotherapy AND antitumor）研究的博硕学位论文。请分别以一个外文数据库和一个中文数据库为例，描述所选数据库的名称、检索过程及获取全文的方法。

2. 检索国内外近 5 年来有关免疫疗法抗肿瘤（immunotherapy AND antitumor）研究的会议论文。请分别以一个外文数据库和一个中文数据库为例，描述所选数据库的名称、检索过程及获取全文的方法。

3. 检索国内某一高校申请的专利，并进行申请人分析、发明人分析、技术领域分析、年借趋势分析、专利类型分析和授权专利情况分析。

4. 检索国内图案为植物的国内果汁商标。

5. 检索国内无障碍设计国家标准并下成全文。

第七章　文献利用与学术规范

　　20世纪90年代以来，由于社会转型的巨大冲击使国内学术界不少人心理失衡，从而引发了诸多学术不端行为，上至成名学者，下至在校学生不断出现抄袭、剽窃等学术失范现象。这种现象不仅损害了学术界曾经十分纯净的学术氛围，阻碍了学术事业的蓬勃发展，而且很大程度上掣肘和影响了当今社会的创新能力发展进程。应该说，如何扭转这一态势，推动学术规范建设成为学术界以及出版界面临的一个甚为重要的问题。

　　相关研究表明，产生学术失范现象除了道德伦理原因以外，还有一个重要原因就是学术界从业者，特别是刚进入学术圈的青年学人对于何为学术规范和学术不端等问题不甚了解。如何提升青年学人对于学术规范的认知水准已经成为一个广泛关注的问题，因而建立一套具有可操作性的学术规范体系已成为学界的共识。

　　基于上述原因，自20世纪90年代以来，学术规范问题逐渐引起国内学术界的重视。经过多年的争鸣与讨论，目前国内已经开始认识到开展学术规范教育的重要性。进入21世纪以后，有一些有影响的学者及其相关著述进入了人们的学术视野。杨玉圣、张保生主编的《学术规范导论》不仅全面地引进和介绍了学术规范的理论和观念，还聘请各学科领域资深学者就各自应遵循的相关规范分别进行了阐述。南京大学叶继元教授长期坚持致力于普及学术规范常识，开设相关公共基础课并收到了良好的效果。叶继元教授编撰的《学术规范通论》对我国年轻学人的学术规范教育起到重要的推动作用。

　　纵观欧美主要国家，它们早已形成了较为全面、完整的规范体系，对学术研究规范化发挥了显见的导向作用。特别值得一提的是，在建立学术规范体系过程中，欧美学界在遵循基本规范的前提下注重保持各学科领域学术规范的相对自由和独立。也就是说非常注重各个具体专业领域的学术规范建设，而且取得了显见的成效。众所周知，文献信息资源利用就是学术研究所涉及的一个重要的专业领域。在学术研究活动中，文献信息利用是开展专门性研究过程中的不可或缺的重要工作。因此，学术规范的诸多要素均与文献信息资源利用过程密切相关。就此而言，有关文献信息资源利用的规范就构成了广义学术规范中的学术技术规范中最重要的组成部分。

第一节 文献信息的合理利用

一、电子文献资源的合理使用

广义的文献信息资源的合理利用的概念起源于英国。而真正将其诉诸司法实践的标志性事件应该是 19 世纪 40 年代众所周知的美国 Folsom 诉 Mars 一案中确立了合理使用四原则。美国的 1976 年《著作权法》首次为文献信息资源的合理使用制定了标准。现在，合理使用概念在许多国家的著作权法中都存在，合理使用制度旨在为读者如何利用作品问题提供法律依据。其中，限制与反限制之间的矛盾尤为突出，作者与使用者之间的利益彼此对峙。随着作品载体及使用方式的日趋多元化，有关合理使用的讨论也随之在各种不同的前提条件下展开。本节则主要探讨电子文献资源的个人合理使用问题。

随着计算机及网络技术的飞速发展，文献载体趋于多元化。知识作品数字化后其形态变为电子文献资源，后者传播便捷，且成本低廉。而这一态势引发了作品传播与作者权益保护两者之间的新一轮博弈。为使其自身权益不受侵害，作者需要将其作品的著作权延伸到网络空间，以使自己的作品权益在新的使用环境下得以保障；而社会公众也有权利享受由于当今社会信息技术的飞速发展带来知识传播颠覆性变革的成果。因此，电子资源的使用，也就是网络环境下的知识传播进程，既需要保护作者和其他著作权人的权益。也需要保障社会公众能够广泛地阅读网络作品。然而，解决这种对峙与冲突状态的途径是建立网络环境下的知识作品合理使用原则。20 世纪后期以来，世界各国都在积极地探索构建相对合理的网络环境下知识作品合理使用的生态及法制环境，并取得了显见的进展。

1. 合理使用界定

所谓合理使用是知识产权保护方面的一个概念，它是指为了个人学习、研究或欣赏目的，为了教育、科学研究、宗教或慈善事业，在不征求作者与著作权人同意，不支付报酬的情况下使用他人已发表的作品。合理使用是著作权制度中规定的特殊情形。它是在法律的规约下，基于正当目的使用他人知识产品的合法行为。稍加分析不难看出，合理使用制度实际上是一种著作权限制制度，本质是对知识产品垄断权的让渡或者限制。在合理使用的范围内，使用人可以自由地使用知识作品；合理使用制度设立的目的在于：其一是保障自由的思想表达与交流，其二是为了给创作新作品过程中需利用先前作品的作者提供合法权利空间。这一制度旨在平衡作者与使用者、社会公众之间的利益博弈，弱化和调整作品创作者、传播者、作品使用者之间的冲突，从而推动社会繁荣与文化进步，满足社会公众对各类知识作品的使用需求。

2. 合理使用的适用条件

合理使用是对著作权人权益的限定。然而，在适用合理使用的过程中，如果把握不当，便会损害著作权人的权益，导致著作权人和社会公共利益博弈失去平衡。因此，在确定合理使用行为时，法律规定了严格的适用条件。

（1）合理使用必须有法律依据

也就是说，合理使用的情形需有法律的明确规定，使用者使用知识产品的权利并非基于权利人的授权，而是直接来自法律的授予。

（2）使用行为可以不经权利人的许可

由于使用者往往难以取得著作权人的许可，或者虽然可以取得许可但使用过程中无涉于经济利益，法律直接授权使用者在此情况下不必取得著作权人的同意。

（3）使用过程无须付费

即使用者无须为其使用行为支付费用。这是合理使用与授权使用、法定许可、强制许可的重要区别。

（4）使用必须出于正当目的

也就是说，使用行为是非营利的。如果将基于赢利目的使用知识产品的行为规定为合理使用势必会损害著作产权人的权益，因为该使用行为所产生的利益本应属于著作权人。如果不对此做出限定，将导致著作产权人和社会公众之间利益的不平衡，导致对著作权人不公平的利益分配后果。

（5）使用过程需限定数量

合理使用使著作权人在一定程度上让渡了知识产品权益。如使用的数量过多，势必会对知识产品的市场效应形成一定冲击，从而侵害著作权人的权益。因此，有些国家的法规对合理使用数量均进行了明确限定。

二、国内外法规中与电子文献资源合理使用相关的条规

如前所述，世界各国的版权法律体系对文献资源合理使用都进行了明确的界定。这种界定也同样适用于电子文献资源。在此，主要讨论和阐释各国法规有关个人合理使用制度的相关问题。

1. 各国版权法中有关个人合理使用制度的条款

世界各国版权法规均对合理使用的法律要件有明确规定。由于各国法规体系立法模式不同，故有关合理使用的条款也各具特色。首先来看基于开放式立法模式的美国的个人合理使用制度。美国版权法规定，对一项作品的使用是否属于合理使用，应当考虑下列因素："第一，该使用的目的和性质，包括该使用是商业性使用还是为了不禁止的教育目的；第二，该版权作品的形式，一般来说，对于虚构作品的合理使用要严于纪实作品；第三，使用作品的程度，该使用部分的数量与内容与版权作品在整体上的比较；第四，该使用对版权作品的潜在市场或价值的影响。"

对比一下德国基于封闭式的立法模式的个人合理使用制度。德国《著作权法》第53条规定了个人合理使用制度的法律要件。该条款规定个人合理使用主要是指私人的复制行为。"第一，个人使用的目的不能直接或者间接地具有营利性，复制的份数一般不得超过7份。第二，个人合理使用目的分为四类：①以科学研究为目的；②以保存档案为目的；③以收集信息为目的；④其他合理使用的目的（如职业或者经营的目的）。此外，对于第四类的合理使用，法律做出了进一步的限制，即只涉及两种情况：其一，复制仅涉及作品的一小部分；

其二，复制售罄至少超过 2 年的作品。第三，对于音乐乐谱图形、数据库作品以及计算机程序，法律有例外的规定。第四，对于空白的磁带等储存介质征收复制税。"

对比一下上述法律条规可以得知，美国法律的相关条规旨在为判定合理使用提供一些指导原则，而不是精确的条文限定，因而给法官自由裁量权的行使留下了很多空间。而德国法律的条规非常具体、明确，致使法官对于合理使用的认定只能严格地依据法律条规进行。显然，两者各有千秋，均能为我国的相关法规的制定提供有价值的参照。

2. 我国法律对合理使用的规定

我国著作权的合理使用制度采取的是"规则主义"立法模式。即相关法规中将符合合理使用的情形逐一进行列举，而并未明确给出合理使用的判断标准。除此之外，对于传统著作权的限制方式是否同样适用于信息网络环境下的电子文献资源的使用问题，1991 年颁布实施的《著作权法》以及后续修订版本均未做出相关调整（包括 2013 年修订的《著作权法》），这一状况势必给电子资源合理使用的边界的确定带来一定的困扰。

现行《中华人民共和国著作权法》第 22 条列举 12 条例外情形。其第一款第（一）项中原则规定："为个人学习、研究或者欣赏，使用他人已经发表的作品。" 2014 年《中华人民共和国著作权法（修订草案送审稿）》中将之修改为："为个人学习、研究，复制他人已经发表的作品的片段。" 修改内容有三：第一，删除了"欣赏目的"的个人合理使用；第二，明确了使用的途径是"复制"；第三，明确适用限制为作品的片段（国务院法制办公室 2014 年 6 月 6 日《中华人民共和国著作权权法（征求意见稿）》公开征求意见的通知）。

基于上述条款，同时考虑《互联网著作权行政保护办法》和《信息网络传播权保护条例》相关条规，关于我国电子文献资源合理使用判断标准可确立以下三个基本要素：

（1）使用目的

其使用目的首先不能有悖于学术道德，即不能假借合理使用之名行剽窃之实；其次不能用于以营利为目的的商业活动。

（2）作品自身属性

由于与公众利益的关联程度以及商业价值不同。对不同的作品合理使用可有不同的要求。后者取决于作品自身的属性。如政府公共信息网上的公共事务信息可由读者自由下载，可见其合理使用的要求较低；反之，对于商业模式产生的电子文献资源来说，合理使用限定要求相对高得多。

（3）使用程度

合理使用程度问题涉及若干要素：其一，在作品中少量使用原作片段被视为合理使用，如大量引用就超出了合理使用的限度；其二，作品的精华部分更能体现其独创性特点，对这一部分的保护应优先于其他部分，故照搬作品精华部分也超出了合理使用范围；其三，无论使用者是否取得了实质性的利益，但只要给权利人造成了实质性的"利益损失"就不属于合理使用。上述三种情形下出现超出合理使用范围的行为，均应视为侵权。

基于上述法规确立的基本原则，可以认定基于个人研究和学习目的的下列行为系对电子文献资源的合理使用：①检索电子文献数据车；②阅读和打印检索结果（文摘索引记录或全文文摘）；③将检索结果存储在自己个人计算机上或传送到自己的电子邮件信箱里；④承担教学任务的授权用户可以将作为教学参考资料少量检索结果下载、打包储存局域网中某台计算机上，供课程学生阅读。

如果上述界定得以成立，与其原则精神相悖的下列行为超出了合理使用范围，当属应严格禁止的侵害数据库商权益的行为。

（1）利用批量下载工具对电子文献数据库进行自动检索和下载。

（2）存储于个人计算机的用于个人研究或学习的特定文献资料提供给非授权用户使用。

（3）设置代理服务器为非授权用户提供服务。

（4）有意将自己的用户名和口令在相关人员中散发或通过公共途径公布。

（5）利用电子文献数据库为非授权单位提供系统的服务（包括商业服务）。

（6）直接利用网络数据库内容汇编生成二次产品，提供公共或商业服务。

稍加分析便不难看出："保护"和"限制"著作权视角下的合理使用制度意在寻求网络环境下公众利益与版权所有者的利益平衡。就此而言，合理使用制度的宗旨并不是使作者的利益受到损害，反而更有利于作者的创作；其根本作用就是力求合理地消除作品创作者、传播者和使用者之间的冲突，力图实现在维护作者权益基础上的三者利益的均衡保护，从而实现整个社会文化事业的繁荣。当然，这是一个渐进过程，即逐步适应社会、技术环境变化趋于合理的过程。合理使用制度也将在立法者、著作权者以及社会公众利益的博弈中不断被赋予新的内容，而合理使用制度内涵的变化也会给学术规范体系建设带来相应的影响和变化。

 第二节　学　术　规　范

自从人类有了学术活动以来就存在着学术规范问题。在西方，科学哲学、科学社会学学术史或科学史学家对学术规范问题均十分关注，且早已形成了较为全面、完整的规范体系。在中国，历代学者也有关注学术规范的传统。直至 20 世纪 90 年代，学术规范开始成为中国学术界关注的焦点问题。经过多年的努力，学界同仁对有关学术规范的一些基本问题已有了共识，故使我国学界在建立学术规范框架方面取得了一些进展。

一、学术规范的属性

1. 学术规范的界定

学术规范是指学术共同体依据学术积累和创新等学术活动要素拟定的有志于从事学术活动的相关人士需共同遵守的各种准则。其宗旨是约束和促进学术研究人员在学术活动过程中尊重知识产权和学术伦理，充分尊重前人已有之相关学术成果，从而在有序的学术对话、学术积累中加以创新。学术规范主要包括学术道德规范、学术法律规范、学术技术规范。

2. 学术规范的目的

（1）促进学术交流

学术研究是一种立足于探索未知世界的原创性思维活动。在此过程中，每个研究者都毫不例外地要借助于他人的研究成果。因此，学术的进步依赖于学者之间的广泛交流。既有同时代学者间的交流，也有当下的研究者与有建树的学术先辈的交流。然而，学术交流的前提条件是学术共同体认可的规范。反之，学术圈层内若随处可见"自说自话"现象，学术交流便无从开展。

（2）增进学术积累

学术研究开展的重要前提是足够的知识积淀。只有具有足够的学术积淀，才可能具备厚实的理论底蕴以及敏锐的学术视野；进而可能出现学术创新，而群体和个人的学术积淀均需要在学术规范的规约和指引下进行。如果没有学术规范的规约，各种学术思想、观念的阐释、理解过程就均混沌无序，无法达到预期成效。

（3）助力学术创新

创新是指以在当下的知识框架和社会环境条件之下，为了推进社会经济文化科技事业发展，而提出的改进或创造新的事物的方法、路径，并能获得一定成效的行为。它是基于对传统的守护、传承而演绎和生发出的新事物的过程。任何创新都是传承和拓展的产物，也就是学术积累的产物。离开了学术规范，研究者的学术积淀无从谈起；而基于学术积淀而衍生出的学术创新活动也就成为无本之源。

 二、学术规范体系的构成

何为学术规范？这个问题在学界引起广泛关注。诸多学者就此发表了自己的观点。陈学飞教授认为学术规范可分为三个层次："第一个层面是内容层面的规范，包括科学研究的方法、自身理论框架和概念范畴体系。第二个层面是价值层面的规范，即约定俗成并得到学术界认同和共同遵守的观念道德和价值取向，其中心内容是学术道德或学术伦理。第三个层面是技术层面的规范，包括各种符号的使用、成果的著名、注释的引用等。"

从一般意义上讲，学术规范应当包括三个层面：其一是学术界认同和共同遵守的道德伦理观念和价值取向，可称之为学术道德或学术伦理也是学术规范在个人层面上的要求；其二是有明确规定及可操作的法规政策体系，如《中华人民共和国著作权法》等；其三是专业领域研究操作层面上需明确的概念框架及细则。

据此，学术规范体系结构主要包括学术道德规范、学术法律规范、学术技术规范。当然，还有不少学者提出还应包括学术制度规范、学术评价规范等，但具有主导作用的应该还是前面所列三种规范。一般来说，学术道德规范是指研究者在学术研究中应遵循的学术界公认的道德伦理理念。学术技术规范是指研究者在学术研究中应遵循相应的专业规范，在此主要指学术著述格式技术标准，如引文的注释格式、语言文字的正确使用等。学术法律规范是指研究者在学术研究中必须遵循国家相关法律法规及制度的要求。学术规范的体系结构之间，学术道德规范属于自律的范畴，是指受社会道德和学术公德的制约。其强制力依赖于个体的道德修养；对社会整体只有一种道义上的约束，不能依靠国家权力机关来强制执行。学术技术规范属于他律的范畴；作为一种制度上的约束（或称之为学术研究写作的基本技术准则）并未上升到法律的高度，其强制力较弱；学术法律规范也属于他律的范畴，但它是由国家立法机关制定、国家权力机关实施的，因而具有很强的强制力和威慑力，社会公众必须遵守。由于学术法律规范的强制力和威慑力，故而学人必须遵守学术法律规范。以学术法律规范的完善与实施作为保障来推动学术道德规范、学术技术规范的建设，从而让学术规范深入人心，成为学界的共识与共同的行动纲领，促进我国学术研究的繁荣发展。

1. 学术道德规范

从狭义上讲，学术道德失范是指"在学术研究中，为骗取学术共同体和社会的承认而出现的伪造和剽窃行为"。从广义上讲，由于近些年来国内学术界学术造假的行为方式趋于多样化，学术道德失范已经从单纯的伪造与剽窃现象演变为多维度、多层面失范的学术乱象。

（1）学术道德失范的表现形式

1）学术资源垄断、学术霸权、学术交易等现象日益严峻，各个领域中或多或少都存在利益联盟或利益集团，他们把持了科研立项、奖项评审、职称评审等重大事项的话语权，可以堂而皇之地进行学术交易。其危害远甚于单纯的伪造和剽窃这种个体行为。

2）剽窃与抄袭。将他人作品或者作品的片段窃为己有。剽窃通常有两种：其一是剽窃观点，援用了别人的学术观点而不注明出处，让人误以为是作者的观点；其二是剽窃文字，即照抄别人的文字而未明确注明为引用，以此误导读者。

3）自我抄袭。有的作者把学位论文的一部分改头换面甚至原封不动地在学术刊物上再发表便构成了自我抄袭行为。而"自我抄袭"属于被学术规范明令禁止、违反学术诚信的不当行为。

4）篡改和伪造研究数据。对一些与预期结果相悖的实验结果和数据进行修改，或者把与期望值不符的实验结果删除，只保留与期望值一致的实验结果。在数据的不真实的前提下撰写的学术论文毫无学术价值可言。

5）其他行为。除上述行为以外，诸如一稿多投、不当署名、不正当地获取学术荣誉（在申报科研项目或申报职称时成果申报弄虚作假）等均属于学术道德失范的行为。

上述种种现象的存在严重损害了学术界的整体形象，造成了学术圈整体的诚信危机。如果听任其发展下去。不仅会严重污染学术环境，还将阻碍学术进步和科研创新，进而对整个科研领域的发展产生深远的不良影响。

（2）学术道德规范的内容

学术道德规范是学术规范存在的条件和基础。它是指科学研究过程中，学者应当遵循的基本规范和准则。后者包括严谨治学、诚实守信、不弄虚作假、不剽窃、不侵犯他人知识产权等诸多要素。教育部颁发的《高校人文社会科学学术规范指南》和《高等学校科学技术学术规范指南》，从思想和职业道德两方面对学术工作者提出了要求，特别是教育部《关于加强学术道德建设的若干意见》（教人〔2002〕24号）以及国务院学位委员会于2010年出台的《国务院学位委员会关于在学位授予工作中加强学术道德和学术规范建设的意见》（学位〔2010〕9号），均对学术道德规范，即所谓学术诚信（academic integrity）作了明确的界定。具体如下。

1）学术研究必须尊重知识产权，充分尊重他人已经获得的研究成果；遵循学术界关于引用的公认准则，引用他人成果时如实注明出处；所引用的部分不能构成引用人作品的主要部分或者实质部分；从他人作品转引第三人成果时，如实注明转引出处。

2）合作作品应按照当事人对科学研究成果所作贡献的大小，并根据本人自愿的原则顺序署名。或遵从学科署名惯例或作者共同约定。合作研究成果在发表前要经过所有署名人审阅，并签署确认书。所有署名人对研究成果负责，合作研究的主持人对研究成果整体负责。

3）对在自己或他人作品进行介绍、评价时，应遵循客观、公正、准确的原则，在充分掌握国内外材料、数据的基础上作出全面分析、评价和论证。

4）尊重研究对象，包括人类和非人类研究对象。在涉及人体的研究中，必须保护受试人合法权益和个人隐私并保障其知情同意权。

5）在课题申报、项目设计、数据资料的采集与分析、公布科研成果、确认科研工作参与人员的贡献等方面，遵守诚实客观原则。搜集、发表数据要确保有效性和准确性，保证实验记录和数据的完整、真实和安全，以备考查。公开研究成果、统计数据等，必须实事求是、完整准确。对已发表研究成果中出现的错误和失误，应以适当的方式予以公开和承认。

6）诚实严谨地与他人合作。耐心诚恳地对待学术批评和质疑。

7）对研究成果作出实质性贡献的有关人员拥有著作权。署名人应对本人作出贡献的部分负责，发表前应由本人审阅并署名。

8）不得利用科研活动谋取不正当利益，正确对待科研活动中存在的直接、间接或潜在的利益关系。

学术道德失范的根源在于学术制度不完善。上述条规的颁布是加强学术制度供给与完善及净化学术环境的重大举措，对改善我国学术界的整体学术诚信具有深远的战略意义。但是，仅仅从制度建设层面推进道德和学术规范建设还是远远不够的，还需要从法律层面建立强制性约束与惩戒机制。

2. 学术法律规范

建立学术规范体系的一个重要先决条件是需要有良好的执行机制，或者叫做约束机制。贴切一点的话，可以称之为学术问责制。这一问责制必须建立在完善的法律规范体系之上。没有完善的法律规范体系，学术问责制将无据可循，成为无本之源。另外，学术研究活动既然是公民的一种基本民事行为，那就与其他公民活动一样需在法律的框架下从事相关活动，受到相应的法律约束。多年来，见诸媒体的学术失范事件最后都是依循遵守国家法律法规的相关规定进行处理的。就我国现行法律体系而言，用于规范人们的学术活动的法律条规散见于《中华人民共和国著作权法》《中华人民共和国科学技术进步法》《中华人民共和国统计法》和《中华人民共和国保守国家秘密法》等以及政府机构相关行政法规以及各单位出台的相关行政规章制度。其中，最主要的是《中华人民共和国著作权法》和《中华人民共和国著作权法实施条例》。上述法律法规构成了学术法律规范的基本内涵。而对于违反学术规范行为的相关人员，其所在单位视具体情节酌情处理。若事实清楚，无任何争议，由本单位根据学术委员会所认定的基本事实行政处罚；也可以通过司法程序判定是否属于学术失范行为，根据结果予以惩戒。

迄今为止，学术规范方面最明确、最全面的法规当属教育部社会科学委员会2004年6月22日第一次全体会议讨论通过的《高等学校哲学社会科学研究学术规范（试行）》。这一被称为我国的"学术宪章"的学术规范法规对高校哲学社会科学研究应遵循的规范做出了比较详尽的规定。其主要内容包括学术引文规范、学术成果规范、学术评价规范和学术批评规范四个方面。

（1）合作创作作品的版权由合作作者共同享有。

（2）未参加创作（参与一般行政辅助性工作不属于此列）的不可在他人作品上署名。

（3）不允许剽窃、抄袭他人作品。

（4）禁止在法定期限内一稿多投。

《中华人民共和国著作权法》规定：自作者稿件发出之日起 15 日内未收到报社通知决定刊登的，或者自作者稿件发出之日起，30 日内未收到杂志社通知决定刊登的，作者可将同一作品投向其他报刊社。在此时间限度内皆为禁止的一稿多投行为。

（5）合理使用他人作品的有关内容。任何学术研究都离不开对前辈和同行的学术成果的借鉴，故不同程度地存在引用他人已发表（出版）作品文字的现象。但这种行为必须有一个清晰的边界和"度"。故相关法律规定合理使用他人作品内容的相关行为必须符合以下条件：①引用的目的仅限于介绍评论某一作品或说明某一问题；②所引用的部分不能构成引用人作品的主要部分或者实质部分；③不得损害被引用作品著作权人的利益。符合这 3 个条件时，可不经过著作权人同意，不向其支付报酬，但必须在自己作品中指明被引用作品的作者姓名、作品名称及版权事项。

（6）学术成果的重复发表。一般意义上讲，学术论文不能重复发表。如需要二次发表时需有特别说明事项。所谓"二次发表"（即使用同一种语言或另一种语言再次发表，尤其是使用另外一种语言在另一国家再次发表）必须满足以下所有条件：

①已经征得首次和二次发表期刊编辑的同意，并向二次发表期刊的编辑提供首次发表的文章。

②二次发表应在脚注中说明首次发表的相关信息。

③二次发表的目的是面向不同的读者群。

在学术规范的创建中，在充分发挥道德自律的作用的前提下，应该努力创设自律与他律相结合、"德治"与"法治"兼具的制约机制。上述讨论正是基于这样一个目的从道德伦理以及法律法规两个层面阐释了学术规范的一般原则。具体实践中，两者缺一不可，不可偏废。只有这样才能有效地约束学术共同体相关成员的治学行为，以形成良好的学术氛围。

3. 学术技术规范

有关学术技术规范的讨论主要侧重于一种学术著述撰写过程的技术规范。如陈学飞教授所指出的，主要关注"各种符号的使用、成果的署名、注释的引用等"。从纯粹技术角度出发，其所列"各种符号的使用、成果的署名、注释的引用等"的事项的重心应该是文献信息资源利用中的引证及标注方法。这一问题之所以成为重点关注对象绝不是纯粹技术性原因所致，其价值与意义远远超出技术因素本身。简言之。虽然它并不直接反映学术成果的内在质量，但却是间接表征学术成果内在质量的佐证。虽然不能全面反映作者的学术功力及水准，却可以反映作者的治学精神与学术积淀的分量。因此，就作者而言，文献引证与标注是否得当既是衡量作者学术素养的一个重要标志，也受其遵循学术道德的程序性或称他律性的制约。有鉴如此，在学术规范体系相对完善的欧美国家，学术著述中的引证标注方法都被视为学术规范的重要组成部分。业界以此约束作者，作者亦以此来约束自己，学术共同体内的交流与对话也以此作为相关作品及作者的重要评价依据。

经过有关各方的多年酝酿与努力。原国家新闻出版总署于 2012 年 9 月下发了《关于进一步加强学术著作出版规范的通知》。这是出版领域学术规范的指导性文件。其中就学术著述技术规范相关问题做出明确、具体的规定：引文、注释、参考文献、索引等是学术著作不可或缺的重要组成部分，体现了学术研究的真实性、科学性与传承性，体现了对他人成果和读者的尊重，是反映学术著作出版水平和质量的重要内容。必须加强出版规范，严格执行国家相关标准。除了学术思想、观点的原创性以外。这些技术性处理规范与否不仅是学术著作质量的基本要素，更是学术健康发展的基本保证。换言之，就学术著作是否严谨而言，引文、注释、参考文献、索引的规范程度是其重要的评判标准。

三、学位论文相关行为规范

真正能够在学术活动中发挥作用的所谓规范都是在特定教学、科研、出版等体系中运行的条规和原则。

硕博士研究生是一个规模很大的学术群体。从目前的情况看，受整个国内学术界的整体环境的影响，这一群体对于学术规范的意识和实际认知水准堪忧。各种学术失范的事件时有发生。而此类学术失范行为又较为集中地表现在学位论文造假、剽窃、抄袭等方面。故将此作为学术规范又一典型案例加以讨论。学位论文是衡量研究生学术水平和科研能力的重要标志。采取有效举措杜绝和防止硕博学位论文各类造假（或称之为学术不端）行为是提升其学术素养、净化学术环境的重要的途径。后者主要是立足于建立一个学术道德自律他律机制以遏制学术造假现象，也就是从外在的强制性制约和自身内在道德伦理修养的提升来强化学生对学术的尊重和敬畏认知水准，保障学术活动的纯粹与真实。学术道德自律体系建设是一个共性问题。

1. 教育部下文旨在严厉打击学位论文作假行为

2012 年 11 月 13 日，中华人民共和国教育部令第 34 号公布了《学位论文作假行为处理办法》（以下简称《办法》）。该《办法》是教育部颁布的首部处理学术不端行为的部门规章。《办法》共 16 条，对学位论文作假行为情形、学位授予单位和导师职责以及各有关主体作假行为的处罚等方面作出了明确规定。该办法在坊间被称为对论文作假的"史上最严处罚"。其要义如下。

该办法所称学位论文作假行为包括下列情形：

1）购买、出售学位论文或者组织学位论文买卖的。

2）由他人代写、为他人代写学位论文或者组织学位论文代写的。

3）剽窃他人作品或学术成果的。

4）伪造数据的。

5）有其他严重学位论文作假行为的。

对涉及学位论文作假相关人员的处理办法：

1）学位申请人员的学位论文出现购买、由他人代写、剽窃或者伪造数据等作假情形的，学位授予单位可以取消其学位申请资格；已经获得学位的，学位授予单位可以依法撤销其学位，并注销学位证书。取消学位申请资格或者撤销学位的处理决定应当向社会公布。从作出处理决定之日起至少三年内，各学位授予单位不得再接受其学位申请。前款规定的学位申请人员为在读学生的，其所在学校或者学位授予单位可以给予开除学籍处分；为在职人员的，学位授予单位除给予纪律处分外，还应当通报其所在单位。

2）为他人代写学位论文、出售学位论文或者组织学位论文买卖、代写的人员，属于在读学生的，其所在学校或者学位授予单位可以给予开除学籍处分；属于学校或者学位授予单位的教师和其他工作人员的，其所在学校或者学位授予单位可以给予开除处分或者解除聘任合同。

3）指导教师未履行学术道德和学术规范教育、论文指导和审查把关等职责，其指导的学位论文存在作假情形的，学位授予单位可以给予警告、记过处分；情节严重的，可以降低岗位等级直至给予开除处分或者解除聘任合同。

4）社会中介组织、互联网站和个人，组织或者参与学位论文买卖、代写的。由有关主管机关依法查处。

5）对于"制度不健全、管理混乱，多次出现学位论文作假或学位论文作假行为影响恶劣"的学位授予单位，将"暂停或撤销其相应学科专业授予学位的资格、核减其招生计划"。

该《办法》的出台对于构建遏制研究生学位论文造假的他律制度体系、重塑学术道德伦理与净化学术环境具有重要意义，这使得各高校在杜绝学术不端行为过程中有法可依、有章可循，对提升研究生的整体学术水平发挥了重要作用。

2. 遏制抄袭行为的利器——论文检测系统

除颁布相关政策法规之外，其可操作性还取决于另一个重要因素：对各类造假行为的认定方式及水准。毋庸置疑，学位论文的各类造假行为中，首当其冲的是抄袭行为。为了遏制抄袭行为，各种论文检测工具（又称学术不端文献检测工具）应运而生。总体上看，现已问世的论文检测系统在文字复制检测方面已经达到较高的水平，但对于图表、公式、数据的抄袭和篡改等行为的检测还不尽如人意。需要指出的是：学术不端文献检测系统仅将检测对象与其他比照对象重复部分客观地罗列出来，同时提供文字重复比例。但此处所显示的重复百分比只是从形式角度量化地描述抄袭程度，而不能界定被鉴论文的学术思想、观点多大程度上来自比照对象。尽管如此，国内高校还是纷纷引进此类系统作为工具，同时规定重复率的合格标准，以此来杜绝和遏制学位抄袭行为。

上述举措对研究生学位论文水准的提高确实起到了很大的促进作用。这一过程可以称为国内学术界弘扬学术规范、惩治学术不端行为的一个范例。尽管还有诸多方面不尽如人意。但其整体成效还是值得充分肯定的。

 第三节 文献信息资源利用中的学术规范

从技术角度来讨论学术失范问题涉及两个方面：其一，相关技术规范（标准、规则）自身的问题；其二，各类著述撰写者为相关规则认知水平所限导致失范。有关文献信息资源利用的规范问题就构成了广义学术规范中的学术技术规范中最重要组成部分。文献信息资源利用中的学术规范问题的重点是参考文献的引用与标注。

一、引用文献（references）的目的与作用

在展开相关讨论之前，首先需界定两个重要概念"引用文献"与"参考文献"。参考文献系指"为撰写或编辑论文和著作而引用的有关文献信息资源"，也可以理解为作者在开展专门性研究过程中曾阅读过的并对其产生了明显影响和作用或被作者直接引用的文献。在学术著述中，最主要的宗旨和功能就是进行"学术论证"。而所谓学术论证的必不可少的途径就是引经据典，意即通过引用已有文献的论题、观点、概念、理论、方法、结果、结论、事实、数据等，为自己的论文提供必要的论证或仑据，即"引证"。以此为基点展开对自己感兴趣的命题的讨论，进而力争形成有原创意义的思想和观念。因此对于一个完整的学术著述来说。其参考文献是其不可缺少的一个组成部分。它不仅能反映出著者对所开展的专门性研究的背景情况的了解程度、选题的新颖程度和研究方法的先进性，同时也可以指引读者进一步阅读有关文献。

引用与标注参考文献的主要目的与作用基本上可以表现在如下几个方面：

（1）任何专门性研究都是在继承和发展前人的研究成果的前提下起步的。作者在相关讨论中均会引用有关人士的相关方法、观点、结论等作为自身的拟开展研究的依据和参照。引用参考文献不仅可以表明论文具有真实、合理的科学依据，也反映出论文进入拟探讨问题的起点。

（2）作者在阐述相关研究领域的进展态势时需要引用前人的成果，包括观点、方法、数据。因此，对于引用的文献资源要加以标注，以区分所涉猎的观点、方法属于作者的研究成果还是前人的成果，免除了抄袭、剽窃之嫌。与此同时，作者也可以批判性地引用或商榷性地引用前人具体的研究结论，以此为基点展开批评性的讨论，从中阐述自己的观点。

（3）引文加以标注一方面可以表明作者尊重和维护他人的著作权；另一方面也是对作者自身著作权的保护：既免除了侵犯他人著作权的嫌疑，也在两者对比之下可一定程度上反映作者的"原创性"。

（4）列举参考文献有助于评判学术著述的学术水准。无论什么学术著述一般都需经过编辑、指导老师等同行评审。而文中所列参考文献有助于评审者通过分析比较同一论题的论文，对被审论文的学术水平和价值作出客观的、科学的评价；同时还可以从参考文献的引用量、语种分布、出版时间的角度评估论文的水平。参考文献的列举及标注规范与否直接关系到论文的审核结果。如果参考文献标注不够规范，将会大大降低各类著述的学术价值。

（5）从学术刊物角度来看，参考文献有着非常重要的作用。它可以满足为专业机构对期刊水平作出客观评价的需要，为其引文分析提供的原始依据。故参考文献成为 SCI、SSCI、EI、CSSCI 编辑选刊的一个重要依据。

（6）学术著述准确地著录参考文献在一定程度上能起专题目录的作用；读者可以利用参考文献提供的线索，快速地获取有关信息资源。

（7）列举参考文献可使学术著述的文字表达更精练。例如，但凡已有文献详细叙述了论文中需要表述的内容只需在相应之处注明文献出处即可。这不仅精简了论文的语言，节省了篇幅，而且避免了冗杂的一般性表述以及数据、表格的堆砌。

（8）论著详尽、科学、合理地著录参考文献有助于人们收集有价值的信息资源开展文

献计量学研究。就此而言，有些作者在文后写上"参考文献从略"，有些编辑为安排版面删除一些重要参考文献是很不合适的。

二、文献资源利用的相关学术规范要旨

1. 文献资源利用的主要方式

在各类专业著述中，文献资源利用通常有两种方式。其一是文献综述，即综合性评述前人、同行在相关研究领域取得的进展以及形成的某些有价值的学术观点，以概略地阐述总体的进展态势，为研究者拟开展研究目标定位提供依据。其二是直接引用别人的观点来作为探讨研究者开展的学术讨论问题的依据和前提。故有两种不同的文献利用方式。

（1）文献综述

文献综述是各类高品质学术著述中必不可少的构成部分。有关这一原则在现行的国家标准《科学技术报告、学位论文和学术论文的编写格式》（GB 7713—87）中已有规定。该标准规定，报告、论文的主体部分由引言、正文、结论等构成，其中引言（或绪论）部分"简要说明研究工作的目的、范围、相关领域的前人工作和知识空白、理论基础和分析、研究设想、研究方法和实验设计、预期结果和意义等"。其中，"相关领域的前人工作和知识空白"就是梳理该领域相关研究的进展情况及存在的问题。展开综述的过程中，笔者应该在广泛阅读大量专业文献基础上准确地把握和描述相关领域研究的总体进展态势以及代表性相关学者的研究进展以及主要学术观点。其次，行文中必须清晰、明确地表述所涉及的代表性学者的学术思想与观点。这也可以称之为释义。释义要求学术思想、观点本身的表述准确完整，而且要清楚地表明其出处。

（2）引用

在开展具体讨论过程中，研究者引用学界广泛认同的他人的学术观点作为具体讨论各类问题的依据是司空见惯的。但是，这一过程往往是学术失范的高发区域。在学术研究中，规范的对立面是"失范"，失范最典型的表现就是剽窃与抄袭。在国外的学术评价体系中，对剽窃、抄袭往往有较为明确的界定："复制、综合或解释他人的想法或观点而不指明出处的享有。"如果需要具体细化，不妨将两者分别加以界定。综合或解释他人的想法或观点（即释义）而不指明出处的享有可以归咎为剽窃；通过复制方式享有他人的思想和观点则可以归咎为抄袭。两者虽然方式和途径不同，但都属于侵犯其原创者知识产权的行为。剽窃、抄袭被认为是学术研究中最严重的学术失范。无论什么前提下的剽窃、抄袭都会面临最为严厉的学术惩罚。

虽然没有什么法律法规界定何为剽窃和抄袭，但国内外学界关于剽窃抄袭的界定可以说是约定俗成的——即是否注明了出处。古今中外，就学术规范而言，在学术研究中对已有文献任何形式的援引都必须注明出处。这既是谨守学术伦理道德的准则，也是一个技术方法问题。

2. 文献引用的基本原则

（1）力求引用最新文献

研究者在从事某一专门性研究过程中通常需要关注国内外相关领域前沿的最新研究进展

和动态，以确保自己拟开展的研究有一个较高的起点。因此，在撰写论文时应力求引用最新的文献，特别是最近五年内的文献。当然也不排除在特定情况下引用年代较久的文献。后者通常限于有关经典理论或经典方法的文献，或作者就某个观点与之进行学术争鸣和讨论的文献。

（2）力求引用与论题关联度高的文献

如果某一专门性研究的相关文献可能会有很多，文稿篇幅所限，撰稿者不一定要将读过的所有文献都列为参考文献，需要进行必要的鉴别和甄选。所列文献应该仅限于作者亲自阅读过并在论文中直接引用或者与论文关系密切的重要的参考文献，而且尽量选择一次文献或重要的三次文献，一般不引二次文献或转引文献。

（3）务必引用正式出版物中的相关文献

所引文献应该是正式出版物。非正规出版的资料。诸如一般性学术报告、调研报告、技术交流资料、培训讲义、私人通信，在内刊上发表的文章或内部资料均不能作为参考文献引用。如果有特殊需要，可以用脚注或文内注的方式说明。

（4）合理引用与适当引用

其一，引用文献的论点必须准确无误，不能断章取义；其二，引用参考文献的数量适中。根据论文类型和课题研究状况而定。据统计，SCI 收录期刊论文列入参考文献平均值为20 每篇，综述性文章可以较多一些。

（5）有效引用与无效引用

由于各类著述中参考文献的搜集、筛选和引用过程较为复杂，再加上主观与客观因素的影响，真正做到"合理和有效引证"并非易事。所谓有效引用则是论证过程中引用的确属具备支撑作用的理论依据或实证数据。有了它们作为依据才使得整个理论探讨过程严谨，结论可信度高；反之，即所谓无效引用。后者系指作者大量引用与本文主题内容缺乏相关性或相关性不强的文献，或只是对相关文献泛泛涉猎而并未让其核心内容在相关学术讨论中实质性地体现引证作用。例如，笼统地引用大量文献而未能阐释引用部分与其论题的内在关联；文献综述平铺直叙地罗列文献及基本观点，未作必要的归纳和评价；撰写者认为引文越多越显得功力扎实而拼凑引文数量，尤其是外文学术论文数量。显而易见，这几种引用都未体现其学术讨论中的价值和意义，当属无效引用。

3. 文献引用中的不当行为

（1）不少作者在借鉴了前人的学术思想和观点的前提下，为了突出所撰写论文的新颖性和原创性，在列出的参考文献中有意回避上述文献。与此同时，不少论文中出现"有研究人员发现""近年来研究表明""相关文献报道"等字样时足以证明论文作者引用和借鉴了相关文献中的观点或数据，但均未见文中标注相关参考文献。这些行为都是有违于学术道德和良知的行为。

（2）有些作者为了佐证自己的观点正确或实验数据的可信度，在引用其他文献的论点、数据时常常断章取义或以偏概全。

（3）有些作者并未阅读与核查一次文献，仅从浏览其提要或目录便将其列入参考文献目录，从而致使各种引文失误。

（4）有些作者并非为了证明当前开展的研究与前期研究之间的关系，而是单纯地为提高自己前期论文的被引次数而自引；或者学术圈内因互相提携而彼此引用对方的与论题不相干的前期成果。

4. 引用文献的标注

按目前我国学界现行引文标注惯例，学术著述引用他人（包括作者自己过去发表的文献）的观点、数据和材料等都需要在文中相应的地方标注，并在文末列出参考文献。后者一般仅限于著者阅读且文中引用的正式出版物、专利等文献。其标注的基本形式如下。

（1）夹注

夹注即段中注。这种标注书籍、文章的注解形式，多见于中国古代书籍。内容包括标明语音、训诂文字、辨别语词、分析章句，以及注明出版信息等。表现形式为在正文相应位置上标注夹注内容并置于方括号内。例如，"最主要的是儿童能通过游戏获得生活体验：兴趣性体验，自主性体验，成就感，愉快体验等［丁海东，2001：37］。"

（2）脚注

脚注是标明资料来源、为文章补充注解的一种方法。一般脚注会在文章内以符号或数字标示，然后在文章末端（也就是文章的"脚"），列出所有补充资料来源的详情。脚注让编者补充细节之余，也不影响行文的排版，让版面显得更整齐。

（3）尾注

将所有需要记录的参考文献按顺序编号统一集中记录在全文末尾。这是学术论文参考文献的标注方式。

三、国内学界文献引证与标引规范化进程

无论什么原因导致的引证文献著录不规范都会直接影响文稿本身的质量，进而影响编辑核实引文以及专业机构的引文统计分析。因此，提升参考文献著录规范化水准已成为人们关注的重大热点问题。与西方国家相比，我国参考文献著录标准的制定工作相对滞后。我国第一部参考文献著录标准法规——《文后参考文献著录规则》于1987年正式发布。此前，由于缺乏可依据的执行标准，文献引证、著录十分混乱，很大程度上影响了论文撰写、引文核实以及被引统计等各项工作。20世纪60年代末，当时国际标准化组织（International Standardization Organization，ISO）开始着手起草参考文献著录标准。1975年，国际标准化组织第46技术委员会审议了有关文后参考文献著录的推荐标准ISO R690，并将它转化为国际标准——《ISO 690—1975（E）文献工作——题录——主要的和补充的著录项目》。经过反复修订，国际标准化组织于1987年正式颁布了《ISO 690 文献工作—参考文献—内容、形式与结构》第2版。该标准的主要特点是：条例清晰，结构合理；适用范围简明扼要，文后参考文献的著录对象全面，涵盖专著、连续出版物、专著中析出的文献、连续出版物中析出的文献，而且还包括专利文献。该标准的出台为我国日后颁布的《文后参考文献著录规则》提供了一个样板。1985年初，全国文献信息标准化技术委员会第六分委员会（原名为全国文献标准技术委员会第六分委员会），依据ISO 690起草了《文后参考文献著录规则》。经过两年多的努力，国家标准局于1987年5月5日正式发布了《GB/T 7714—1987 文后参考文献著录规则》。

随着计算机技术和网络技术的发展，在文后参考文献中出现了大量网络文献信息资源，

遂使原有的 ISO 690 已不能适应信息时代的发展要求。为此，1997 年国际标准化组织颁布了《ISO 690—2 信息与文献工作—参考文献—第 2 部分电子文献》（ISO 690—2 Information and documentation—Bibliographic references—Part 2：Electronic documents or parts thereof）。基于同样原因，全国文献与信息标准化技术委员会第六分委员会于 2000 年 4 月正式启动《文后参考文献著录规则》的修订工作。经过多次修订，中华人民共和国国家质量监督检验检疫总局、中国国家标准化管理委员会于 2005 年 3 月 23 日发布了《GB/T 7714—2005 文后参考文献著录规则》。此后，中华人民共和国国家质量监督检验检疫总局和中国国家标准化管理委员会于 2015 年 5 月 5 日发布（2015 年 12 月 1 日实施）《GB/T 7714—2015 信息与文献参考文献著录规则》。该标准经多次修订后日趋完善。它的实施大大有力地推进了文后参考文献的著录规范化进程，促进了我国编辑出版标准化水平的提高，也大大提升了学界和出版界参与国际学术交流的整体水准。

四、参考文献的著录（标引）规范

1. 参考文献的类型

参考文献的种类繁多，按照不同的标准可以划分出不同的类型。

（1）按参考文献的提供目的划分

按照提供目的划分，参考文献可分为引文参考文献、阅读型参考文献和推荐型参考文献几种类型。引文参考文献是著者在撰写或编辑论著的过程中为正文中的直接引语或间接引语提供的有关佐证文献。阅读型参考文献是著者在撰写或编辑论著的过程中曾阅读过的文献。推荐型参考文献通常是专家或教员为特定读者的特定目的而提供的、可供读者阅读的文献。

（2）按参考文献的著录对象划分

按著录对象划分，参考文献可划分为专著、专著中的析出文献、连续出版物、连续出版物中的析出文献、专利文献、电子文献六大类型。

（3）按文献的出版形式划分

按出版形式划分。参考文献可划分为普通图书、连续性资源（包括报纸、期刊等）、学位论文、科技报告、标准文献、专利文献、古籍、录音资料、影像资料、缩微文献、电子资源等。按此方式划分不仅有助于读者查找和利用信息资源，同时也有助于研究人员利用参考文献进行引文统计分析。

2. 参考文献标注

长期以来，我国学术界的文献引证标注方法处于一种重惯例、少规范的境地。相对来说，学术积淀较为雄厚的文史哲领域状况较好。近年来这种状况有所改观。目前，现行的文献引证标注规范主要有前述《GB/T 7714—2015 信息与文献参考文献著录规则》、CAJ-CD 规范、《历史研究》引文注释规范等。在此，拟参照现行《GB/T 7714—2015 信息与文献参考文献著录规则》等规定，就参考文献标注方法要点讨论如下：

参考文献标注主要有两种不同方式。其一为顺序编码制：根据正文引用参考文献的次序，按著者、题名、出版事项的顺序逐项著录。其二为著者-出版年制：根据文种（按中文、日文、英文、俄文、其他语种的顺序）集中，然后按参考文献著者的姓氏笔画或姓氏首字母的顺序排列，同一著者有多篇文献被引用时，再按文献出版年份的先后依次给出。两者相比，采用"顺序编码制"标注的著述正文连续性好，故文章可读性强；读者容易找到所引文献的相关信息。其不足之处就是有时同一文献难免重复著录，格式就显得较为凌乱。"著者–出版年制"总体看上去简洁、有序、美观、经济；不足之处是文中不时插入的圆括号破坏了文章的连续性，对读者的阅读兴趣颇有影响。我国大部分自然科学学术期刊（特别是数学、物理、化学、工程、计算机科学、医药卫生等学科领域刊物）均采用顺序编码制。以下简要介绍其基本要素。

（1）文内标注格式

在引文处按其出现次序用阿拉伯数字连续编号置于方括号内，作为左上角标。在正文中标识参考文献时需采用比正文小一号的字体，且右上标。正文标识格式为［数字］，如［1］［2］；在正文中，如有一处引用了多篇文献，标注时在一个方括号内列写几篇文献的序号。如参考文献序号连续，则只需标注起止序号即可；若不连续，则序号间用逗号隔开。如［3–6］、［3，5，6］。

（2）文后参考文献著录格式

文后参考文献用《GB/T 7714—2015 信息与文献参考文献著录规则》或出版社、编辑部等要求的格式列于文后，其序号与正文中指示序号一致。序号格式为［数字］，如［1］［2］……每一参考文献条目最后均以"."结束。

（3）参考资料文献的类型与标识（表7-1 和表7-2）

表7-1　参考文献类型与标识

参考文献类型	文献类型标识代码	参考文献类型	文献类型标识代码
普通图书	M	会议录	C
汇编	G	报纸文章	N
期刊	J	学位论	D
报告	R	标准	S
专利	P	数据库	DB
计算机程序	CP	电子公告	EB
档案	A	舆图	CM
数据集	DS	其他	Z

表7-2　电子文献类型与标识代码

电子资源的载体类型	磁带（magnetic tape）	磁盘（disk）	光盘（CD-ROM）	联机网络（online）
载体类型标识代码	MT	DK	CD	OL

3. 文后参考文献著录规范

（1）须采用标准化的著录格式

1）现行文后参考文献著录依据是《GB/T 7714—2015 信息与文献参考文献著录规则》。该标准中规定。参考文献的著录方法分为"顺序编码制"（numeric references method）和"著者、出版年制"（first element and date method）两种，可选用其中一种。

2）在满足上述要求的同时，还需根据不同的情况满足各种特殊要求。例如，学位论文还必须遵守学位授予单位的格式要求；期刊论文还必须遵守相关投稿期刊的"投稿须知"或"Guide for auhors"；国外许多期刊的要求与我国现行国家标准、规范的要求也不一致，在撰写文稿时必须满足拟投刊物的要求。

（2）文献著录必须统一的事项

在提交的同一篇论文中，文献著录应该全文统一的事项如下：

1）著录类型。期刊论文一般明确要求是采用"顺序编码制"还是"著者—出版年制"，而学位论文通常没有具体的规定，但应该全文一致，不能前后不一。

2）作者项格式。①文中作者署名采取全部列出还是列出部分后加"等"字样也应统一；建议在学位论文中列出全部作者，便于以后投稿时修改。②表示"姓"氏的字母是全部大写还是首字母大写，在"姓"后是否加逗号"，"，全文应一致。在国家标准《GB/T 7714—2015 信息与文献参考文献著录规则》的示例中，"姓"的字母全部大写，"姓"后不加逗号"，"。但国外期刊极少要求将"姓"的字母全部大写。③"名"的首字母缩写之后是否加下圆点"."，两个及其以上缩写首字母之间是否空格，全文应一致。在国家标准《GB/T 7714—2015 信息与文献参考文献著录规则》的示例中，"名"的首字母缩写之后不加圆点"."，缩写首字母之间空一格。但有些期刊的投稿要求加圆点"."，不空格。

3）文献题名格式。①对于期刊论文或图书的题名仅题名首字母大写（专有名词除外）还是所有实词首字母都大写全文要一致。一般来说，期刊论文的篇名仅仅是篇名首字母大写，图书的名称所有实词首字母都大写。②国内中文期刊一般要求文献题名后是否加文献标识符（J，M，D，P，S等），国外期刊肯定不需要加；而学位论文通常没有具体的规定，是否需加此标识符全文要一致。③文中英文期刊名称采用全称还是采用缩写全文需一致。建议在学位论文中列出英文期刊全称，便于以后投稿时修改成缩写形式。

与西方发达国家相比，我国学术技术规范乃至于文献引用及标注方面的学术规范建设尚有很大差距。美国等主要西方国家的相关学术规范建设除了一般性规范以外，更关注各专业领域的各具特色的写作及出版手册。例如，尽管美国已有沿袭百年修订了 14 次，篇幅达1000 余页的，美国出版界和学术界尊奉为最为权威专业的写作和编辑规范——《芝加哥手册》，但诸多专业领域依旧推出各自专业规范。这一点值得我国学界及出版界认真思考与借鉴。从这个意义上讲，虽然我国已有经过多次修订的统一的国家标准——《GB/T 7714—2015 信息与文献参考文献著录规则》，但学术规范乃至于学术技术规范建设依然还有很长的路要走。

思考练习

1. 简述学术文献"合理使用"的适用条件。

2. 教育部 2016 年 6 月 16 日发布《高等学校预防与处理学术不端行为办法》（中华人民共和国教育部令第 40 号），该办法规定的"学术不端行为"有哪些？

3. 简述文献引用的基本原则。

参 考 文 献

［1］ 吉家凡，王小会．文献信息检索与利用［M］．北京：高等教育出版社，2019．

［2］ 饶宗政．现代文献信息检索与利用［M］．3 版．北京：机械工业出版社，2020．

［3］ 曹志梅，范亚芳，蒲筱哥．信息检索问题集萃与实用案例［M］．北京：北京图书馆出版社．2008．

［4］ 于双成．科技信息检索与利用［M］．北京：清华大学出版社，2012．

［5］ 王知津．信息存储与检．［M］．2 版．北京：机械工业出版社．2016．

［6］ 刘培兰．现代信息检索与利用教程［M］．北京：北京交通大学出版社，2009．

［7］ 张建媛．吉家凡，詹长智．近代日文南海文献研究［J］．南海学刊，2017，3（2）．

［9］ 吉家凡．杨连珍．李明．等．网络信息检索［M］．武汉：华中科技大学出版社，2010．

［10］ 邓发云．信息检索与利用［M］．北京：科学出版社，2010．

［11］ 韩冬，傅兵．文献信息检索与利用［M］．北京：清华大学出版社，2014．

［12］ 端木艺．实用信息资源检索与利用［M］．南京：南京大学出版社，2018．

［13］ 叶继元．学术规范通论［M］．上海：华东师范大学出版社，2017．

［14］ 张凯．信息资源管理．［M］．3 版．北京：清华大学出版社，2013．